人人都是增长官

以用户为中心的增长思维与实战

刘津◎著

人民邮电出版社

北京

图书在版编目（CIP）数据

人人都是增长官：以用户为中心的增长思维与实战 / 刘津著. -- 北京：人民邮电出版社，2021.8
ISBN 978-7-115-56548-8

Ⅰ．①人… Ⅱ．①刘… Ⅲ．①产品管理 Ⅳ．①F273.2

中国版本图书馆CIP数据核字(2021)第091824号

内 容 提 要

本书重新定义了"增长"的概念：增长已冲破岗位职能的限制，成为每位职场人都需要具备的通用能力。

本书采用"思维+案例"的编排方法，共分为3篇：第一篇提出"以用户为中心的增长"概念，给出"以用户为中心"的增长全景图；第二篇详细讲解如何"以用户为中心"实现增长，包括活学活用"北极星指标"确定增长目标、通过差异性洞察找准增长爆破点、根据用户增长地图梳理具体实用的增长策略，以及通过打造增长闭环落地执行增长方法；第三篇介绍如何像搭积木一样激发创意，驱动增长。

本书能够帮助每位对用户增长思维感兴趣的读者提升认知，更出色地做好本职工作，驱动业绩增长。

♦ 著　　　　刘　津
　　责任编辑　刘雅思
　　责任印制　王　郁　焦志炜

♦ 人民邮电出版社出版发行　北京市丰台区成寿寺路11号
　　邮编　100164　　电子邮件　315@ptpress.com.cn
　　网址　https://www.ptpress.com.cn
　　北京瑞禾彩色印刷有限公司印刷

♦ 开本：720×960　1/16
　　印张：14.75
　　字数：211千字　　　　　　　2021年8月第1版
　　印数：1－2 500册　　　　　2021年8月北京第1次印刷

定价：79.90元

读者服务热线：(010)81055410　印装质量热线：(010)81055316
反盗版热线：(010)81055315
广告经营许可证：京东市监广登字 20170147 号

前　　言

重新定义增长

最近几年，互联网行业经历了各种震荡和变化：随着人口红利的萎缩，2016 年前后中国互联网进入"下半场"；2017 年可口可乐宣布取消首席营销官（Chief Marketing Officer，CMO），由首席增长官（Chief Growth Officer，CGO）取而代之，之后各种增长类职位如雨后春笋般涌出；2018 年年底到 2019 年年底，一大批顶级公司宣布裁员并停止不赚钱的业务，还有不少小公司濒临破产；到了 2020 年，这种状态还在延续……

在我看来，这些情况的出现并非意外，只是在为多年前不重视产品价值与用户价值、不惜成本、过于冒进的行为买单。"繁华"时期产生的泡沫终将慢慢破灭，最终呈现的将是一派秩序井然的景象。但是在行业调整的过程中，最"倒霉"的还是普通从业者，毕竟"覆巢之下安有完卵"？

2018 年我去各大公司分享增长理念时，还有很多人对此不以为然，认为自己不是专门做增长的，这和自己"分内"的工作没有关系。结果不出几个月，就不断有人联系我，问公司裁员了，现在该怎么办。

当然，在逆境面前，你可以感到绝望，也可以看到希望。

越是人口、流量和资金红利萎缩的时候，越是增长被重视的时刻。可以说，在当前这个时代，对企业来说，最重要的事情就是增长。伴随这个概念的，一面是让人惊叹的漂亮案例和越来越多的增长岗位需求，另一面却是可望而不可即的难度和距离。

很多人不禁在心里发问：

"我能转型做增长吗？"

"我的职位和增长无关，我该如何在原有基础上获得更好的发展？"

"我对增长感兴趣，但是我们已经有专门的增长职位，我担心人家觉得我抢他们的饭碗……"

类似的问题还有很多，要回答这些问题，我们首先要回归对"增长"本身的理解和认知。很多人以为增长是一个具体职能，或者是某项专业技能，可是学习了很多增长课程后还是不明白具体该怎么做。这是因为他们陷入了错误的认识当中。**增长其实是一种思维，而且是一种稀缺的思维**，这才是增长型人才在市场上备受欢迎的原因。所以，如果只抱着学习技能或案例的心态来学习增长，是很难有效果的，我们更应该关注的是增长背后的内在逻辑。

做增长其实就是"**把握全局**"和"**抓大放小**"的过程。你心中要有一幅全景图，借此不断地做出判断，而不是专注于细节和执行。通过对全景图的层层分解，从不同的角度认识产品，窥见不一样的世界，做出"四两拨千斤"的决策，这是你要获得的终极能力。这些能力和方法并非看不见摸不着，它们都是有章可循的，是可以通过学习获得的。

同时，增长也已经冲破岗位职能的限制，成为**每位职场人的通用能力**。以前"人人都是产品经理"，未来很可能"人人都是增长官"，这是大势所趋。这种趋势给每位职场人带来了挑战，也带来了机遇。增长是一个全新的理念，不管是职场新人还是职场老手，也无论是产品经理、运营官还是设计师、工程师等，大家都处在同一起跑线上。谁率先领会到增长的真谛，谁就更容易在职场中脱颖而出。

我在多年前就以用户体验设计负责人的身份开始探索增长，在公司里取得了出色的成绩，并在这个过程中沉淀了一套体系化的原创方法，我把它命名为"用户增长设计"（User Growth Design，UGD）。后来，我还成立了 UGD Lab，不断完善这套方法并开创了相关课程，影响了数万同行。很多人建议我不要提"设计"两个字，因为在大众眼中，设计和增长无关，而且设计往往处于下游位置，在企业里不受重视。虽然我觉得这有一定道理，但还是坚持使用 UGD 这一名称。因为一方面，我的方法论来源于设计思维（Design Thinking）与增长黑客（Growth Hacker）理念的结合，强调"以用户为中心增长"，这使得我的方法论在众多增长理论中独树一帜、充满特色；另一方面，如果一个做设计出身的人都能做好增长，又有谁不能做增长呢？这不正体现了增长时代"人人都是增长官"的新趋势吗？

带着 UGD 理念和实践方法，我不仅代表当时的公司主办了 UGD 增长大会，获得多家媒体的报道，还走进了各大知名产品/增长大会以及数十家知名公司进行分享，得到了热烈的回应。到目前为止，已经有不少公司在使用我的方法后取得了突出的成果并对外分享。看到大家对这套方法和理念的认可，我深感欣慰。现在，我决定把它编写成书，帮助更多的人把握好时代赋予我们的难得的机遇和挑战，顺势在职场中取得更大的成果。

我提倡的增长理念不同于市面上的各类增长概念或课程，它有如下特点。

第一，视角独特，融合不同职能跨界探讨增长。

目前市面上的增长课程多数只有实战分析，没有提炼出完备、系统的理论，侧重于"术"而非"道"，这就意味着这些课程传授的方法很可能只适用于一些特定情形，很难被复制。而我想要分享给大家的是一套可以成功复制的增长思路和实践技巧。

另外，大家讲增长的角度不同：增长黑客侧重从营销和数据角度讲；增长产品经理侧重从功能和留存角度讲；首席营销官侧重从品牌和广告投放角度讲；运营人员侧重从裂变和活动角度讲……这些其实都不能完全代表增长，因为增长是非常体系化的，从全局视角来看才能发现不一样的精彩，这可能和在某领域的专业与否关系并不大。

未来的职能方向是"融合"而非"精专"。以我的经验来看，最有效的增长方式往往出其不意、简单而非复杂、巧妙而非专业。这也会为你未来"弯道超车"创造有利的条件。

当然，我的意思不是说未来大家要同时做多种职能的工作，也没有否定"术业有专攻"，而是指：如果我们既具有全局观，又能横向扩展知识面，同时纵向深耕自己的专业领域，那么一定会无惧时代变化，如鱼得水。

第二，实操性强，推动不同职能共同落地增长。

数据驱动产品，产品跨界运营，运营了解设计，设计关注商业价值……增长不仅仅是某一岗位的事情，它越来越成为各个岗位都应具备的一种通用能力。无论什么角色，都需要围绕产品和用户做增长，甚至我们个人也可以通过这套理念把自己当作产品，规划好"个人增长"。

这套理念不仅可以运用在工作上，包括品牌、产品、运营、用户研究、设计和数据的方方面面，还包含与不同职能的协作方式，此外它还可以帮你解决生活中的各种决策问题。因为我前面说了，增长是一种把握全局、抓大放小的思维方式，所以它一通百通。

当然，光有理论支撑是不够的，做增长最重要的是能够落地。本书会详细地介绍思路、步骤和案例，帮助你一步步上手，并且学会延展应用。

第三，独家原创，掌握"四两拨千斤"的工作方法。

很多人问我，你是不是看了大量这方面的书？是不是总结了很多其他人的经验？坦白地说，我当然从外部资料学到了很多东西，但这其中更多的是我结合自身经验提炼出来的独家理念和方法，比如"差异性洞察""用户增长地图""精益增长闭环""增长链"等，这些都是我的原创方法，在其他地方是看不到的。这些方法非常实用，对我来说屡试不爽，我更是利用它们轻松地带领团队为公司节约了上亿元的营销费用，并积累了大量增长案例，创造了我在职场的高光时刻。这些内容都被系统化地记录在本书中，希望对你有所启发。

第四，快速升维，助你成为有增长思维的稀缺人才。

这套理念我对外分享过数百次，也研发了配套的课程，积累了不少授课经验。学员反馈最多的就是，感觉自己的认知维度提升了不止一个层次，视野和思考问题的方式不一样了，短时间内就让领导和同事刮目相看。还有不少在公司里从事支持工作的学员，用这套理念提出了差异性洞察及后续的增长策略，得到了公司高层的认可并已经落地执行。

我的学员里有毫无增长方面经验的设计负责人，也有研发人员、运营人员、产品经理和中小企业老板等。这套理念不限职能和增长方面的相关经验，如果你暂时并不想从事专职的增长工作，但又想拓展自己的视野和能力，更好地适应当前的环境，同时又不想读晦涩难懂的专业类图书，那么本书作为你提升认知能力的敲门砖再合适不过了，况且书里有大量的实践案例，足够你将这套理念落地应用到日常中并产生效果。

第五，通俗易懂，没有基础也能看懂。

我很擅长把复杂、高深的道理说得简明易懂。我此前编著的几本书在市场上备受好评，销量和口碑稳居同类书的前列，读者反馈最多的就是"语言朴实、接地气，特别好懂……"。

这本书适合所有对增长及提升认知维度感兴趣的读者阅读。但是，如果你想专门从事增长类的职位并希望可以快速上手，本书可能并不合适。国内的增长职位大部分和传统运营工作相关，还有部分职位需要非常扎实的数据、产品、研发和算法基础。增长思维固然重要，但长期积累的相关工作经验也是不可缺少的。这本书可以**帮助你利用增长思维更好地做好本职工作**，但无法让你快速成为一名增长专家，因为**增长思维和增长工作并不是一回事**，请大家了解。

这是我个人的第四部著作，由我在极客时间发布的专栏课程演变而来。我的前三部著作的主题分别是体验设计、产品设计和人生哲学。这些内容看似不相关，实则都和"增长"有关，很开心现在我能够以增长为主题完成这本书。我喜欢"增长"，增长不仅仅是数字的增加，更是一套"四两拨千斤"的人生哲学。我们要在千头万绪中找到各种矛盾中的平衡点并获得最大价值，这谈何容易，但正是这种挑战让增长这件事情充满了乐趣。

对于这些我从零开始积累起来的做增长的经验和可复用的方法，我会在此毫无保留地和大家分享。当然，受限于我个人的视野及经验，错漏之处难以避免，请大家海涵。

如果你已经做好准备了，就跟我一起学习增长哲学，共同破解增长思维背后的秘密吧！

刘津
2020 年 10 月

资源与支持

本书由异步社区出品，社区（https://www.epubit.com/）为您提供相关资源和后续服务。

提交勘误

作者和编辑尽最大努力来确保书中内容的准确性，但难免会存在疏漏。欢迎您将发现的问题反馈给我们，帮助我们提升图书的质量。

当您发现错误时，请登录异步社区，按书名搜索，进入本书页面，点击"提交勘误"，输入勘误信息，点击"提交"按钮即可。本书的作者和编辑会对您提交的勘误进行审核，确认并接受后，您将获赠异步社区的100积分。积分可用于在异步社区兑换优惠券、样书或奖品。

扫码关注本书

扫描下方的二维码，您将会在异步社区微信服务号中看到本书信息及相关的服务提示。

与我们联系

本书责任编辑的联系邮箱是 liuyasi@ptpress.com.cn。

如果您对本书有任何疑问或建议，请您发邮件给我们，并请在邮件标题中注明本书书名，以便我们更高效地做出反馈。

如果您有兴趣出版图书、录制教学视频或者参与技术审校等工作，可以直接发邮件给本书的责任编辑。

如果您来自学校、培训机构或企业，想批量购买本书或异步社区出版的其他图书，也可以发邮件给我们。

如果您在网上发现有针对异步社区出品图书的各种形式的盗版行为，包括对图书全部或部分内容的非授权传播，请您将怀疑有侵权行为的链接发邮件给我们。您的这一举动是对作者权益的保护，也是我们持续为您提供有价值的内容的动力之源。

关于异步社区和异步图书

"**异步社区**"是人民邮电出版社旗下IT专业图书社区，致力于出版精品IT图书和相关学习产品，为作译者提供优质的出版服务。异步社区创办于2015年8月，提供大量精品IT图书和电子书，以及高品质技术文章和视频课程。更多详情请访问异步社区官网 https://www.epubit.com。

"**异步图书**"是由异步社区编辑团队策划出版的精品IT图书的品牌，依托于人民邮电出版社近30年的计算机图书出版积累和专业编辑团队，相关图书在封面上印有异步图书的LOGO。异步图书的出版领域包括软件开发、大数据、AI、测试、前端、网络技术等。

异步社区

微信服务号

目　录

第一篇　增长时代积极转身 ……………………………………… 001

第1章　人人都应具备增长思维 …………………………………… 002
1.1　增长职能的下沉与渗透 …………………………………… 002
1.2　做增长黑客还是产品极客 ………………………………… 007
1.3　以用户为中心增长 ………………………………………… 009

第2章　不同职能如何助力增长 …………………………………… 012
2.1　突破传统职能边界 ………………………………………… 012
2.2　联合他人共创成果 ………………………………………… 014
2.3　步步为营推动增长 ………………………………………… 015
2.4　以用户为中心的增长全景图 ……………………………… 016
2.4.1　北极星指标 ………………………………………… 017
2.4.2　一级方向（差异性洞察）………………………… 018
2.4.3　二级机会（用户增长地图）……………………… 019
2.4.4　三级落地（精益增长闭环）……………………… 019
2.4.5　四级成果（增长链）……………………………… 019

第二篇　以用户为中心增长 ……………………………………… 021

第3章　以终为始达成增长目标 …………………………………… 022
3.1　聚焦正确的方向 …………………………………………… 022

- 3.1.1 找到正确的增长目标 ········· 023
- 3.1.2 增长目标与传统目标 ········· 024
- 3.1.3 在天平两端寻找平衡 ········· 025
- 3.1.4 北极星指标因时而变 ········· 026

3.2 活学活用北极星指标 ············· 028
- 3.2.1 从公司整体价值出发 ········· 028
- 3.2.2 像CEO一样深谋远虑 ········· 030
- 3.2.3 一切皆可量化 ················· 032

3.3 OKR如何助力增长 ··············· 032
- 3.3.1 各种指标体系的区别与联系 ··· 033
- 3.3.2 OKR与KPI孰优孰劣 ········· 035
- 3.3.3 如何制定OKR ················· 036
- 3.3.4 正确运用OKR ················· 037

第4章 差异性洞察找准增长爆破点 ········· 039

4.1 从传统调研到高阶洞察 ············· 039

4.2 北极星指标锚定范围 ··············· 042
- 4.2.1 成长期：明确差异化定位 ····· 042
- 4.2.2 成熟期：转型或扩大规模 ····· 043
- 4.2.3 探索期：寻找市场新机遇 ····· 043

4.3 "花式对比"数据分析 ··············· 044
- 4.3.1 实用的"铁人三项"数据 ······· 045
- 4.3.2 在花式对比中发现玄机 ······· 046
- 4.3.3 探寻差异数据后的本质 ······· 047

4.4 围绕北极星指标细分人群 ··········· 050
- 4.4.1 传统用户分类的弊端 ········· 050
- 4.4.2 增长导向的用户分类 ········· 052

4.5 用侦探之眼研究用户 ··············· 055

4.5.1 寻找合适的样本进行"侦查" 056
4.5.2 用放大镜查找蛛丝马迹 058
4.5.3 定量验证"侦查"成果 062
4.5.4 快速洞察百宝箱 064

4.6 "嫌疑人"特征档案 069
4.6.1 传统画像为何"鸡肋" 069
4.6.2 "硬核"对比凸显差异 071
4.6.3 改良版用户特征画像 072

4.7 一级方向：引燃增长爆破点 077
4.7.1 挖掘产品优势，打破增长瓶颈 077
4.7.2 定位营销差异，抢占用户心智 081
4.7.3 关注发展趋势，校正营销定位 086
4.7.4 从差异化定位到一级方向 087

4.8 B端产品的一级方向 091
4.8.1 B端产品的双层差异性 092
4.8.2 B端产品调研对象及内容 093
4.8.3 B端产品的一级方向画布 094

第5章 用户增长地图全局规划增长策略 097

5.1 从体验地图到用户增长地图 097
5.1.1 用户视角与全局视角 097
5.1.2 指标、洞察和假设 101

5.2 拆分关键增长指标 102
5.2.1 场景分解法 102
5.2.2 OKR分解法 103
5.2.3 用户旅程分解法 105
5.2.4 为什么不用"AARRR" 105

5.3 正负洞察双管齐下 109

5.3.1 正向二级洞察 …… 110
5.3.2 负向二级洞察 …… 112
5.4 二级机会：制定增长策略 …… 113
5.4.1 体系化的指标思维 …… 114
5.4.2 "力所能及"的增长策略 …… 114
5.4.3 判断优先级的四要素 …… 115
5.4.4 使用用户增长地图进行全局规划 …… 116
5.5 为一家濒临破产的公司制定增长策略 …… 122
5.5.1 Karmaloop增长案例之我见 …… 123
5.5.2 增长案例复盘之万能增长思路 …… 126

第6章 精益增长闭环落地无限场景 …… 136
6.1 打造百发百中的增长闭环 …… 136
6.1.1 传统方法为什么不灵 …… 136
6.1.2 打造高效增长闭环 …… 138
6.2 三级落地：取得增长成果 …… 142
6.2.1 案例1：产品流程转化率提升 …… 144
6.2.2 案例2：营销落地页面转化率提升 …… 147
6.2.3 案例3：首页流量分发策略 …… 151
6.2.4 案例4：低成本唤醒沉睡用户 …… 157
6.3 无分解，不增长 …… 169
6.3.1 分解的宏观意义 …… 169
6.3.2 分解的微观意义 …… 170
6.4 无限场景延展 …… 174
6.4.1 重构需求文档 …… 174
6.4.2 构思爆款短视频 …… 178
6.4.3 设计创意营销界面 …… 180
6.4.4 在一场比赛中脱颖而出 …… 183

        6.4.5 判断工作优先级 · 185

第7章 高效实验稳定实现增长循环 · 187

7.1 实验思路让学渣变学霸 · 187
7.2 高效实验的4个步骤 · 188
        7.2.1 分解实验变量 · 189
        7.2.2 多维度排列优先级 · 192
        7.2.3 可视化时间安排 · 193
        7.2.4 量化结果并复盘 · 194
7.3 科学统计实验结果 · 195
        7.3.1 置信区间评估A/B测试结果 · 195
        7.3.2 探讨数据背后的原因与结论 · 198

第三篇 让增长生生不息 · 201

第8章 增长链批量复制增长成果 · 202

8.1 爆发式增长的秘密 · 202
        8.1.1 价值导向的创新迭代 · 204
        8.1.2 成功经验的二次复制 · 204
        8.1.3 实验结果的批量复用 · 205
8.2 四级延续：批量复制增长 · 207
8.3 增长组件库案例 · 209
        8.3.1 什么是增长组件库 · 209
        8.3.2 精益思维逐步推动落地 · 211
        8.3.3 高维打低维的增长底色 · 214

第9章 以用户为中心增长 · 215

9.1 增长是一种怎样的思维 · 215
9.2 无处不在的增长思维 · 218

第一篇
增长时代积极转身

第 1 章　人人都应具备增长思维

1.1　增长职能的下沉与渗透

在前言里我已经多次提到：增长不属于某个职能，而是所有职能都需要具备的一种通用能力。

也就是说，无论你居于什么职位，如产品经理、项目经理，还是从事运营、用户研究、设计、数据分析和研发等方面的工作，都需要具备增长思维。如果一直紧守着自己的"职能范围"，不愿意再往前踏出一步，那么就等于在这个时代封住了自己前行的道路。

对此，你可能会很不以为然：哪有这么严重？那么在这里我举几个设计师的例子，你就明白了。为什么要举设计师的例子呢？因为从表面上来看，设计师似乎是离增长最远的一个群体。如果设计师的工作都和增长息息相关，那么其他角色就更是如此了。

实例1

在我刚进入宜人贷时，发现领导给设计师提了一个要求：通过优化营销落地页面提升转化率。我们的设计师做了很多努力，数据效果都不好；反倒是其他团队设计出的一个看起来有些"土气"的页面效果最好，如图1-1所示。这就让我们的设计师想不通了：为什么"漂亮""美观"的页面的数据效果不好，不好看的页面反而数据效果好呢？

有的人忍不住了，泄气地嘟囔："我看啊，设计这东西根本就不能用数据来衡量。"其他人纷纷点头称是。确实,大家普遍认为设计是难以被量化的。但我对比过几版页面之后发现,数据表现好的那个页面胜在内容清晰、重点突出;而其他页面虽然表面精致,但内容更加稠密,浏览起来比较费劲。

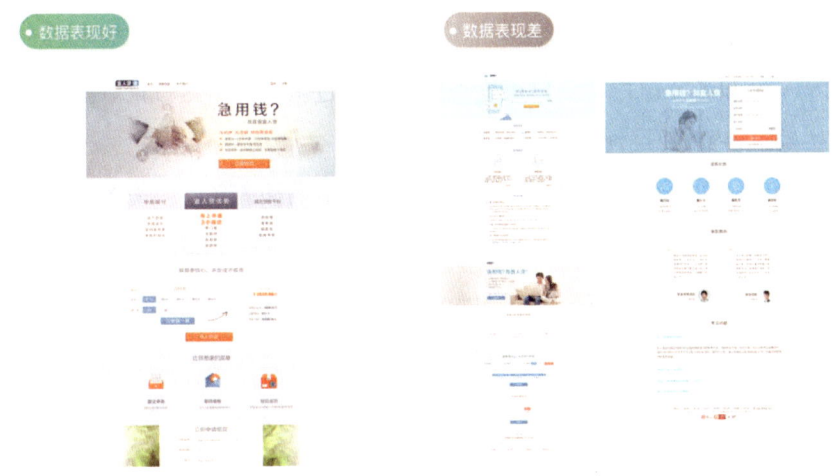

图1-1　两版不同的落地页面对比

不过这个观点依然很难让视觉设计师认同,他们觉得界面好看才是最重要的。

实际上这种情况在公司里发生过无数次:每位领导对于最终设计方案的意见都不一样。因为每个人对定位、对用户的理解以及个人审美观都不一致,最终只能靠所谓的"感觉"来决定,有时候还会不了了之。

这种没有条理的解决方法促使我产生了"发起一次用户调研"的想法。希望通过调研帮助团队明确产品定位及用户特征,更好地促进产品优化。这个想法得到了领导的大力支持。

于是我带着团队第一次走出了北京,来到了宜人贷用户较集中的二三线城市。正是在这里,在我们真实客户的生活环境中,我们才了解到问题所在:原来我们的用户中有很大一部分出身农村或小城镇,文化水平不高。对大部分用户来说,简单、朴实、有力的界面及文案是最适合的,所有过度的修饰对他们来说都是一种负担。而当时设计师们的主流审美观是要追求精致、细腻、时尚的"小清新"风格,这显然和用户群体并不匹配。

如果你不能设计出满足用户真实需求的界面，那么即使界面再精美、看上去再"专业"，转化效果也不会好。

实例2

有一个从事金融行业的朋友觉得自家的营销落地页面太丑了，数据表现也一般，于是就从一家知名公司挖了一位很优秀的设计师过来。经由这位设计师美化过的页面看上去顺眼多了，但是数据表现不升反降。

于是朋友找了一些用户进行调研，问他们对界面的看法，绝大部分用户并不能说出个所以然来。不过有一位用户的反馈引起了他的注意。那位用户略带迟疑地提到："这个界面看起来很精致……"朋友感觉出了用户的欲言又止，马上追问道："精致不是件好事吗？"用户说："太精致了，所以我感觉像骗子。你看这风格，一看就是年轻人设计的，一家互联网金融公司的风格这么年轻活泼，我怀疑你们老板是一个90后，说不定哪天就卷款跑了。"

这种回答实在是让人哭笑不得，但是仔细想想，又很有道理。对金融类产品来说，用户关注的是页面好不好看吗？不是。用户最关注的肯定是产品安全不安全、可靠不可靠。

实例3

前段时间我和一位知名公司的设计前辈聊天，他提到了自己曾经的一段经历，让我很受启发。

他说最早做B（Business）端产品设计的时候，他特别不理解："为什么B端产品界面这么丑，体验这么差？B端产品也是给人用的啊，应该跟C（Customer）端产品标准一样才对啊。"

于是凭借着对设计的一腔热爱和对工作的认真态度，他硬是把B端产品做出了C端产品的品质。

上线后他很有信心地去做用户调研，问用户感觉怎么样。一个用户吞吞吐吐地说："还行吧。"他立刻感觉到不太对劲，追问道："还行是什么意思？"

那个用户说:"说实话吧,我现在不太敢用这个产品了。我总害怕老板看到以后,以为我在偷偷干别的……"

这位前辈恍然大悟,立刻决定改回以前的界面。从此以后,他再也不贸然乱改了。

通过这几个小例子,我想你已经意识到:<u>增长的程度或者说数据表现的提升程度,在一定程度上体现了产品设计者对用户的理解程度</u>。对用户越理解,越能投其所好,数据表现才会越好。可以说做增长和做用户、做产品本质上没有什么区别,它们都是相通的。

对职能团队来说,"专业"能力固然很重要,但它也可能成为增长的障碍,<u>一味地坚守死板的专业标准可能会忽视用户的真实需要</u>。所以我们需要客观的数据来检验你的专业能力是否真正产生了价值。

接下来,我再举一个不太一样的例子,这是一位游戏公司老板的成功故事。

实例4

我有一个朋友是做海外游戏的,他的公司叫"Doodle 涂鸦移动",可能很多人没有听说过这家公司,然而它的实力不容小觑。App Annie 在 2018 年 10 月发布的《Google Play 10 年数据纵览》显示,Doodle 出品的游戏下载总量在 Google Play 上排名第一,如图 1-2 所示。

图 1-2　Google Play 游戏下载量排名

Doodle 的游戏取得这么好的成绩是因为游戏品质高吗？完全不是，可以说 Doodle 游戏的画面质量、体验效果等都远低于行业平均水平。有些业内人士甚至不把它当作同行，觉得它是来捣乱的。可为什么这样的游戏能获得大量用户的青睐呢？

把时间调回到 10 年前，那个时候的网络不像现在这么发达，而当时的游戏容量一般都要八九百兆字节的样子，用户下载的时间和流量成本非常高；而我这个朋友反其道而行之，要求把游戏容量都控制在 5 MB 内，这样用户下载起来就会非常便捷，下载量自然就大了。

可是，为什么只有他能想到这么简单的解决方式，而其他人想不到呢？答案就是：因为他是一个游戏外行，在游戏品质方面没有什么竞争力，这促使他另辟蹊径，把更多精力放在了用户身上。他洞察到非常关键的一点：除了游戏的发烧友，绝大部分用户下载游戏只是为了打发时间。所以用户需要的是简单、容易下载的休闲类小游戏，而不是追求画面极致效果的高级游戏。

就是这个无比正确的洞察，帮助他带领团队开创了手机休闲游戏的新方向。在工程师和设计师不断"偷工减料"的过程中，去掉不必要的装饰、效果和功能，最终把容量控制在了 5 MB 以内。尽管画面不精致、体验也不完美，却满足了用户可轻松下载的核心需求，最终赢得了大量用户。

也就是说，靠着正确的用户洞察、小步快跑的精益思维，他这样一个"外行"也能把诸多专业的竞争对手远远抛在后面。

可见，对不同职能、不同级别来说，增长的道理都是相通的。**只要能找到用户最关注的痛点，那么以用户为中心、以产品为中心、以增长为导向……说的就都是一回事了。**

当然很多专业人士听到我举的这些例子时，他们内心的感受也许是崩溃的。经常有设计师问我："工作中如何平衡审美和用户需求？难道我要为了用户刻意降低自己的设计水准吗？"

所以，**做增长难就难在对人性的把握上。**一方面你要了解用户的人性，另一方面你要"忽略"自己的人性。有时候要为了用户抛弃自己引以为傲的部分，这实在是太难了。这点我真的很佩服微信，对它而言最重要的不是要做什么，而是不做什么。比如微信的界面几乎没有设计风格可言。能为了广大用户有意识地抛弃部分自我，真的是不容易。

当然对广大从业者来说，我们只需要谨记**"最终为用户，简单却有效"**这 10 个字就好了。

如果想要再具体一点，可以参考《硅谷增长黑客实战笔记》里描述国外增长设计师的一段话。我把它稍微改了改，这样就可以适用于所有角色了：

- 业务水平高、出活快；
- 对增长指标和用户心理有深刻的了解，认同"产品/运营/研发……最终为用户服务"的理念；
- 不歧视"简单却有效"的方式。

能意识到这些，你就已经迈出了增长的第一步。

1.2 做增长黑客还是产品极客

近年来"增长黑客"的概念非常火爆，很多人会自然地将"增长黑客"和"增长"等同起来。但实际上，"增长黑客"做的只是增长工作的一部分。另外，一直秉持"产品至上""用户至上"的产品极客也一样是在做增长，只是路数不同、思维不同而已。

如果你还不太了解"增长黑客"和"产品极客"的概念，那么当我提到这两种理念的代表产品——抖音和微信时，你一定就会明白了，如图 1-3 所示。

抖音是近年来增长最快、最受欢迎的新产品之一；而深耕多年的微信目前日活跃用户数量已经达到 10 亿。这两款产品可以说都是把"增长"做到了极致。

抖音是字节跳动（原"今日头条"）旗下的产品，和众多"头条系"产品一样，主要使用算法进行内容推荐，这种偏向技术与数据的方式正是增长黑客所主张的。和传统的内容型产品相比，它们不需要过度依赖人工，通过用户自发生成内容的模式,成就了自身旗下多款大受欢迎的产品。

不过这种方式也有局限性,就好比回音壁:你发出声音后,反馈给你的是与你自己的声音相似的回音。你认为自己的"声音"得到了"印证",所以你会对自己"声音"的正确性更加坚信不移。由此,你的信息、知识圈层只会更加固化,视野越发狭窄。这就是增长黑客擅用的数据技术的局限性:只能验证现有的想法,无法探索未知的东西。

和增长黑客相反,产品极客鼓励创新、追求极致。

"微信之父"张小龙说到产品设计原则时提到:"好的产品是有创意的,它必须是一个创新的东西……只不过可能对目前的互联网行业来说,大家更关心的是流量,是变现,所以人们可能很久没有去想什么是'好的产品'了。"

张小龙的话戳中了很多产品人的痛点,那就是怎么平衡创新和业绩压力。如果一直盯着 KPI(Key Performance Indicator,关键绩效指标),就只能在原有基础上优化提升,很难创造出一个全新的东西来。而这些年微信在不断创新,比如红包、公众号和小程序等,它们都是围绕微信的价值定位"一个生活方式的工具"创新而来的。

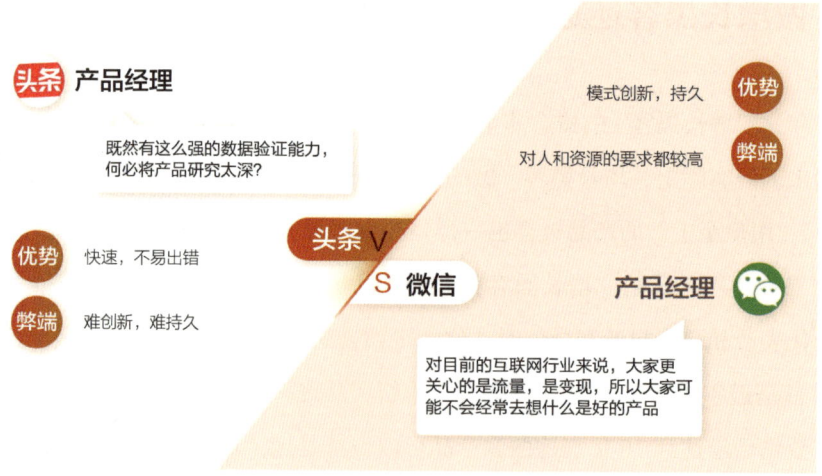

图 1-3　头条产品经理与微信产品经理

"产品极客"的思路可以用一句爱因斯坦说过的话解释:"事情不会在出现问题

的那个层面上得到解决，只有上升到更高的层面才会得到解决。"这听起来可能有点费解，让我举一个通俗的例子说明吧。

假如你家的羊被狼叼走了一只，你往里面补了一只羊，表面上看这个问题解决了。过些天，又有羊被叼走了，你又得往里不断地补羊。可是有一天你"登高望远"，发现原来是羊圈出现了破损，那么你只要把破损的地方补好就可以了。

做实验其实就是"补羊"，一直在出现问题的那个层面上解决问题，用大海捞针的方式穷举各种可能进行实验，这其实是一种受限于无法利用更高阶潜能的"笨方法"。如果人自身可以拓宽视野和提升维度去"补羊圈"，问题往往就会迎刃而解，并不需要无穷次的实验。

听到这里，你是不是产生了"做一名产品极客才是正道"的想法？可是为什么"产品极客"如此稀缺呢？这是因为想成为一名真正的产品极客实在是太难了。如果你去看乔布斯、雷军、周鸿祎和张小龙等产品大佬们的自传和文章，会发现似乎并没有什么成熟的方法论，靠的是天赋、机遇、敏锐的眼光、多年的实战积累。这让人怎么学习呢？

这也使得增长黑客理念逐渐占据上风，毕竟它更容易落地和学习。所以，两者各有千秋，也各有利弊。

当然，为了好理解，我把两者的特征描述得有些极端了。毕竟为了自身的增长，大家也都在互相学习，"头条系"产品也做用户研究，微信也做数据验证。所以，下面重点讨论如何结合两者的优点实现既有创新又有效率的增长。

1.3 以用户为中心增长

其实做一件事情，本质上就是要关注两个层面：道和术。讲明白一点，就是正确的思想和有效的行动。产品极客侧重于发现正确的思想，增长黑客侧重于采取有效的行动，如图1-4所示。

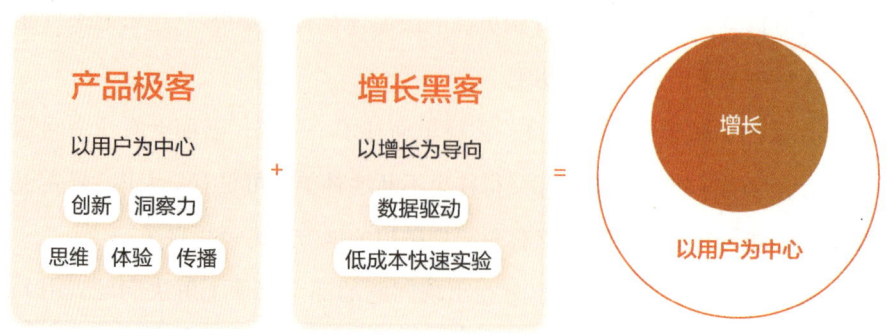

图 1-4 以用户为中心增长

产品极客关注创新、洞察力、思维和体验等；增长黑客注重数据驱动及低成本快速实验；两者如能合二为一，这不正是我之前提过的"最终为用户，简单却有效"吗？因为只有回归用户价值，才有持续增长的可能性；同时配合有效的增长手段，可以让增长效率大幅提升、事半功倍。

这就是新的"以用户为中心增长"的价值观。在这里，"增长"代表的不是提升KPI、不是提升市值、不是增加用户量、不是增长黑客的专属工作……而是从长远角度看，以用户为中心，配合科学的手段带来产品长期价值的提升。在这个过程中，数据只是衡量的手段和工具而已。

那么如何"以用户为中心增长"呢？如图 1-5 所示。

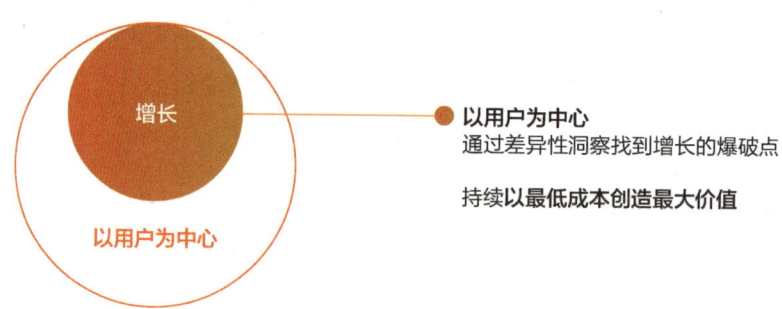

图 1-5 如何"以用户为中心增长"

首先，要以用户为中心，因为服务好用户才可能提升产品价值。这并不完全依赖"专业"程度，重点在于"有心"，即能够深入挖掘用户的潜在心理和真实需求。

所以现在以及未来，企业需要的不是最"专业"的人才，而是最"懂用户"的人才。前面提到的几个小例子已经充分地说明了这一点。

其次，**"通过差异性洞察找到增长的爆破点"**。如我前面举的涂鸦移动和微信的例子。我们一方面要以用户为中心，另一方面要找到其中最关键的可以影响增长的爆破点，这个爆破点取决于"差异性洞察"。只有当你捕捉到了别人没有发现的点，你才可能出奇制胜。

最后，配合增长黑客惯用的数据驱动的实验方法，最终达到"持续地以最低成本创造最大价值"的目标。通过差异性洞察找到增长爆破点后，我们还需要通过低成本实验来验证它是否真的能带来增长。如果成功了，那么它就是一个合理的增长爆破点，如果不成功，我们需要继续洞察再实验。

在过往的实践过程中，我发现只要找对方向且方法正确，就真的可以做到"四两拨千斤"，持续地以最低成本创造最大价值，而不必耗费大量的人力成本"碰运气"或进行无休止的实验，最后却无功而返。也就是说，"洞察"是增长最重要的因素，而不是很多人以为的营销套路、技术手段或者实验方法，那些都是"术"，而不是"道"。

"洞察"虽难，其实也有据可循。在后面的大部分内容里，我会逐渐拆解这一过程，帮助大家学会做差异性洞察，提出假设并寻找相关增长机会，落地到具体项目，定期复盘带来持续增长等。

第 2 章　不同职能如何助力增长

2.1　突破传统职能边界

增长是一件"反传统"的事情，毕竟这是最近几年才流行起来的概念。想具备增长思维就意味着要突破传统思维的层层边界，那么具体有哪些边界在阻碍着我们呢？

通过前面的内容，我们已经知道了增长和任何职位都息息相关。所以它并**不会受到职能的限制，这是我们要突破的第一层边界。**

另外，增长是企业在任何时刻都要去考虑的最重要的事情，而不是发展到一定阶段才需要增长。**不要混淆增长和增长黑客的概念，这是我们要突破的第二层边界。**

产品早期要探索方向，要教育市场，这是增长；为了发展，去谈合作、拉投资，这是增长；做广告、发优惠券，这是增长；数据驱动、精细化运营，还是增长；甚至企业发展到一定阶段开始特别关注安全或体验问题，这也是增长，虽然这可能很难和营收指标直接关联……**增长不仅仅是数据的提升，更是产品长期价值的提升，这是我们要突破的第三层边界。**

接下来我要讲的是**第四层边界，即增长和传统职能是否存在冲突。**

国外很多公司设有专门的增长团队，直接向 CEO 汇报，为的就是避免和其他部门产生冲突。因为增长需要全局视角，会涉及大量跨部门的协同工作，这样很可能会影响其他部门的日常工作，毕竟资源总是有限的。

另外，就是人们普遍认为增长和体验之间存在冲突，所以需要有增长团队和传统的职能团队同时存在，以形成制衡关系。

举一个常见的例子：有一款阅读产品，本来用户可以在网络上阅读其中的完整文章，可现在为了提升 App 的下载量，改成只显示 30% 的内容，如果想继续阅读就要去下载 App。后来下载量确实得到了很大的提升，但内部很多人对此颇有微词，认为牺牲了用户体验。其实不然，如果这个阅读产品的核心优势是文章质量好，那么对用户来说，只要能阅读到他想要读的文章就可以不在乎是不是要为此多下载一个 App。

再举个例子：有一个设计师为公司内部面向销售人员的产品优化了界面，把原先刺眼的各种颜色做了弱化和统一，结果遭到大家的一致反对。这个设计师委屈地说："我这样做是为了保护销售人员的眼睛啊。"可实际上，销售人员正是需要通过不同颜色高效地找到自己需要的栏目。我就问这个设计师："你认为对销售人员来说，是快速完成业绩不被解雇重要，还是保护眼睛更重要？"

如果你认为增长和体验是冲突的，你要么是误解了增长的真正意义，以为增长就是提升 KPI；要么就是误解了体验的意义，仅仅从片面的角度遵循专业标准，而忽视了"最终为用户"的原则。也就是只要能满足核心需求，用户完全可以忽略其他小瑕疵，况且消除这些"瑕疵"还可能和用户的核心需求相冲突，毕竟"鱼和熊掌不可兼得"。所以做增长必须学会从全局审视，然后<u>"抓大放小""两害取其轻"</u>；而传统职能角色最容易犯的错误就是仅站在自己的角度关注专业性，最后不得不承担"盲人摸象"的后果。中国有很多老话，比如"一白遮百丑""柿子要捡软的捏""擒贼先擒王"等，就是在强调抓大放小，力求用最低成本获取最大价值。

但是说起来容易做起来难，毕竟公司里每个人各司其职，很难站在全局角度审视问题，而且稍有不慎还容易让其他人误会，以为"抢了别人的饭碗"。那么在实际工作中，该如何处理不同职能间的矛盾和冲突呢？

2.2 联合他人共创成果

几年前,我以设计管理者的身份对外进行增长主题演讲时,台下经常有产品经理问我:"你们做的这些事看起来好像把产品经理和运营的活都给抢了?他们不会有意见吗?不会阻碍你们吗?"确实,增长这个"新物种"好像已经成为传统职能的巨大威胁,尤其是谁都可以做增长这件事,就更让人恐慌了。

但真实情况并非很多人想的那样,我举个例子大家就明白了。有一部电视剧叫《法医秦明》,以男主人公法医秦明的视角展开,讲述了他和助手李大宝、刑警队大队长林涛组成的黄金组合携手其他警官屡破要案的故事。在看剧的过程中,我留意到弹幕中不断出现类似的评论:现在的法医都没事干了吗,法医为什么出现场,有了这样的法医,警察都可以放假了……

的确,在大家眼中,法医应该穿着白大褂,老老实实地低头解剖尸体才对。离开了手术台,去任何地方都是"不务正业"的表现。然而实际上,法医出现场以后,结合在尸体上观察到的细节,能够帮助刑侦人员发现更多线索,从而有助于破案,而不是仅出具一份验尸报告了事。

这不是跟现在互联网的情况相似吗?职业分工过细使得很多人只关注自己"分内"的工作,而忽略了彼此协作获取最终的价值。

在这部电视剧里,围绕最终的价值"破案",法医秦明没有拘泥于自己固有的工作范围,而是和刑侦人员紧密配合,最终实现了更大的价值。

你认为法医秦明有增长意识吗?肯定有。他做了和增长相关的事情吗?当然做了。他抢了别人饭碗吗?没有!因为法医无法取代刑侦人员,刑侦人员也不能替代法医,大家依然各司其职,只是更关注彼此的配合,合作共赢而已。

所以,**提高认知维度,以集体大目标为导向,增进和其他职能的配合,朝着最大价值努力,那么人人都可以把自己"分内"的工作做得更加出色。**当然前提是一定要做好充分的沟通,确保是合作关系而不是闷头"动了别人的奶酪"。

2.3 步步为营推动增长

如果真正理解了增长的含义，那么不同职能之间的冲突、增长和体验之间的冲突，理论上都只是伪命题而已。当然，想做好增长，除了掌握方法，还要特别注意推行的手段，要戒骄戒躁，"步步为营做增长"。

经常有人问我："你是怎么在公司中把这套东西推行起来的，不会遇到什么问题吗？"

其实我们并非大家想的那样要去"努力"推行什么。**如果一件事情一定要特别"努力"的话，说明完成这件事的时机未到或是方式不对。**

增长本身是一件"四两拨千斤"的事情，要的是"巧"，而不是费劲气力不讨好。所以对于增长来说，"方法"比"努力"重要得多，大家一定要记住下面这3点。

首先，做增长**不能单独行动**。

你要先获得领导的支持，然后在过程中拉上相关同事一起，让大家发现这件事情对公司、对产品都有很大帮助，这样才容易推行下去。

我建议大家现在就尝试行动起来，和自己的领导以及相关的业务同事好好聊一聊。一方面促进感情为后面的合作打下良好基础，另一方面也要及时了解领导层的方向及想法，以及其他同事在做什么、关心什么，这样才可能打通"职能墙"，助力增长。

我注意到很多朋友不喜欢主动和领导沟通，这是很不利于自己未来职业发展的。之前有学员在我的鼓励下尝试主动去沟通，效果非常好，困扰自己很久的问题立刻就解决了。

其次，做增长**要缓慢推进**，不要伤筋动骨大动干戈。

先从一点小事做起，得到认可后再慢慢延展，这样更容易得到支持及需要的资源。比如在宜人贷，我们最早从优化H5营销落地页面开始，然后慢慢优化App的H5介绍页面，继而优化App的其他页面，再到组件化批量增长，最后唤醒沉睡用户……整个过程感觉润物细无声，在不知不觉中就积累了惊人的成果。

所以，我们从来不觉得自己曾经多么"努力"地推行什么，而是一步一个脚印顺势而为。

最后，做增长要**寻找合适的土壤和机会**。

经常有人问我："你为什么离开阿里后不继续在大公司工作，为什么要选择宜人贷？"一位行业前辈可以替我回答："在大公司你能学会很多'套路'，然而仅凭套路无法成为高手。"这一点我非常认同，套路会深深地把你角色化，让你更有章法地工作，而不再习惯创新和决策。就好像我们认为法医一定要老老实实待在解剖室一样，这就是对角色的固化认知。而创新正相反，要突破思维限制找到一个新的发力点，也就是"巧劲儿"，这是做增长的必要条件。

当然，即便你有了突破"套路"的意识，在大公司里也很难有什么成果。因为大公司推行的是"大型机器＋标准零部件"的运作模式，并不太欢迎个人发挥创意，否则这架大型机器将难以快速运转。当然这种运作模式对公司来说是一件好事，但对个人发展来说却不那么理想。所以有人建议如果想成为高手，在大公司工作不要超过 5 年，这点我非常认同。因为离开宜人贷后，我带着这些已经被证实非常有效的增长思路去了一家知名大型公司，却发现毫无发挥的余地。尽管我已经位于总监的级别，在庞大的架构面前也只是一个渺小的存在，难以调动更多的有效力量，职责权限也不允许。虽然最后也做出了一些成绩，但它们不过是被强化了的"套路"，既无法让我获得成长和突破，也难以被复制到其他应用场景，因为只适合那家公司的情况。

我在之前做线上课时经常告诉"大公司"的学员要去掉不必要的"套路"，寻找破局点。有"大公司"的学员跟我说这个过程让他备受煎熬，因为这意味着要放弃原有的那个"专业"的自我，重组一个新的自我。听到这句话我感到非常欣慰，因为我知道他找到感觉了。

2.4 以用户为中心的增长全景图

说了这么多，到底应该怎样做增长？如何和其他职能协作？自己处在什么样的位置，应该到哪里去？如果有一幅 GPS 定位图该有多好呀！

在这里，我真的准备了这样一幅"增长全景图"，如图 2-1 所示。这是我在宜人贷的时候带领团队在探索实践中逐渐沉淀的方法体系，也是本书的主体内容。

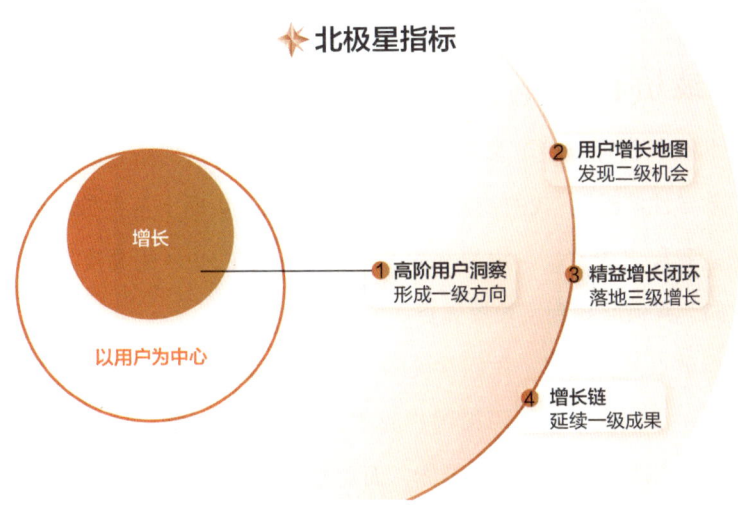

图 2-1　以用户为中心的增长全景图

初次看到这幅图你可能会有点迷糊，这很正常，因为里面有太多我自创的概念。在这里我简单介绍一下，后面会详细解释。

2.4.1　北极星指标

图 2-1 最上方的"北极星指标"是什么意思呢？这个概念源自国外的增长黑客。顾名思义，"北极星指标"就好像探险途中的那颗北极星高高挂在空中，为你指明前进的方向，避免迷失。它对应的是公司长远的价值方向，一般情况下由 CEO 提出，也可以通过对行业及公司、用户的研究分析得出。

拿宜人贷借款来举例，公司的北极星指标是高利润，也就是低成本（包含获客及风险成本等）高贷款余额。贷款余额是借款人尚未归还的贷款总额，简单理解就是放贷金额。

北极星指标极其重要，不仅指引整个团队的大方向，也通过层层分解引导不同阶段的增长策略和优先级安排。它贯穿增长始终。

错误的北极星指标也好过没有北极星指标，因为错了还可以马上调整；但如果没有北极星指标，团队就会成为"没头苍蝇"，白白错失市场机会，也浪费了大量人力物力。

2.4.2 一级方向（差异性洞察）

有了北极星指标，接下来我们要**根据北极星指标找到增长的爆破点**，这个过程离不开"差异性洞察"。我的差异性洞察方法区别于市面上各种传统的、专业的用户调研方法，我称之为"高阶用户洞察"，也就是站在 CEO 的高度上提出重要的差异性洞察方向，并借此找到增长爆破点。

这个爆破点其实类似于我们常说的"定位"：先明确产品差异化，再通过营销推广等一系列手段把这个差异深植用户心中，抢占用户心智。这样只要用户一遇到相关的场景需要做决策时就会先想到你，而竞争对手只能退避三舍另辟蹊径。

关于定位理论有很多经典图书，推荐大家看看《定位》《视觉锤》《抢占心智》《史玉柱自述》这几本书。

但这里我所说的和传统的"定位"理论不太一样，我在这里强调的是围绕北极星指标且以用户为中心。拿宜人贷举例，通过差异性洞察我们发现它的核心优势是风险控制能力强，对于二三线城市人群，在额度上远高于其他产品，而额度和我们的北极星指标息息相关，也是用户非常关注的因素。所以宜人贷把"额度高"作为产品的差异性定位，通过一系列营销推广把"额度高"的差异深植用户心中。"宣传并突出额度高"就是我们当时的增长爆破点。

为了方便描述，我们把通过差异性洞察得到的增长爆破点简称为一级方向，一般由公司战略级领导根据市场分析和经验判断等，围绕北极星指标提出；也可以由其他团队根据数据分析、调查研究等结果，为上级领导提供建议。一级方向不一定只有一个，但不宜太多，是最关键最重要的增长方向。

2.4.3 二级机会（用户增长地图）

围绕一级增长方向，我们需要借助一幅用户增长地图，全盘考虑发现二级增长机会。

"用户增长地图"是我自创的方法，后面会详细阐述。增长机会五花八门，根据团队能力，我们通过用户增长地图选择了"优化营销落地页面""优化首页流量分发""优化借款流程""唤醒沉睡用户"等多个增长机会作为发力点。需要提醒大家的是，不管做什么事情，都要谨记围绕一级方向"宣传并突出额度高"这个方向去做。

增长的二级机会一般情况下由增长负责人或产品运营负责人根据增长方向提出，可以有很多个。跟一级方向相比，二级机会更加具体，也更加多样化，另外不同团队的二级机会也是不一样的。比如产品团队提出的二级机会一般更侧重于产品的优化和创新；运营团队提出的二级机会更侧重于营销层面。

2.4.4 三级落地（精益增长闭环）

二级增长机会确定后，就可以开始发力实践，打造闭环落地三级增长了。

比如你选择了"优化营销落地页面"这个增长机会，那么接下来就要明确指标、提出假设、分解假设、上线实验、观察结果并进行下次实验。这和传统的产品设计流程，比如细化需求、完成原型、研发上线以及结果检验等有很大区别，我为这个自创的方法起了"精益增长闭环"的名字，后面也会详细介绍。

这个过程一般由产品经理或运营人员、设计师和研发人员等共同完成。

2.4.5 四级成果（增长链）

在落地三级增长的过程中，你会不断地积累实验结果，总结增长规律并规模复制，运用到其他相关的项目、功能和界面上，最终带来四级批量增长。我给这个方法起了一个好记的名字——增长链。

比如，在优化营销落地页面的过程中，你发现蓝色比红色效果好，字号大一号效果好……你就可以把这些结论复用到 App 页面中，当然前提是这些页面的用户群体一致。

这个工作一般由同时负责多条业务线的公共团队负责人提出。比如作为一个横向支持多条业务线的设计负责人或研发人员,很容易观察到不同业务线的共性从而发现更多节约资源和提升效率的机会。通过实验积累你可能会发现各种以前从未发现的增长规律。

讲到这里,你可以看到,**增长是一个体系化的工程**。

所有人做的事情由上至下一脉相承。虽然在执行中各有侧重,但大方向一定是统一的,不是闭门造车,这样才有可能做到高效增长。

有了"增长全景图",你才可以清楚地了解自己目前所处的情况和位置,找到上下游缺失的信息,才更容易做出理想的成绩。

最后,我们来为第一篇做个小结吧!

(1)做增长需要明白的最重要的理念:最终为用户,简单却有效。

(2)如何做到"最终为用户,简单却有效"?结合产品极客和增长黑客的思维:以用户为中心,通过差异性洞察找到增长的爆破点,再配合数据驱动的实验方法,持续地以最低成本创造最大价值。这就是"以用户为中心增长"。

(3)想知道更具体的操作方式?请看"增长全景图"。

第二篇

以用户为中心增长

第 3 章　以终为始达成增长目标

3.1　聚焦正确的方向

我在第一篇的内容中提到过：不论你是 CEO、CMO，还是产品经理、工程师、设计师，还是现在大家非常关注的增长黑客，只要做的是能够促进产品长期价值提升的事情，都是在做增长。并不是只有看得见的数据表现提升才叫增长。

但是，这并不意味着每个人每天在做的所有工作都和增长有关。

我们日常做的大部分工作很可能是无效的，因为没有围绕正确的目标去做正确的事情。有一次我在对外分享的时候忍不住说："你们 80% 的工作时间其实是无效的。"话一出口我就有点后悔了，等着大家的反击，但没想到得到的居然是大家肯定的回应。

经常有学员学习完我的课程说："我现在才发现之前居然浪费了那么多时间做了那么多没用的事情。"而之所以花费大量时间做无用功，就是因为"没有目标"或者"目标不明确"。

可能有人会质疑：在生活中很多人都有定目标的习惯，而且目标也很明确，但最后还是以失败告终。

这是因为光有目标是不够的，你还要保证你设定了正确的目标。

在实际工作中目标的设定就更复杂了：你需要考虑符合企业或产品最高利益的增长目标，并且保证目标的设定是正确且有意义的。否则即使你再努力、再拼命加班，也很难产生什么实际价值。现实就是这么残酷。

所以本章主要探讨的内容是：如何定下正确的增长目标，以帮助我们后续少走弯路，直达目标。

3.1.1 找到正确的增长目标

说到增长目标，就不得不提到一个非常棒的概念：北极星指标（North Star Metric），又叫第一关键指标（One Metric That Matters，OMTM）。之所以叫北极星指标，是因为这个指标一旦确立，就像北极星一样，高高闪耀在天空中，指引着全公司上下所有人向着同一个方向迈进。目前它已经成为许多公司指导产品开发的重要指标。

这个概念作为一个"舶来品"，受到很多人的关注，而我却对这个概念有不同的理解，我认为"北极星指标"并不是一个指标，而是一组互相对立的指标，关于这一点我在后面再详细阐述。

我们先来看看相关的图书和文章是怎样描述"北极星指标"的。

举一个行业经典案例：早期Facebook的北极星指标是月活跃用户数；MySpace的北极星指标是注册用户数。Facebook的领导层认为公司的运营策略要对实际用户价值负责；而MySpace的领导层选择了短期利益，即通过运营推广策略疯狂拉新，用漂亮的数字讨好投资人。最后的结局显而易见：Facebook逆势赶超，成为世界最受瞩目的社交产品；而MySpace却遗憾地退出了市场。

所以说北极星指标不只是表面上看到的简单数字，它代表了公司高层对优先级的判断，判断在企业发展过程中，什么因素是最重要的，该如何衡量。

那么北极星指标和增长的关系是怎样的呢？北极星指标其实就是对增长成果的衡量，并且为增长带来明确的方向。只不过这个增长成果不是短期价值，而是企业的长期价值，比如图3-1中的几个例子。

案例	商业模式	长期价值	北极星指标
阿里巴巴	电商	快捷的网上购物	总销售额
简书	社区	知识传播	文章发布数
摩拜单车	共享经济	自行车资源共享	月活跃用户数

图 3-1 北极星指标举例

3.1.2 增长目标与传统目标

在北极星指标出现之前，我们更多的是参考绩效管理工具 KPI 衡量工作成果，这产生了很多问题，比如：

- 过于强调业绩，可能会忽略重要但短期内难以被量化的工作；
- 为了完成眼前的 KPI，有时候不得不损失更长远的利益；
- 各部门、各职能由于 KPI 不一致可能出现矛盾和冲突；
- ……

类似的问题太多了，大多是因为缺乏一个自上至下的、明确统一的、有价值的指标，使得众多执行人员只见树木不见森林。最后的结果就是所有人都很忙、很拼命，但是产品或者企业可能并没有往好的方向发展，当然也就无缘增长了。

北极星指标的出现很好地解决了上述问题，它关注企业发展的长期价值，促使所有人朝一个方向努力，避免部门内耗，大幅提升效率和价值。

但需要注意的是，北极星指标不是目的，而是帮助我们衡量价值并校正方向的工具，最终我们要做到的是通过正确地服务用户提升企业的长远价值，这才是目的；这和达成短期 KPI 有本质的区别。说到 KPI，很多人会想到现在更流行的 OKR。的确，OKR 和北极星指标的关联更加密切，由于这部分内容比较多，我会在后面单独用一节完整阐述。

3.1.3　在天平两端寻找平衡

上述内容大部分是我从行业会议、图书和网上相关文章学到的，对我帮助非常大。但在实践过程中我逐渐有了不同的领悟，也许对前人的观点是一个额外的补充。

北极星指标是"第一关键指标"，并且强调"唯一性"。从相关书籍和网络上能找到的案例来看，同类型产品的北极星指标也类似。比如电商的北极星指标是"总销售额"，社区的北极星指标是"文章发布数"或"问题回答数"之类的。但在实际工作中，你会发现这太理想化了。

举个例子，淘宝和京东表面上看都是电商，但是再细分下去，二者的模式其实有很大区别：淘宝是平台模式，京东是自营模式，即使长期价值都是"便捷的网上购物"，最终的北极星指标也不会完全相同。京东的北极星指标里一定会包含对成本的考量，因为自营的利润率很低，成本就是命脉。

再比如宜人贷借款，我们不仅要考虑放款量，还要考虑风险等各项成本，因为对金融来说，风险控制是命脉。

很多时候，重要指标的关系就像天平两端，一头上去了另一头必定会下来，导致给企业带来其他损失。比如业绩高了自然会导致成本上升或安全隐患事故增加，所以我们要做的是在保证企业"命脉"或核心价值稳定的前提下提升业绩，这和"最低成本创造最大价值"的增长概念是一致的。

因此**在实际工作中，推荐把一组互斥的指标作为北极星指标**。类似于"降低成本××的同时提高业绩××""提升商品交易总额（Gross Merchandise Volume，GMV）的同时降低投诉量""提升转化率的同时提升一线城市用户占比"等，更像合理的目标。由于两个指标之间有互斥的关系，因此需要采用更聪明的方式把握平衡点，才能达到目标。

找到这样的北极星指标并不困难，只要你对业务有一定的了解，知道企业的底线，比如安全、成本、质量和体验等，保证它们不逾越底线；再看企业想要追求的另一端是什么，比如营收和资本利益等就可以了，如图 3-2 所示。然后你就可以造句了：在降低/提升×××的同时提升/降低×××。

拿宜人贷借款来举例，我们一方面追求营收，希望尽量把钱借出去，这样我们才能收到利息和服务费；但是另一方面，借款产品不同于传统的互联网产品，它的隐性成本高得吓人。一般来说，一个用户的获客成本从几元到上千元不等，但是假如我们把钱借给了一个错误的用户，对方逾期或不还钱，那么我们损失的就是获客

图3-2 增长指标的利弊权衡

成本加上数万元的款项。这么高的成本，是任何一个企业都难以承担的。所以对宜人贷借款来说，它的底线就是成本，而风险控制是成本中最重要的因素。

再比如在线打车业务，企业同样追求营收，希望尽可能多的人申请司机，尽可能多的乘客使用产品。可是用户越多，安全性就越难保障。一旦出现严重事故，将给企业和个人带来致命的影响。

随着互联网逐渐渗透到生活的方方面面，我们在产品方面需要考虑的因素更多更复杂了，对人的要求更高、挑战也更大了。做增长就是要在诸多制约条件下把握好平衡，"抓大放小"，抓住事物的主要矛盾，忽略次要矛盾，而不是面面俱到，这样才能用最低成本创造最大价值。

除此之外，我还注意到北极星指标并不像很多书中的案例那样是固定的，而是会因时而变。

3.1.4 北极星指标因时而变

以前，我一直以为北极星指标就像产品定位一样，既然定了就不要随便改，否则就失去了意义，但后来我发现这样的理解有些片面。企业长远价值确实不会轻易改变，但在产品的不同生命周期，关注点是不同的，聚焦的指标自然也是不同的。

比如，对一个在线音乐社区产品来说，一开始可以把北极星指标定义为"总收听时间"，但是随着产品的发展壮大，这个指标必然会遇到瓶颈。毕竟每个人每天能

花在听歌上的时间总是有限的，不可能无限增长。这个时候，我们就需要调整北极星指标了。

图 3-3 展示了在不同的产品生命周期需要关注什么方面，同时也给出了可参考的北极星指标。关于产品生命周期，我在《破茧成蝶 2》这本书中进行了详细阐述，有兴趣的读者可以延伸阅读。

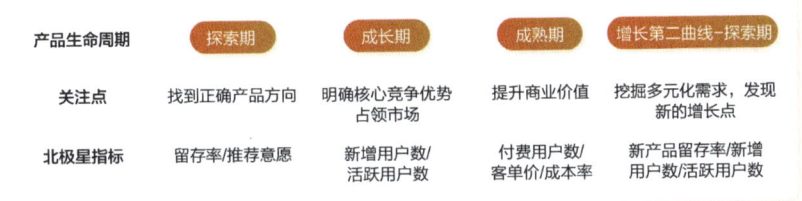

图 3-3 北极星指标因时而变

在从 0 到 1 的探索期，我们要关注的是如何找到正确的产品方向，这时的北极星指标可以选择与留存率和推荐意愿相关的指标。

方向明确后，产品进入高速成长期，我们需要关注的是如何明确核心竞争优势并快速占领市场，那么北极星指标可以替换为与新增用户活跃度相关的指标。

之后产品发展增速放缓，进入成熟期，我们可能会更关注商业利润，那么北极星指标会倾向于和营业额、成本相关的指标。

再往后，产品可能会趋向稳定甚至出现衰退的迹象，这时我们就需要继续探索新的方向或研发新的产品，开始第二个探索期，如此循环往复。

现在很多公司是按照这个规律来制定长期发展规划的。一年前我入职京东金融时，公司正处在高速发展期，我问到公司当前的发展节奏时高层管理者回答我："公司发展分为不同的阶段，当前我们最看重新增用户数，等到新增用户数到达一定规模后会更注重提升用户活跃度，再往后是看营收，最后才是看利润。"

其实用户群体就好比一个流量漏斗：从大量用户里经过逐层转化，最后留下能给产品带来利润的核心用户。这就好比淘金，从大量沙子里层层筛选，才有机会淘到真金。前期的用户量一定要够大，因为基数越大，最后淘出来的数量才可能越多。

当然对于不同的产品有不同的方法，京东金融背靠京东商城这个巨大的流量池，在最开始的时候大量吸引用户无疑是最正确的做法。但如果产品本身非常垂直，一开始又没有足够的用户资源，那么还需要精打细算，尽量找到最适合的人群提升转化率。

总之，在给产品定目标时，需要结合产品情况，明确商业模式、长期价值和产品底线，在此基础上再看处于什么发展阶段，最终确定当前最合适的指标。

3.2 活学活用北极星指标

理论上来说，北极星指标应该由公司高层管理者提出，但实际上并不是每个公司都有清晰的北极星指标，但只要你足够理解它的概念，你就完全有能力找到正确的北极星指标并影响到更多人。

然而在帮助其他人寻找北极星指标的过程中，我发现还是有很多人会犯下明显的错误，因为他们没有清晰地理解北极星指标的理念。由于北极星指标非常重要，一旦理解错误，就会影响到后面的所有工作，因此在这里我再多举一些相关的案例，帮助你正确理解北极星指标。

3.2.1 从公司整体价值出发

北极星指标代表了整个公司的发展方向，它无疑是高瞻远瞩的。很多人找不到正确的北极星指标，主要是因为他们在考虑北极星指标的时候，是从自己的职能或者自己负责的产品出发，而非从公司的最大价值出发，说白了就是"视野不够开阔"。

常见错误1：受限职能角度

比如，某金融产品的负责人认为北极星指标是"业绩量"，但是他忽略了风险和客户体验，因为风险控制和客户服务都由其他团队的人负责。长期这样下去，可能导致表面上看业绩数据很亮眼，公司利润却在不断下滑。之所以出现这样的错误，是因为他仅从自己的职能角度考虑，而非从整体产品利益出发。

再比如，有位电商产品的体验设计师认为该产品的北极星指标是"提升用户的满意度"。很明显，这也是从职能角度出发的。因为对电商产品来说，产品营收或利润至关重要，而满意度提升在其中虽然可以起到一定作用，但不起决定性作用。即使能起到决定性作用，也只能作为次级指标或方向来服务于最重要的指标。

所以在考虑北极星指标的时候，**一定要从自己的职能角度脱离出来**，不要受角色的牵绊，要有意识地提升自己的认知维度，从整体价值出发全盘考虑。

可能有人会提出疑问："我只负责××部分，为什么要考虑那么多，这不是瞎操心吗？"别着急，我们先通过全局思考，保证自己理解的大方向是正确的，然后拆解指标。如果一上来因为目标受限而只看到了小小的局部，就不可能在工作中取得更大的突破了。

常见错误2：受限功能角度

还有一种情况也很常见，就是受限于当前的产品或功能，而不是从整体角度考虑。

我有一个学员最近找我咨询，说在项目中遇到一些问题但是不知道问题出在哪里。我首先看了他的北极星指标是"用户购买店家非热销产品的订单量"。显然，这个指标定得过细了，他之所以这样定指标，是因为目前产品功能就是要让用户多购买店家的非热销产品，这就直接限制了更大的想象空间。因为这个产品目前还处于从0到1的阶段，所以重点应该放在不断探索新方向上，而不是卡死在一个方向上。因此，一定要跳出当前产品功能的限制，追求最终公司要达成的理想结果。如果他的北极星指标改成"新增订单量"，这个问题就迎刃而解了。

也就是说，**北极星指标的限制越小、视野越宽广，越有可能做出创新和突破**。当然，这很难，所以你可以多和老板沟通，多倾听高层管理者的声音，这也是我一直在强调的。

很多人经常吐槽老板，觉得老板的思维很奇怪，而且无法沟通，但又不得不听从。事实上既然他在更高的位置上，就一定有过人之处。你一定听到过"降维打击"这个词，的确如此，站在低维的角度永远不会理解高维的世界。如果不在同一个维度上，我们将难以有效和老板对话，也难以在工作中创造更大价值。另外，也要注意多和不同职能的负责人聊聊，便于开阔视野，避免只见树木不见森林。

常见错误 3：不明确、有歧义

北极星指标必须足够明确，否则容易产生歧义，从而大大削弱"总指挥官"的效果。

比如某产品经理一开始提出产品的北极星指标是"月活跃用户数"。但是怎样定义"月活跃"呢？比如强制用户登录算不算活跃度提升？很明显应该是不算的，因为这样做无法真正提升产品价值，但是表面上看活跃用户数确实提升了。所以为了大家能够更好地理解并执行，她最终把指标改成：用户数增长的同时月交易率提升。这个指标可以进一步分解为：存量用户月交易率提升 + 新增用户月交易率提升。

看到这里我猜想大家一定会问："刚才不是说不要定得太细吗，怎么现在又说要具体了，怎样把握呢？"其实就是**既要具体到清晰的指标，又要避免限制做事的方式**。比如你可以说新增用户月交易率提升，但是你不要限定具体怎么提升、通过什么方式提升。

3.2.2 像 CEO 一样深谋远虑

说到拓宽视野、深谋远虑以及定出长远的目标，我突然想到了电视剧《琅琊榜》中非常经典的一个片段。在这个场景中，名不见经传的靖王，通过几句话就让竞争对手誉王感到惶恐，并让父皇从此刮目相看。

靖王："既然誉王兄经验丰富，想请问王兄，这赈灾的银子拨付下去，要达到什么样的目的，才算灾情平复。"

誉王："灾民有了银钱粮草可以度日，灾情自然平复。"

靖王："主事之人心中应有全局，须统御上下整合资源。最终的目的，就是少死人、不起暴乱、平安过冬、来年春耕不荒，做不到以上任何一点，灾情就不算平复。"

当时两个人正在讨论赈灾的银子拨付下去，要达到什么样的目的，才算灾情平复。誉王回答得十分表面，他把赈灾当成了一件例行完成的任务，只要给灾民拨钱了就算完成任务了。但是具体要拨多少，这怎么衡量呢？给少了没有效果，给多了又没有必要。如何找到那个平衡点呢？

再看靖王，不仅有全局思维，还有最终的诸多衡量标准，而且这些标准可以说刚好卡在"维护基本稳定"的平衡点上，保证百姓的正常生活，朝廷不浪费多余银子。两个皇子高下立判。

我又想到工作中常见的场景。老板问员工："我们这个季度要达到什么目标？"可能产品经理 A 说："我们应该做个改版。"而产品经理 B 说："我们要整合资源，减少用户流失并提升新增用户数量。"两个人说的其实都没错，但是思维和格局完全不一样。

在这里，我还想给大家分享多年前我在阿里工作时候的一段难忘经历。当时我们在做一个 B 端大数据产品，用户体验差得令人难以忍受，几乎等同于无法使用，但领导一直不在意。突然有一天他提出要做易用性优化，当时我非常兴奋，以为机会来了，因为这正是我当年最擅长的。我非常认真地准备了详细的方案和推导过程，听完我非常专业的陈述，在场的同事纷纷鼓掌。但是遗憾的是，我并没有得到领导的认可，他选择了另一个同事的"打补丁"方案，也就是在每个页面上都加一段引导，告诉用户下一步该怎么操作。

我当时觉得这很难理解，因为产品当时的体验已经非常差了，如果再加上没完没了的引导，这不是雪上加霜吗？

老板很平静地说："你想过这次改版的目标吗？你知道我们下个月有一个大型的运营活动吗？到时会有好几百个研发人员涌入我们的平台完成项目，你的方案一个月能开发完吗？能解决产品的生死问题吗？"

我当时无言以对，即便我的方案很专业、无懈可击，它也确实无法在当前阶段为产品创造真正的价值。当时我的眼里只有专业能力的强弱，却忽视了更重要的高度和方向。

但那段"失败"的经历对我影响至深，让我明白专业能力固然重要，但更重要的是大局观。像 CEO 一样，<u>不断地培养自己的眼界和格局</u>，才能越走越远。

3.2.3 一切皆可量化

很多人苦恼一个问题，就是如何用数字来量化价值。其实只要花点心思，应用好北极星指标，任何内容都是可以被量化的。比如我的理想是成为一个改变行业的人，那么我可以给自己制定当前阶段的北极星指标：今年培养 100 个具有用户增长思维并有能力落地的人。

北极星指标不仅可以应用在工作中，还完全可以应用到生活中。我朋友的妹妹今年在发愁高考报志愿的问题，请朋友给予指导。朋友想到了我的这套理论，就问妹妹未来想过什么样的生活，想成为一个什么样的人。这其实就是在问妹妹的价值导向。朋友与妹妹一直讨论，深挖到底后，发现妹妹只想过平凡人的生活，但是想离家远一点，过得更自由洒脱一些。所以，最后妹妹就选择了几所外地的目标院校，而能考上这样的学校就是妹妹在当前阶段的北极星指标。

还有一个有趣的例子，一个擅长发布"毒鸡汤"的自媒体 X（此为代称），曾经获得大量网友关注并坐拥千万粉丝。有人发明了一个词叫"含 X 率"，作为衡量个人微信好友质量的重要标准，"含 X 率"越高，表明微信好友质量越差。

有一天我朋友神秘兮兮地问我："你的'含 X 率'是多少？"我说："什么是'含 X 率'？"她回答我："就是你的微信好友里关注 X 公众号的比例，你点击 X 公众号可以看到你有多少好友关注了它，然后用关注的好友人数除以你的好友总人数就行了。"我依照她说的方法计算了一下，她说："你要提升你的人脉质量啊，你的'含 X 率'太高了。"

当然这是一个玩笑，不过我之前从没想过，一个人的微信好友质量居然可以用这种方式来衡量。假设你认为今年最重要的事情是提升人脉质量，那么对应的北极星指标就是降低"含 X 率"，是不是很有意思？

可见**只要用心，真的是任何事情都可以被量化**。

3.3 OKR 如何助力增长

说到增长目标，大家可能会疑惑：OKR、KPI、北极星指标，包括 SMART 原则，这几者的区别和联系是什么？接下来我们逐一分析。

3.3.1 各种指标体系的区别与联系

我最开始接触 OKR 是在 2016 年，比接触北极星指标要早两年。目标与关键成果法（Objective and Key Result，OKR）是一套明确和跟踪目标及其完成情况的管理工具和方法。OKR 由英特尔公司发明，自 2013 年底由一些从硅谷回国创业的人士传入国内，后来逐渐受到 IT 界、互联网领域、高科技领域和海外投资人的追捧，开始流行起来。

关键绩效指标（Key Performance Indicator，KPI）是一种较为传统的目标式量化管理指标。KPI 是一种工具，可以把企业战略目标分解为一项项可操作的工作目标，多年来广泛应用于各行各业。

看到字面上的含义，你可能更糊涂了：这两者看着差不多啊？其实，关于这两者，你可以这样理解：OKR 包含了 KPI。

我们来看图 3-4 所示的一个实际的使用 OKR 的例子。在 OKR 中，每个目标（O）后面都可以跟着数个关键成果（KR），我们可以把这些关键成果标记为 KR_1、KR_2……

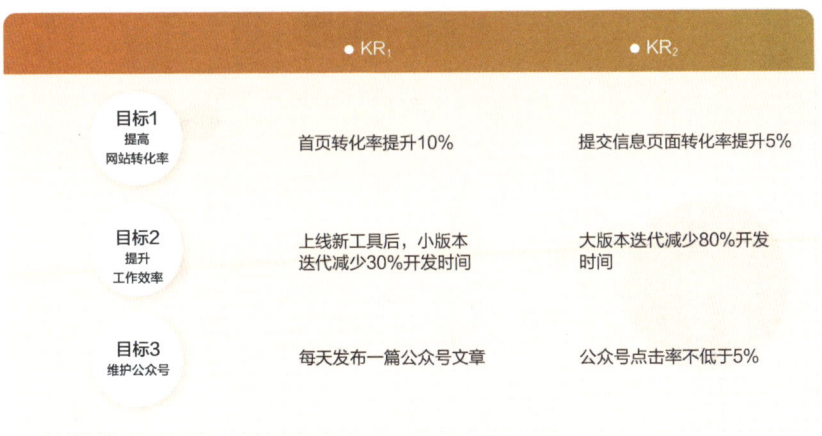

图3-4　OKR拆分示意

从图 3-4 中可见：OKR 中的 KR 可以分为绩效型和任务型。比如"每天发布一篇公众号文章"是典型的任务型 KR；"公众号点击率不低于 5%"则是典型的绩效型 KR。而 KPI 和绩效型 KR 其实没有什么区别。

在实际应用中，我还发现了一个有意思的现象，就是 OKR 并不强调 100% 完成。以前为了完成 KPI 大家都会绞尽脑汁，但是 OKR 一般来说总体完成 70% 是比较合理的。这并不是因为 OKR 考核不严格，而是与完成任务相比，OKR 更倾向于创新和大胆突破，鼓励大家把看似不可能完成的任务当作目标。如果总是 100% 完成任务，说明目标不够具有挑战性，这是重视创新的公司不愿意看到的。

所以，OKR 和 KPI 的区别就是：OKR 包含的内容更全面，虽然两者都是可量化的，但 OKR 不要求全部用绩效的形式量化，且 OKR 更强调创新和突破。这其实是比较符合实际情况的，比如像设计、研发、市场、品牌、人力和行政等职能人员的工作都非常重要，但他们的工作很难用绩效指标来量化。

至于前面提到的北极星指标，相当于更高级的总指挥官。它衡量的是公司整体的增长情况，一个北极星指标可以对应很多个目标（O），每个目标（O）下面又对应着很多个关键成果（KR）。而其中有一部分绩效型 KR 就等同于 KPI。具体关系如图 3-5 所示。

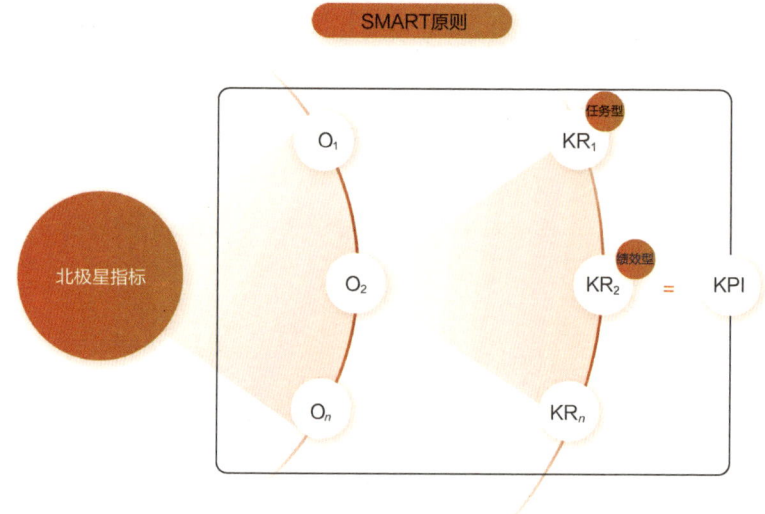

图3-5 不同指标的对应关系

有了这样的全局视角，你是否更明白指标之间的关系了呢？

介绍了 OKR 与 KPI 的区别，我们再简单说说制定目标时会用到的 SMART 原则。掌握好 SMART 原则可以帮助我们制定目标，这个"目标"包含了北极星指标、OKR、KPI 等。也就是说，SMART 原则是一个关于制定目标的普遍原则，它包含 5 点。下面我具体解释一下。

（1）具体（specific）：比如，"提升客户体验"说的就过于笼统，如果改成"减少客户投诉，投诉率由 3% 降至 1%"就具体了很多。

（2）可衡量（measurable）：比如，"安排进一步的培训课程"就难以衡量，如果改成"2019 年 3 月前完成培训课程，团队成员出席率超过 95%，考试平均成绩超过 80 分"就能够衡量了。

（3）可实现（attainable）：在宜人贷的时候老板对制定目标有很高的要求，必须有挑战性并且大概率可以实现。也就是说，目标必须是那种要努力才能够得着的，但又不能太不切实际。所以在制定目标时最好能和领导、下属和相关同事进行沟通，避免制定出难以达成或缺乏挑战性的目标。

（4）相关性（relevant）：比如公司的北极星指标是"提升总订单量"，那么你为所有人制定的目标都应该和"提升总订单量"这个指标有关，并且要与大家的本职工作相关联。

（5）时限性（time-bound）：目标要有时间限制，比如 2019 年全年营收达到 1000 万元。

需要注意的是，北极星指标比较特殊，只要提出指标方向就可以。关于具体的时限和指标，需要在实际应用时进行拆分并完善。

3.3.2　OKR 与 KPI 孰优孰劣

现在你已经了解了 OKR 和 KPI 的概念，那么哪一种指标更理想呢？这是很多人关心并热烈讨论的问题。为了解答这个问题，我们有必要先回到 1.2 节中关于"创新和绩效指标冲突"的问题。

对增长来说，创新和绩效都很重要：创新才能带来突破，才可能带来指数级增长，但创新投入大、有风险，也难以很快看到效果；关注绩效更容易维持稳定的增长，而且可以立刻看到成效，但长期来看难以创新，导致增长很快出现瓶颈。

虽然我介绍的方法可以很好地融合这两者，但是如果没有合理的制度作为保障，就很难落地。比如我们前面反复提到"通过差异性洞察找到增长爆破点"，可以看作是创新的基础；而之后进行的数据驱动的实验，可以帮助我们稳定提升绩效。但是假如公司只有 KPI 制度，要求所有的工作都要尽快看到绩效成果，那么像用户洞察这种需要花费很多时间和精力的事情也许就只能搁置了，即便它非常重要。

所以，为了平衡创新与绩效指标，保证增长，现在很多公司开始使用 OKR 来代替传统的 KPI。OKR 强调愿景和目标，同时也包含了可以量化的任务型指标和绩效型指标，很好地化解了创新和绩效之间的矛盾。

相信看到这里，你已经很明确了：在做一些偏创新、重要但不紧急、难以在短期内看到成果但对未来发展非常重要的事情时，应该多考虑 OKR 中的 O（目标）及对应的任务型指标，慎用绩效型指标。而在做一些偏常规、偏执行、重复度高、需要尽快看到效果的事情时，直接用 OKR 中的绩效型指标，也就是 KPI 更为合理。

3.3.3 如何制定 OKR

明确了 OKR 与 KPI 的应用场景后，我们一起来看看如何制定 OKR。举个例子，假设你所在的公司是一家电商公司，你应该如何通过 OKR 助力增长呢？你可以分 3 步走，如图 3-6 所示。

第一步，明确长期价值及北极星指标。比如，长期价值是"快捷的网上购物"，当前阶段的北极星指标是"总销售额"。

第二步，将北极星指标拆分为多个目标：O_1、O_2、O_3……比如 O_1，提升产品转化率；O_2，增加商户及产品数量；O_3，提升客单价……

第三步，根据目标拆分 KR 指标。比如就 O_1 来说，可以拆分为 KR_1：bug 数量减少 20%；KR_2，首页转化率提升 10%；KR_3，上线商品推荐功能……

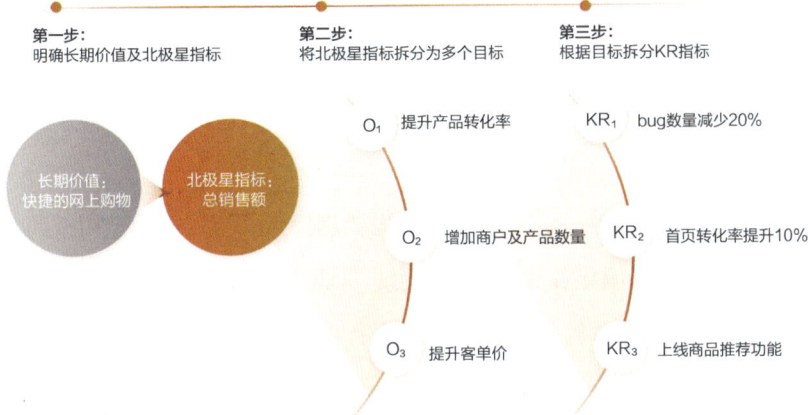

图 3-6 为项目制定 OKR 示意

当然这只是一个非常简单的示意，实际情况肯定会复杂得多，大家需要根据自己项目的情况去拆分，并在指标上增加时限和其他具体说明。

看到这里，你可能会问："这些目标是怎么得出来的呢？具体指标应该怎样拆分呢？"别急，我在后面的章节里会详细讲解。这里先了解整体思路。

3.3.4 正确运用 OKR

OKR 虽然有利于创新和增长，但并不意味着运用它就可以安枕无忧了。事实上，如果北极星指标或 OKR 运用得不好，同样会出现传统 KPI 导致的各种问题。

在前面我已经提到过 KPI 的一些弊端，其实它还有很多众所周知的常见问题，比如：没有人对最终结果负责，每个人只对自己的部分负责；人的主观能动性被压制；高度依赖管理者的指令；为完成 KPI 而作弊……但如果你在运用北极星指标及 OKR 时，依然抱有大家应该各司其职、不能"越界"的传统心理，你会发现不管用什么方法及制度，结果都相差无几。所以，制度只是一种辅助工具，最重要的是你怎么看待和运用它。

比如，借款产品的风险团队为了降低坏账率，最简单的方法就是一刀切，直接提高借款门槛，降低总量。这样的话风险团队自己的 KPI 就完成了，但是业务方的 KPI 就会受到影响。

但是如果大家联合起来，共同目标是在保证业绩量不变的情况下降低风险，那么风险团队就需要多做一些测试。假设风险团队经过测试最终发现，降低 10% 的借款总量和降低 20% 的借款总量时风险表现情况一致，这时就可以帮业务方多争取 10% 的业绩量。

所以<u>在运用北极星指标及 OKR 时，首先要确保大局观</u>。要制定周全的北极星指标，在向下拆分时需要倡导各部门的协同而非从职能角度割裂开。

我在宜人贷工作的时候，宜人贷一直实行项目制，配合 OKR 的使用取得了很好的成效。每个人都可以申请立项成为项目经理，然后找到合适的同事合作，大家朝着共同的目标一起完成任务。这样就杜绝了不同职能间不互通的问题，做到高效创新。

当然，这对领导层的组织协调能力有较高的要求，他们需要判断什么样的项目可以做，是否已经有其他人在做类似的事情，需要什么样的资源，是否对达成北极星指标有重要的作用等。

不仅如此，这对公司的组织架构、环境也有很高的要求。后来我在一家金融公司工作的时候，领导也规划过项目制，但是没能推行下去。我认为原因有以下两点。一是这家公司以业务导向为主，而且每个人的工作内容和范围相对固定，大家的精力都放在完成各自的 KPI 上，没有时间、精力再参与额外的项目。二是大公司组织结构非常复杂，我所在的增长团队需要和其他架构平行的业务团队展开各种合作，如果只是在我们的业务团队里开展项目制，显然意义不大。但如果要整体推行项目制，又很难协调其他团队的人，毕竟大家离得比较远，平时也不是经常在一起工作。所以项目制更适合轻量一些的公司及团队。

那么，如果没有项目制，没有 OKR，是不是就不能做增长了呢？当然不是。你仍然可以通过大局观、沟通协调能力，互惠互利地去团结你的"战友"做更有价值的事情。这样，增长离你还会远吗？

第4章 差异性洞察找准增长爆破点

4.1 从传统调研到高阶洞察

前面我反复提到,做增长要"通过差异性洞察找到爆破点",尤其是当北极星指标确定后,我们就有了瞄准的靶心。很多人可能以为,所谓的洞察就是做用户研究,其实并不是这样的。传统的用户研究方法和我马上要讲到的高阶差异性洞察有很大差别。

先说说传统的用户调研吧。在企业里,做用户研究需要较高的门槛,一般只有大型公司才会配备调研相关岗位,而且一般要求硕士以上学历。这让很多从业者对调研望而生畏,不认为自己有能力做这件事情。可是调研真的起到了应有的作用吗?我发现几乎所有公司对用户研究都远不如对业务重视,用户研究员也是一个很尴尬的岗位。

为什么调研这件事这么重要,却好像没有受到足够的重视呢?因为"专业"未必等同于"价值"。传统的调研方法如图4-1所示,往往过于强调专业、面面俱到,而忽视了调研的目的以及如何快速达到目的。动辄几个月的调研过程、厚厚的调研报告和缺乏业务洞察的结论,经常让需求方感到无从下手或只能简单参考。反倒是一些看似不专业的"野路子",能够轻松落地产生巨大价值。

比如史玉柱在他的自述里讲过这样一段经历。在脑白金还在试销的时候,他亲自带了几个人去公园实地调研。一些大爷大妈在公园亭子里聊天,他就上前找他们搭话,问他们对脑白金是否了解。大部分人的回答是,对脑白金有兴趣,但是没吃过。他好奇地问:"为什么不吃呢?"结果老人们回答:"买不起。"史玉柱继续跟他们聊天,最终发现,老人们并不是不想吃,而是等着儿女给他们买。调研回来后经过讨论,最终就有了那句让人记忆深刻的广告语:"今年过年不收礼,收礼只收脑白金。"

图4-1 传统调研方法

分众传媒的老板江南春在《抢占心智》这本书里提到:"阿里巴巴、京东等电商平台的数据显示,中国绝大多数的电商流水产生于早上10点、下午3点和晚上9点这3个时段。通过这个数据,江南春发现中国人最核心的消费决策都发生在公寓楼和写字楼。"于是他萌生了在公寓楼和写字楼做电梯广告媒体的想法,并创办了分众传媒。这在当时是一条全新的道路。在那之前,人们普遍认为用户是看到电视以及大街小巷的广告才做出决策的。分众传媒在短短两年之后,就登陆了美国纳斯达克证券交易市场,成为第一家在美国上市的中国广告传媒公司。

通过这两个例子,我们可以发现,通过简单的方式或关键的行为,就可能洞察到巨大的机会并使之成为未来的增长爆破点。而看似专业的调研过程和冗长的报告,价值未必明显。

你可能会说史玉柱和江南春这样的大佬是非常少见的,大部分人很难迅速找到如有神助的切入点。作为"普通人",应该从何入手呢?

在本章,我会具体介绍一种全新的调研思路,帮助你像大佬一样提升维度并做出可以落地的报告。和传统调研强调专业方法不同,这个思路强调"差异性洞察"。什么是"差异性洞察"呢?举个例子,如图4-2所示,说出你最先注意到的是什么。

图4-2 突出对比和差异

是那把红色的雨伞,对不对?

传统调研方法产出的报告就好像图中的橙色雨伞,内容充实却泛泛,让人难以聚焦,并且难以得到新的发现;而图中的红色雨伞虽然只有一把,却能牢牢吸引住我们的视线。"洞察"成功的结果就像发现了一片前所未见的新大陆,激动人心。

比如史玉柱发现老人是脑白金的用户,却不是购买者,这可能跟他之前预想的非常不同;江南春发现用户的购买决策发生在公寓楼和写字楼,这也和传统认知相违背。

所以,洞察其实就是发现差异、发现未知的过程。有的人通过直觉、经验以及对行业的敏锐度洞察,比如第1章中提到的Doodle的例子;有的人通过有针对性的数据或访谈洞察,比如史玉柱和江南春。看起来,这种洞察过程好像没有什么章法,难以被复制,其实这里面是有章可循的。只要先明确调研目标,再考虑看什么数据(包括数据分析和访谈信息),如何分析数据,报告如何落地,就可以了。每个项目的目标肯定是不一样的,但所有目标的共性都是要做到差异性洞察(如图4-3所示),然后在此基础上明确可以落地的增长爆破点。

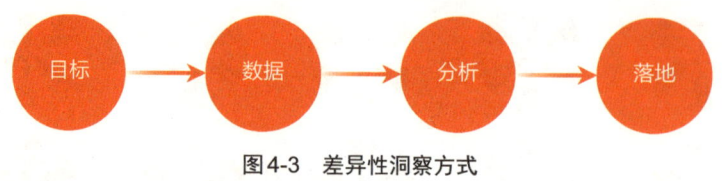

图 4-3　差异性洞察方式

4.2　北极星指标锚定范围

在开始调研之前，我们首先要锁定用户范围。需要注意的是，这个"用户范围"并不一定是指现有的用户范围，而是要同时考虑产品当前的发展阶段与发展诉求。这部分内容在 3.1.4 节里提到过，这里就不再赘述了。

4.2.1　成长期：明确差异化定位

2017 年我来到宜人贷的时候，宜人贷已经有了数千万的注册用户，在业内位居前列。但即使是这样，公司内部也没有人能确定，和众多竞品相比，宜人贷的突出优势是什么，产品定位是什么，在营销层面应该如何宣传等。很明显，这个时期公司的产品已经处于成长期，但依然保留了探索期的工作风格，大家往往凭感觉或者通过看数据来判断，但即使数据表现好了，也并不清楚它背后的原因是什么。

一般来说，在产品生命周期的前中期，需要快速迭代、野蛮生长，才能迅速发展壮大，所以往往不会把太多的精力放在调研上，这是一种很常见的现象。但是宜人贷初期的发展实在是太快了，那个时候已经接近巅峰，增长速度也较之前开始放缓。如果继续放任这种情况，产品增长将很快出现瓶颈，并浪费大量营销资源。

所以，在那个时候，**为了进一步明确产品定位**，从而对后续的产品设计、营销推广和市场投放有的放矢，宜人贷很有必要**针对现有用户，尤其是成功借款用户**进行一次大规模的调研，摸清楚核心用户的特征及产品差异化方向，助力进一步增长。

4.2.2　成熟期：转型或扩大规模

有些产品定位很清晰，但现有市场已经趋于饱和，基本进入成熟期，**急需转型或者扩大规模**，比如小红书。

小红书是一款用户数上亿的分享社区App，90后和95后是其中最活跃的用户群体。我前些天听了一场小红书的分享，得知其在一线城市的渗透率已经很高了，如果想要更多人使用，就要下沉到二线城市。此时，小红书要关注的除了现有目标用户，更多的是潜在用户。调研的时候可以考虑以下这些问题。

（1）一线城市用户喜欢小红书的理由是什么？这个理由对于二线城市用户成立吗？

（2）二线城市用户使用小红书的理由是什么？

（3）还没有使用小红书的二线城市用户，他们看了小红书后的感受会是什么？

……

也就是说，除了需要**调研已经在使用**小红书的一二线城市用户，找出这些用户使用小红书的原因，还需要**调研未使用过**小红书的二线城市用户，搞清楚潜在用户不使用小红书的原因以及他们的诉求。

4.2.3　探索期：寻找市场新机遇

对从0到1的产品来说，一开始没有成型的产品，也没有用户，那么该如何定位目标人群呢？我还是举分众传媒的例子来说明。

首先分众明确了要**寻找一个细分市场**，把产品做在一个足够小的点和足够小的客户群上，并且要将它做透，做到完美。这也是"分众"这个名称的由来。如何找到这个细分市场呢？这就要**看现在的主流市场是什么，再和它差异化竞争**。

当时主流的广告媒体是电视，而央视是其中的巨无霸。但是分众察觉到年轻人很少看电视，而有钱人没时间看电视。既然央视广告以有时间看电视的用户为受众，那么分众就去主攻没时间看电视的用户。

明确市场定位之后，分众又继续思考如何确定目标人群。这时候**北极星指标**

就至关重要了：对一个广告传媒产品来说，最重要的是用户容易被品牌影响并促成购买。

顺着这个思路，分众首先排除了 8 亿农村人口，因为绝大多数做广告的产品是针对城市人群的。然后，分众又将剩下的 5 亿城市受众中 20 岁以下的青少年和 50 岁以上的中老年人排除在外，因为青少年没有消费能力，而中老年人不容易被新的品牌影响。最后，筛选出月收入 3000 元以上的人。这样符合分众北极星指标的人就只剩 1.5 亿人了。这 1.5 亿人虽然只占中国人口的 10% 左右，却占据了城市消费额的 70%。所以，分众将主要的客户群定位为月收入 3000 元以上的城市人群。

讲到这里，可以简单总结一下：如果你的产品已经有了大量的用户，但是不清楚定位，那么就去**调研现有用户**，摸索清楚定位；如果你的产品定位比较明确，但目前增长出现瓶颈，面临转型或扩大规模的问题，那么就需要**调研现有用户 + 潜在用户，尤其是潜在用户**；如果你的产品还处于 0 到 1 的阶段，那么就需要顺着**北极星指标先明确潜在用户群体**，再进行调研。

后面我主要以第一种情况为例详细说明如何进行差异性洞察，如果对此能够理解，对于其他两种情况也很容易做到举一反三。

4.3 "花式对比"数据分析

明确用户范围后，我们最好能对相应的群体进行全量数据分析，原因主要有 3 个。

第一，传统用户研究比较倾向于使用问卷数据或访谈数据，这种小样本的数据势必会导致结果上的偏差。

第二，在现今这个时代，产品越来越多元化，用户也由过去的一二线城市不断下沉，拼多多等产品的崛起足以证明这点，而且不同城市的人群在生活方式上的差异巨大，所以随着时代的发展，我们平时能接触到的用户，可能和我们的主流用户相差甚远。因此，一定要通过全量的真实数据帮助我们做进一步的决策。

第三，全量数据的结果往往和我们的日常认知大相径庭。比如罗振宇在2019年跨年演讲中提到：淘宝2018年计划在春晚做广告，他们知道春晚流量很大，但是不确定有多大。毕竟身边的人都在讨论"双十一"，而看春晚的人却越来越少了。为稳妥起见，他们决定在2017年"双十一"的基础上再扩容3倍，来应对春晚流量。结果呢？春晚当晚登录的实际峰值，远远超过了"双十一"，是"双十一"流量的15倍。

这个事件让我十分感慨，我们经常想当然地做出判断，却对真相一无所知。这个时候如果能提前做一些准备，多做一些调研，会帮助我们有更清醒的认识。

这也解释了我们从传统调研报告中很难获取深刻洞见的原因。样本量的限制和受访人群的限制等阻碍了我们获得事实的真相，使我们难以发现和原有不同的认知。最终得到的似乎都是一些常识性的、预料之内的信息。

4.3.1 实用的"铁人三项"数据

全量数据分析很重要，但听起来似乎操作很复杂。随着技术的发展，我们现在能够收集到的数据越来越多，那么应该从何入手进行分析呢？

这里我总结出了一个"捷径"，不需要分析所有数据，只要先搞定最基本的"性别""年龄""地域"就可以了。这3项数据我称之为"铁人三项"，它们是最基础、最容易获取的数据，对所有产品适用，而且非常容易从中挖掘出差异点，因为男人和女人之间、不同年龄层之间以及不同地域生活方式之间的差异通常是非常显著的。

既然我们的目标是要做差异性洞察，那么"铁人三项"数据是最具有代表性的。如果我们的目标只是完成工作任务并输出一份专业的调研报告，那么当然是内容越详细越好，这样就需要分析尽可能多的数据，虽然看起来翔实又正式，却很难有针对性地发现问题，结果往往事倍功半。由此可见，正确的目标有多么重要。

不过要做到差异性洞察，仅看这3项数据是不够的。要想发现差异，唯一的办法就是"比较"。如果没有比较，差异就无从谈起。而传统的调研报告中也正因为缺乏数据之间的分析比较，所以难以让人抓住重点并收获意外惊喜。

4.3.2 在花式对比中发现玄机

那么应该如何对数据进行对比分析呢？以"铁人三项"数据中的地域数据为例，除了看最基本的地域分布，还可以分别做如下几项对比：

- 和全国或全网平均水平的对比；
- 和同行业平均水平的对比；
- 和主要竞品的对比；
- 主要人群和次要人群的对比；

……

在进行对比分析时，应该遵从"从大到小"的原则，即先做宏观对比，再做微观对比。可以先和全国或全网比，再和同行业比，然后和竞品比，最后自己跟自己比。

为什么要"从大到小"呢？因为当我们想了解一件未知的事情时，最好的方式就是先整体了解，再进行有针对性的研究。比如你想要对一个从未见过树的人形容树，你一定会先说树又高又大，再说树上面的枝叶、树纹等其他细节。如果这个顺序颠倒过来，就类似于盲人摸象了。

现在我们来看一个具体的例子。假设某借款产品的一线城市用户占比（一线城市用户占总用户的比例）为 5%，而一线城市人口占全国人口的比例为 4%，这样对比的话，似乎这款产品在一线城市的渗透率还可以。但如果同行业产品的一线城市用户平均占比已经达到 10%，就说明该产品比同行业平均水平低了不少，在一线城市还有较大发展空间。那么假如市场规模相似的竞品在一线城市用户占比达到 20% 了呢？结论又不一样了，说明该产品在一线城市和它的竞品相比差距很大，需要进一步挖掘原因。

全国的人口数据在网上是可以查到的。如果没办法直接拿到竞品数据，我们可以参考网络文章、百度指数和调研问卷等信息。如果实在不方便拿到同行业数据或竞品数据，即便只看和全国的对比（可参考人口普查结果），也能看出很多问题来。我们来看图 4-4 所示的一个示例。

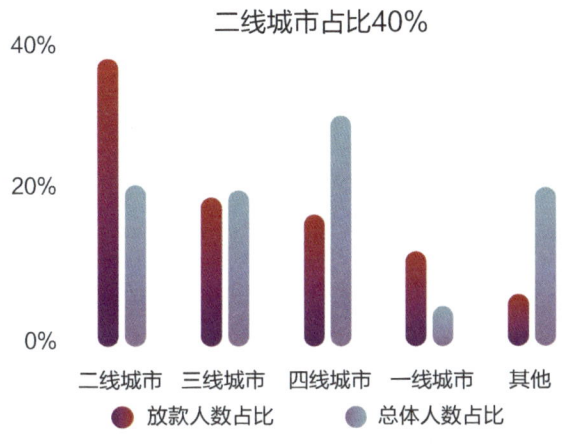

图 4-4 某借款产品的用户地域相关数据

如图 4-4 所示,如果单独看借款产品的地域数据(当地用户数占产品总用户数的比例:红色柱状图),我们可以看到该借款产品的用户数在二线城市占比最高,其次是三四线城市,一线城市占比排名很靠后。这样看来好像该产品更适合下沉人群,未来应该多去小城市发展。但事实真的是这样吗?

如果你结合全国的人口数据(当地人口占全国人口比例:蓝色柱状图)再进行分析,你会发现一线城市和二线城市的相对比例远低于三四线城市。也就是说,该借款产品明显更受一二线城市用户的喜爱。而三四线城市用户占比之所以比一线城市用户占比高,是因为三四线城市的人口基数大,并不能证明产品更适合他们。

这个例子足以说明,如果不加以对比,光看表面数据很容易得出错误的结论。这也是传统调研报告的结果很难被采用的原因。

4.3.3 探寻差异数据后的本质

当然仅仅通过对比来解读数据还是不够,这只是让我们能够明白表象,接下来还需要明白为什么会呈现这种表象,也就是要探寻本质,这样数据才能真正体现其价值。

所以数据的使用过程,是先从收集数据开始,然后进行对比,在对比中解读,最后探寻本质。现在很多公司尚未迈出第一步,还有大量的数据分析师和用户研究员停留在第一步。但其实最有价值的是后面两步。

如何通过数据的表象探寻本质呢?接着前面的例子来说:在对比中我们发现这个借款产品的地域分布和全国平均地域分布有较大差异,为什么会这样呢?这就是一个很好的切入点,可以继续深挖下去。

可以思考一下:"地域"这项数据还有什么相关属性值得进一步分析呢?如果没有头绪,可以先从如何界定地域这个角度来看。比如,我们现在判断地域,是看用户目前在哪个城市,但是其实他可能并不是本地人。所以每个用户其实可能出现两个地域:一个是出生地,另一个是现在生活的地方。根据这个特殊性,我们可以分析一下不同类型的城市中本地人和非本地人的占比,如图4-5所示。

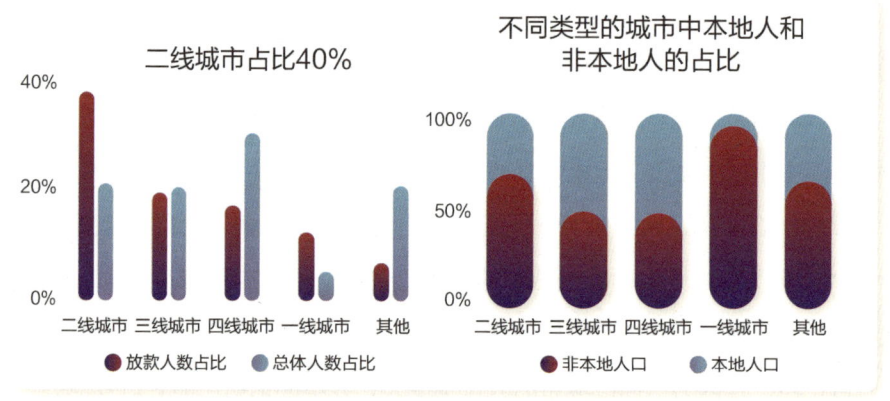

图4-5 地域相关数据的对比和进一步分析

通过这样的对比,我们又发现了新的差异点:一二线城市的非本地人口占比远高于本地人口。而越是非本地人占比高的地方,用户就越偏爱这个借款产品。

这是为什么呢?通过后面的用户访谈,我们发现非本地人生活压力大,需要买房、贷款,还要应付教育和日常开支等;而本地人往往有房子住,生活压力小很多,自然就没有太多贷款需求。所以对这个借款产品来说,未来考虑"人群上移"可能比"人群下沉"更合适。

分析完地域，我们再以此类推，分别分析"性别""年龄"数据项，如图4-6所示。接下来，我们还可以把"铁人三项"数据进行交叉对比分析：任意选择两个字段，比如"年龄""性别"，就可以看到不同年龄段性别比例的差异。如果在两个不同的年龄段性别比例差异过大，那么就值得深挖一下了。

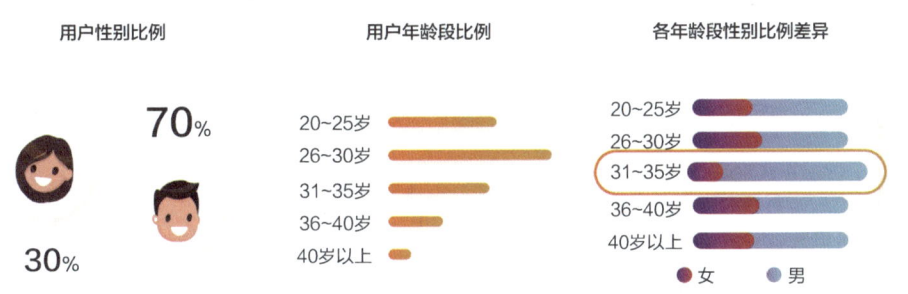

图4-6　不同字段的交叉对比分析

如图4-6所示，如果一款产品的用户有30%是女性，70%是男性，那么正常情况下，该产品在任何一个年龄段的性别比例都应该是相近的。如果在某一个年龄段，比如31~35岁，突然出现了10%是女性、90%是男性的情况，那么这个地方就值得去探究了。

关于"铁人三项"和"花式对比"就介绍到这里。核心思想是先看"性别""年龄""地域"，然后遵循"从大到小"的原则分别进行横向对比；得到初步结论后再找相关数据项进行纵向对比；最后几个数据项之间再进行交叉对比。希望大家可以举一反三地发现更多比较的方式，真正做到"花式对比"。对比的过程其实就像探案一样，在对比过程中发现的重大差异都值得我们去研究，顺藤摸瓜很容易得到令人激动的发现。

4.4 围绕北极星指标细分人群

对目标用户进行全量数据分析后，我们应该已经可以得到一些初步的发现。比如在宜人贷的时候，通过"铁人三项"数据对比分析，我们惊讶地发现，原来我们的产品在二线城市更有市场，而不是我们曾经认为的一线城市。虽然之前也做过一些小规模的调研，但都是针对一线城市用户的，收效并不明显。这个新的发现为我们后面去二线城市做调研并进一步得到重大发现埋下了伏笔。

整体分析完目标人群后，我们还要对该群体进行细分。为什么呢？一方面是因为**产品不可能满足所有人**，前面我提到过，做增长要抓大放小，抓住主要矛盾，忽略次要矛盾，所以要从目标群体中剥离出最重要的部分，在普遍特征的基础上进一步挖掘目标群体的差异性。另一方面是因为只有经过充分的细分才更容易挖掘到差异性。想象一下，如果你要调研的是微信的用户群体，不经过细分的话，你需要调研 10 亿以上的人群，得出来的只能是毫无意外的共性特征。群体数量越庞大，越难洞察到差异性，调研也就失去了意义。

4.4.1 传统用户分类的弊端

要细分出最重要的用户群体，我们需要**把现有用户群体进行分类，再排定优先级**。但是具体该怎样分类呢？该遵循什么标准呢？

传统的用户分类主要使用聚类分析的方法，它是一种对多个样本进行数据分析的多元统计分析方法，如图 4-7 所示。简单一点说，就是通过专业的软件和方法，用若干分类维度把大量的用户数据分成不同的几类。

看起来很专业，但是就我以往的经验来看，无论是后台全量数据还是问卷信息的聚类分析效果都不好，因为涉及的分类维度过多，最后得出的分类往往不伦不类，难以清晰描述。

如图 4-7 所示，某生鲜产品 App（"苗苗生鲜"为化名）按照购买原因、购买经历、购买倾向和人口学属性等多个维度，把用户分成 3 类，分别被命名为"吃货尝鲜型""居家日常型""精明实惠型"3类。接下来，传统用户分类还会再分别描述每类人群的主要特征，如图4-8所示。

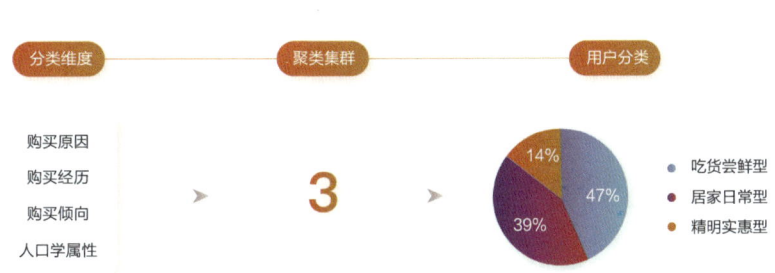

图4-7　聚类分析示意

图4-8　聚类分析后的简易人群画像

这种方式确实可以帮助我们更加了解自己的用户，对用户有更多感性的认识，但实际上却很难落地。

比如说，我该如何找到"吃货尝鲜型"，并有针对性地为他们做产品改进？用户又如何得知自己属于什么类别，以更好地接受我们的服务？正是因为分类的维度过多，导致每个类别都有一种四不像的感觉。类别之间的边界模糊，无法一针见血地突出某类别用户的特质，自然很难应用。

为此我专门请教了几位专业的用户研究员和数据分析师，了解他们一直使用这种方法背后的原因：一是他们认为一定要够严谨，所以才会使用尽量多的维度来做分类，以保证每种可能都考虑到；二是他们并不负责落地，所以专业和严谨是他们最看重的。这让我想起多年前我刚开始做交互设计时也一直用"事无巨细"的要求提醒自己，保证每种可能性都要考虑到，这样才够专业。的确，在我们刚从事一项工作时，注重专业、注重细节是非常重要的；但是当我们已经熟练掌握工作技能后，就需要改变角度，从追求执行转变为追求策略。如果意识不到这样的转变，就很难在职场发展中获得质的提升。

4.4.2 增长导向的用户分类

既然传统的方式被证明是不实用的，那么应该如何做用户分类呢？我认为应该尽量满足 3 点：

- 选取单一维度或可以清晰定义的维度；
- 不同类别之间应具有明显的差异性；
- 和北极星指标相关并由此判断优先级。

只有这样才能助力增长并落地，甚至开辟新的蓝海市场。下面我举几个例子来说明一下。

案例 1：借贷产品

在宜人贷的时候，我们一开始用传统的方式做用户分类，数据分析师经过多次尝试，最后才勉强通过聚类分析的方式区分出 3 类人群。这 3 类人群虽然存在差异，却很难用语言来描述他们。在向领导汇报时，领导说这样分类是不行的，建议我们用业务的思维去考虑该如何做分类。

后来我们选择了以"职业"作为分类标准，一切问题便都迎刃而解了。首先，"职业"是单一维度，且该维度是清晰的、容易理解的。其次，按照"职业"可以把用户分为工薪族及小微企业主等几类人群，他们之间有明显的差异。最后，宜人贷的北极星指标是"低成本高贷款余额"，工薪族相对企业主来说，收入稳定，可以降低我们的风险成本；小微企业主虽然收入不稳定，借款容易出现逾期风险，但是他们的借款需求量大。因此，人群的划分和北极星指标是息息相关的。由于对宜人贷来说，风险控制是底线也是命脉，因此从企业的长期发展来看，工薪族的优先级应该更高。

通过这样的思路，人群分类和优先级都变得一目了然，而不再需要借助烦琐的数据分析过程。这段经历给我带来了很大的启发，让我明白了对业务的判断和专业分析都非常重要。我们必须先了解业务，并在此基础上做出自己的判断，再借助专业手段去分析、验证；而不是完全依赖专业方法，它们只是"术"，而非"道"。

案例2：彩票产品

多年前，我参与过一款线上彩票产品的调研，这款产品的人群分类很明确，但很难分出优先级，关于这个问题大家一直争论不休，也没有什么结果。

当时我们的绝大多数用户都是普通彩民，他们会偶尔买一注2元的双色球，这类人群占比接近90%；与此对应的是专业彩民，虽然他们人数很少，但是会在彩票上投入数万到数百万元不等，为我们贡献了50%左右的销量。这两类人群对我们来说都非常重要，但两者的使用习惯截然不同。普通彩民希望界面简单易懂，而专业彩民则希望增加复杂的专业定制化功能，以便于他们进行分析。

按照刚才讲的分类方法，我们可以先看北极星指标。当时的北极星指标是"销量"，而"销量"与客单价（平均交易金额）、消费频次和用户量都有关系。无论是从哪一个维度分类，都可以把用户分成普通彩民和专业彩民两类。普通彩民客单价低、消费频次低、用户量大；专业彩民客单价高、消费频次高、用户量少。

由于两类人群对北极星指标贡献占比相近，我们可以再看企业关注的其他层面，比如成本、风险等因素。如果还是接近，那么可以认定为这两类用户的优先级同等重要。在考虑产品设计时可以区分成新手版和专业版，或者通过设备来区分，比如移动端倾向于简洁的设计风格，适合新手下注；而PC端倾向于复杂的功能和界面，适合专业人士分析。

以前我一直以为产品应该集中服务好一类用户，而不应该服务两类互相冲突的用户类型，导致资源内耗。但是这个案例让我明白凡事无绝对，最终能够提升北极星指标才是王道。况且，从另一个角度讲，如果产品只服务普通用户，那么普通用户成长为专业用户后就会流失；如果产品只服务专业用户，那么任何一位用户离开，对产品营收都会产生很大的影响。所以从产品营收和成本、风险的角度综合来看，也应该同时服务好这两类用户。

案例3：社交产品

社交产品的北极星指标大多和活跃度有关，当然后期也和收益相关。假如当前阶段的北极星指标是活跃度，那么显然，我们可以按照"活跃"这个维度对用户进行分层，分成高活跃度和低活跃度等类型。

不过，"活跃"是一个比较模糊的定义，不像性别、年龄、客单价和交易额等指标那么清晰。比如，频繁登录和频繁发帖哪个算活跃？"频繁"又怎么定义呢？是每天一次，还是每周一次？产品类型不同，对应的定义也会有所不同。比如对即时通信类的产品来说，每天登录多次是很正常的，然而，对招聘类和职场社交类的产品来说，每周都有登录就已经算是频繁了。

我们也可以综合选取多个条件进行用户分层，比如最近一次发帖、发帖频率和发帖数量这3个条件（有兴趣的话可以在网上搜索"RFM模型"，道理类似）可以把用户分成不同层级的活跃类型，针对不同的活跃类型制定不同的运营策略。注意，这和前面说的聚类分析里的"多个分类维度"是不一样的，因为聚类分析的多个分类维度之间关联度弱，而和"活跃"相关的多个条件之间关联度强，所以分类的结果也会更有针对性。

案例4：网约车产品

我有一个朋友做网约车项目，由于他们的产品体量已经过亿，因此分类难度很大，可选择的维度过多让朋友无从下手。

在这种情况下，我们不妨再围绕北极星指标进行分析。他们的北极星指标是

"低补贴下提高GMV"。这里面有两个关键因素，分别是"低补贴"和"GMV"，而GMV= 订单数 × 客单价。如果从订单数和客单价着手的话，思路就清晰多了。

想要提升订单数，可以通过拉新和促活等方式，但需要较多的补贴，这违背了北极星指标中的"低补贴"。再看看客单价，很明显网约车的客单价和场景有关，比如跨城、接送机场景的客单价明显比日常打车要贵很多。所以我们可以按照"场景"这个维度把用户分成"日常约车"和"商务出行""长途旅行"等多种类别，而产品日后可以在"商务出行""长途旅行"等方面聚焦更多的精力，来提升北极星指标。

这个思路令朋友很受启发，之前他们和竞品一样，考虑的更多的是日常约车，因为这部分用户体量更大，却忽略了对北极星指标更重要的场景，这无疑又开辟出了一片新蓝海。

通过上述这几个例子，我想你已经明白，在做分类前需要先明确北极星指标，再考虑和北极星指标最相关的因素是什么，然后分类也就自然而然地出来了。这么做的好处是不需要特别专业冗长的分析过程，业务针对性强、便于落地，并且也容易产生后续价值。

4.5　用侦探之眼研究用户

做完用户分类并排出优先级后，我们可以通过现有的数据生成简单的用户画像。由于人群被进一步细分了，因此画像也会更具差异性。然而这些信息还不充分，为了解释数据背后的信息，并挖掘更多有价值的差异点，我们还需要结合用户访谈。

比如我们把宜人贷的目标用户分成工薪族和小微企业主两类后，由于后台数据不包含用户的职业信息，因此我们通过问卷对两类人群的样本数据进行了初步分析，发现这两类人群居然没有明显区别，这显然有悖常理。而往往越不合常理的地方，就越有宝藏可挖。当定量的数据分析不能给出我们答案的时候，需要借助定性的访谈帮助我们揭开谜底。

4.5.1 寻找合适的样本进行"侦查"

我参与过很多次的用户访谈。可以说，这是一项比较耗时的工作，每个用户都需要访谈 1~2 小时。如果是大型的用户调研，可能需要正式访谈十几名用户，最后还要汇总报告。从表面上看，整个过程严谨、专业且有条不紊。但实际上，这里可能会产生很多问题。

第一，愿意来到你的办公室接受访谈的人群，本身可能就比较特别，并不能代表平均水平。这样研究的结果会存在偏差。

第二，很多调研人员并不了解业务，这可能导致研究出的结果很难落地。

第三，来自同一个城市的用户难免比较相似，难以帮助你洞察到有价值的差异点。

第四，用户说的未必代表自己的真实想法。

有一个经典的故事，说的是某公司为一款即将上市的游戏机做调研，请了很多用户过来。其中一个问题是问用户希望这款游戏机是什么颜色的，很多人都选择了黄色。访谈结束后公司拿出了不同颜色的游戏机让用户挑选以感谢他们配合调查，结果发现绝大部分用户拿走了黑色的游戏机。当然，这不能怪用户"言行不一致"，而是用户在看到真实的颜色之后，可能发现和自己想象的并不一样。

所以，访谈是一门学问，要**把握好用户的心理和场景**，既要聆听用户的声音又不能完全被其牵着走，否则只会离真相越来越远。在做访谈准备工作时，需要特别注意下面几点。

1. 选择有代表性的用户

首先要选择有代表性的用户，所谓"有代表性"的用户，就是**结合前面的数据分析和分类结果，选择符合差异特征的人**。这个"选择"至关重要，如果选对了人，就很容易洞察到有价值的信息；如果没有经过选择，只是随机抽样测试，则很可能事倍功半。

比如宜人贷把用户分为工薪族及小微企业主，结合之前对"地域""年龄""性别"的分析结果，便可以选择若干二线城市中年龄在 25~35 岁的数量接近的工薪族男性及小微企业主分别进行访谈。访谈人数没有固定的要求，可以是各5个，也可以是各10个，最重要的是在这个过程中我们是否可以洞察到有价值的信息。

在这次访谈中我们收获了非常多的惊喜，效果远好于我以往参与的任何一次专业访谈。以往我们一般是从用户当中抽样选择一些本地的用户，请他们到我们的办公场地接受访谈。虽然这样对了解用户有一定的帮助，却很难有重要的收获。根据我多年的经验，我发现调研用户一定要主动到目标用户真正生活的地方去寻找他们，而不要请他们来找自己。这个道理大家都明白，但真正能做到的少之又少。在很多公司里，调研只是一个形式，往往雷声大、雨点小，甚至连雷声都没有，实在是太可惜了。调研如果做得好，是真真实实地可以为企业创造出巨大价值的。

2. 主动拜访远距离用户

说到主动寻找用户，我们一定要寻找远离自己的用户，而且越远越好。因为离得越远，我们才越容易捕捉到之前不知道的信息。如果都是身边的人，大家的思维习惯和生活方式都差不多，又怎么会有意外的发现呢？

在"性别""年龄""地域"这3个数据项里，地域带来的差异是最大的：国内外、南北方甚至同一个省的不同城市之间都有巨大的差异。

先拿国内外的差异来说吧。比如分众传媒的电梯广告，在中国的传媒领域是一个创举，但这在美国就行不通。因为美国地广人稀，楼层普遍不高，人工安装成本却很高……所以在美国的电梯里投放广告的性价比非常低。

类似地，国外很多不错的产品来了中国频繁遭遇"滑铁卢"，而国内却不断有原创的产品冒出来领先全球，比如共享单车和手机支付等，这无疑和国内特殊的国情有关。

再拿国内的差异来举例。我有一个朋友在银行工作，她参加了两年微众组织的全国银行业调研。参与实地调研的时候，她发现，国内不同地域的用户特点差异非常大。比如深圳和扬州，两地人的收入不同、家庭结构不同、房价不同、购房资金来源不同、贷款压力不同、视野不同……假设扬州房价2万元/平方米，基本都是本地人，结婚一般是家长全款买房，所以很多年轻人挣多少花多少。假设深圳房价8

万元/平方米，大部分是外地人，所以大家千方百计地理财。

可能你会觉得，扬州和深圳虽然都在南方，但是离得比较远，有差别不是很正常吗？的确如此，可让我没想到的是，即便是地理位置相近的城市，大家的消费习惯也是截然不同的。比如同样都在广东省，惠州的年轻人有钱想消费了，就特别喜欢去广州，他们觉得去省会就很开心；但是深圳的年轻人就比较喜欢去香港或者出国。所以，地域信息中还隐藏着旅行偏好。

除了地域，年龄也是很重要的信息，它背后可能隐藏着你的家庭结构、人生节点和重要开支等信息。其实不仅仅是刚才举例中说的金融和旅游业，不同的业务都有不同的信息隐藏在"性别""年龄""地域"这3个主要因素背后。

因此，为了能更了解我们的用户，一定要尽量走出习惯的办公环境，多接触远离我们的用户。在宜人贷做访谈的时候，我们有很多二线城市可供选择，但我们并没有选择石家庄这样临近的城市，而是选择了更远的武汉。一是因为在二线城市里，武汉用户与整体用户的比值远高于武汉人口与全国人口的比值，也就是武汉用户对我们的倾向度很高，且这个倾向度比其他二线城市高；二是因为武汉离我们远，我们对当地的情况不了解，这就意味着容易有更多的收获和发现。

可能很多人会说："我没有机会去外地调研啊。"其实机会是需要自己主动争取的。一方面，可以尝试跟领导沟通，看看是否可以做这样的事情，毕竟在国内出趟差，成本并不高，却可能获得影响产品增长的重要发现；另一方面，可以退而求其次寻找身边符合条件的人。可以先确定想要访谈的用户特征，比如"男性、25~30岁、在武汉打工"，然后寻找身边符合条件或条件接近的朋友、亲戚，或是朋友的朋友。还可以好好利用"朋友圈"进行调研，说不定也会有所斩获。

目标用户选好后，如果有机会近距离接触，就已经成功了一半了。接下来要进入下一个重要的环节：进行正式访谈。

4.5.2 用放大镜查找蛛丝马迹

虽然我不是专门的调研人员，但我参与过很多次访谈，也旁观过很多次现场访谈。访谈的效果因人而异，如果被访者非常健谈、思维活跃，当然访谈效果更好。不过更重要的是，调研人员能否充满好奇地提问题。

1. 带着好奇心提问

什么是好奇心呢？举一个简单的例子，当我们看到桌子上有一个星巴克杯子时，大部分人不会对此好奇，觉得那就是一个普通的杯子而已。但一个充满好奇心的人，可能会拿起来"研究"，这个杯子是什么材质的？保温吗？好像是双层的，难怪外面摸起来不烫……这个造型还挺特别的，能装多少水？为什么卖得这么贵？是如何营销的……为什么很多人喜欢赠送星巴克杯子，背后体现了怎样的心理？能否利用这样的心理挖掘出更多的机会……一个普通的杯子，可以衍生出一系列问题，小到杯子的设计和制作，大到杯子背后的品牌、营销、公司的发展战略以及对人性的洞察等。如果你对这个世界充满好奇，那么任何一件小事、小物背后都有值得深挖的宝藏。

不妨拿身边"不起眼"的物品做做练习，看看你能提出多少有意思的问题。很多人不重视提问，其实提问比回答更加重要，好的问题体现着一个人的思考能力和智慧程度，提问更是获得重大发现的开始。如果苹果从天上掉下来没有引发疑问，万有引力又怎能被发现呢？

除了具备提问的能力，我们在访谈前还需要做一些必要的准备，比如撰写访谈提纲。我们一般会以图4-9中的内容为蓝本撰写访谈提纲，里面除了用户的基本信息，还包含使用动机、使用行为与偏好、使用感知与推荐意愿、工作及生活状态、价值观调研等。这些问题比较适合C端产品，B端产品的业务比较复杂，可以根据产品情况拟定合适的访谈提纲，我在本章的最后部分也会专门讲对于B端产品如何调研。

需要特别注意的是，这些内容仅作为参考，就好像大餐前的开胃菜，并不是重点。重点是挖掘出意想不到的信息，所以一定要随机应变、保持警醒，一旦发现什么"不对劲"的地方就带着好奇心立刻深挖下去。我们之前所有洞察到的关键点，几乎都不来自这些常规问题，而是在"临场发挥"的新问题中得到的。

C端产品访谈提纲参考

使用动机调研	用户为什么会选择我们的产品？在什么场景下用户会想到使用我们的产品？我们的产品帮用户解决了哪些问题？这些问题对用户的工作、生活来说重要程度如何？
使用行为与偏好调研	用户从哪里知道我们的产品？用户是怎样使用我们的产品的？用户使用产品时会遇到哪些阻碍？用户最常使用哪些功能，最少使用哪些功能，为什么？
使用感知与推荐意愿调研	用户使用我们的产品的感受如何，有哪些感到烦躁的地方，有哪些顾虑，为什么？用户对我们的产品的满意度如何？净推荐值是多少？为什么愿意/不愿意推荐给他人？
工作及生活状态调研	工作日/休息日是如何度过的？有哪些兴趣爱好？平时喜欢看哪些电视节目？平时喜欢使用哪些App？对当前工作、生活是否满意？近期的生活、工作目标是什么？
价值观调研	用户的人生目标是什么？用户向往的生活是什么样的？

图4-9 访谈提纲示意

但是我真的见过太多的访谈人员，只是机械地按照提纲中的问题进行提问，错过了很多深挖的机会。所以，一定要保持好奇心，如饥似渴地从受访者身上挖掘线索并获取有价值的信息，这个过程和破案没有什么两样。

2.关注特殊人群

在访谈的过程中，要特别关注特殊人群，就好像破案的时候要先调查重要嫌疑人一样。真正的洞察往往就体现在调研特殊人群的过程中。

什么是特殊人群呢？特殊人群的种类很多。比如"高价值用户"，也就是最活跃、付费最多的那群"死忠粉"；"精明型用户"，也就是喜欢货比三家的人；"爱表达型用户"，说起话来滔滔不绝；"深入思考型用户"，有独立的思想，对产品有深入的见解；性格及举动奇怪的人，比如狂热收藏者或特殊癖好者；老弱病残孕用户等。这些特殊的用户可以帮助我们放大各种细微的情感及体验，从而得到洞察。

举一个特别简单的例子，我曾经参加过一场为期5天的线下冥想活动。活动场地只有垫子没有靠背，一天下来腰酸背疼，但是也觉得可以忍受。有一天有一个孕妇带了个带靠背的垫子坐下，当时我就觉得这个东西不错啊，但是也没多想，其他人也没有多在意。没想到这个小小的细节被主办方细心地捕捉到了。第二次我再参加这个活动时，发现所有的垫子都被替换成了带折叠靠背的新垫子，还增加了折叠小桌子。那一期活动口碑爆棚，大家赞不绝口，说体验太好了。这就是一个很典型的通过特殊人群带给我们洞察，并得到改进机会的例子。

再举一个宜人贷的例子。在宜人贷调研过程中，我们开始调研了好几位用户，虽然也有不少收获，但并没有特别激动人心的发现。直到我们遇到了一位用户，说自己用过十几款同类产品。当时我眼前一亮，心中充满了好奇：一个产品还不够吗，为什么要下载这么多款同类产品，它们之间的区别是什么呢，什么情况下这位用户会用我们的产品，什么情况下会用其他的产品，对这位用户来说，我们产品的竞争优势在哪里……由于在场有好几位专业的调研人员，而我主要旁听，因此当时并没有提出这些疑惑，我想肯定会有人提的。但令我意外的是，直到访谈快结束时也没有人提出这样的问题，大家基本还是围绕访谈提纲来提问。所以最后我补充了这些问题，没想到用户的回答给了我大大的惊喜："当我需要借几千元时，我就用其他产品，当我需要借几万元时，我就用宜人贷。"

我这才知道，原来对二线城市的用户来说，由于他们的收入较低，因此各平台给予的借款额度都不会太高，一般只有几千元，但我们产品的借款额度可以达到一万元以上。对二线城市用户来说，这是有绝对优势的。而这一点我们以前都不知道，因为我们自己体验各种产品的时候，获得的借款额度都能达到数万元，额度也比较接近，这是因为一线城市收入较高。所以无论我们怎么体验竞品，也无法窥见这背后的玄机，更无法解释为什么我们的产品在二线城市更受欢迎。

这个例子充分说明，在产品日益多元化、用户群体日益多样化的今天，坐在办公室里体验各种竞品的差异的时代已经过去了。很多时候，我们只有<mark>亲自接触真实、有代表性的用户，才能有所发现</mark>。

当然特殊人群比较难遇到，想要找到他们，一方面可以通过数据分析及在问卷中设置相关问题来筛选，另一方面，我们<mark>要有耐心且有一双善于发现的眼睛</mark>。我有一个学员跟我说："我们这个部门是一个特别严谨的部门，所以我拿不到用户的有效数据和资料，我就开始调研周围的朋友，朋友的朋友的朋友，终于发现了一个跟我们日常认知不一样的点。借着一次公司开科技大会的机会，我把我的发现讲了出来，引起了在场领导的高度重视，现在推动了整个产品的研发。"所以，不要再抱怨没有条件做数据分析或访谈了，只要用心，你就能克服一切困难。

后来我还有一个新的感悟，就是如果想在访谈中收获惊喜，前面讲到的几点因素缺一不可。比如宜人贷调研的成功，我认为有3个原因：一是我们选择了远离自己的城市武汉，接触到了我们平时难以遇到的用户，自然容易有不同的发现；二是没有严格遵循访谈提纲的问题，而是根据情况适当调整、巧妙追问；三是很幸运遇到了一位特殊的用户，并且留意到了他的特殊。也就是说，一个成功的洞察是这几种因素共同起作用的结果，而非单一因素导致的。

4.5.3 定量验证"侦查"成果

不过，就算我们在访谈中发现了意想不到的信息，也<u>不要急着下结论</u>。因为访谈的用户样本实在是太小了，这很可能只是个别现象，不一定具有普遍性。尤其是在特殊人群身上发现的洞察，就更需要谨慎验证。

1. 先定性，再定量

比如在宜人贷调研中，我们发现由于二线城市普遍收入较低，很多用户为了贴补家用在兼职创业。也就是说他们除了拥有一份稳定的工作，可能同时还是保险代理员，或者跟他人合伙开了一家美发店、投资了一家餐厅，或者做一些兼职工作。这个发现让我豁然开朗，终于明白为什么通过问卷调查分析不出工薪族和小微企业主的差异了，因为我们当时设置的职业问题是单选，也就是让用户在工薪族和小微企业主等身份中选择一个，兼职创业的人群可能不知道该选择哪一个，就随便选了一个。如果绝大多数用户在这个问题上随机选择的话，我们自然就分析不出什么差异了。为了验证这个发现，我们又投放了一次问卷，提供了多种职业类型选项，并允许用户多选。最终验证了大部分用户确实是兼职创业人群。

反之，如果通过对问卷的分析，我们发现大部分用户并非兼职创业者，就证明访谈得到的这个洞察只是个别现象，并不成立。所以，**通过访谈得到的定性结论必须通过定量验证，才能证明结论成立。**

定量验证一般有两种方式，一种是分析后台数据，另一种是做问卷分析。后台数据更准确、涵盖用户范围更广，但是内容有限。比如很多产品不需要用户填写个人信息，那么就收集不到足够的数据，这个时候可以通过发放问卷来补充。

2.问卷分析小贴士

问卷中除了收集用户性别、年龄和地域这 3 项基础信息，还可以根据产品属性，增加任何你认为有意义的信息，比如通过一些问题明确用户的分类；此外，还可以增加一些常规问题，比如职业、受教育水平以及从什么途径了解到产品等；可以询问其他业务相关人员，看看他们有什么想了解的信息，酌情加入问卷。

注意问卷中的内容不要太多，最好控制在 25 个问题以内；尽量少问开放性问题，避免用户反感。在正式发放问卷之前，最好先找几个人试填一下，确保不出现大的问题。

准备好问卷内容后，你需要通过问卷工具撰写内容并收集结果。网上可以搜索到很多免费的问卷工具，可以很方便地查看数据统计并进行交叉分析。发放问卷可通过邮件、短信、PUSH、公众号图文消息和相关产品（比如首页和营销图）等实现。在整个过程中都需要和相关同事打好招呼，以避免重复性工作并获得必要的支持。

发放问卷后就要等待回收了，这里需要提醒的是，**收集问卷要特别注意样本量**。如果样本量不够会严重影响结果的真实性。可以参考图 4-10 选取样本量。比如你的用户量是 10 万人，那么就需要收集 1% 的样本，也就是 1000 份左右问卷才有代表性。

问卷分析的弊端是周期较长，因为需要回收到足够的样本才可以进行分析，需要等待至少一到两周的时间。所以下面再额外介绍一些简单、快速且实用的洞察小技巧。

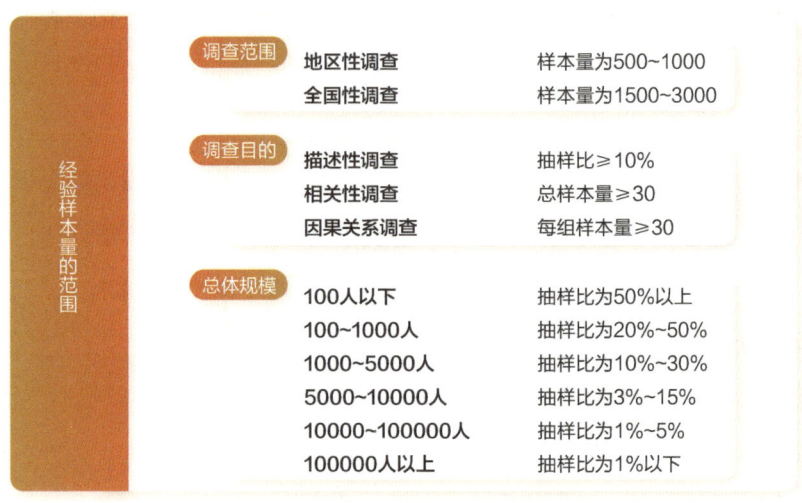

图 4-10　问卷样本量参考

4.5.4　快速洞察百宝箱

1. 巧用百度指数

如果只分析"性别""年龄""地域"的话，由于数据项不多，因此过程并不复杂，可以找专业的数据分析师帮忙收集分析一下后台业务数据；也可以自学 SQL（结构化查询语言），并申请数据权限自己分析。不过在实际工作中，作为一线的执行者，很多人是没有权限调动数据资源的；另外，在大部分规模不大的公司里，后台也可能没有足够的数据。有时，百度指数可以帮助我们解决很多问题。

通过百度指数我们不仅可以看到对某产品感兴趣的人群画像，还可以和竞品数据做比较，看看有没有明显的差异。

举个例子，比如你正在做一款少儿在线英语教育的产品，你想了解市面上这些同类产品之间有什么差异。那么最简单的方法就是打开百度指数，在搜索框里先输入 A 产品名称，点击"开始探索"，然后在结果页面点击"添加对比"按钮，输入 B 产品名称，点击"确定"。在"人群画像"一栏里，你就可以看到两者在地域、年龄和性别上的差异，如图 4-11 所示，通过对比，你可能会发现 A 产品比 B 产品人群更加年轻化，男性所占比例也更大一些。

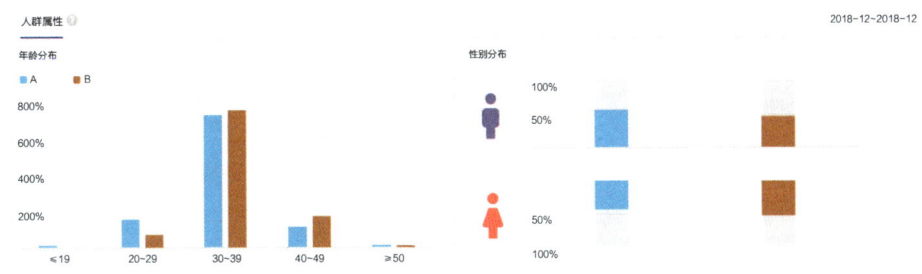

图4-11 百度指数界面示意（部分）

根据这些发现，可以继续深挖下去，看是什么原因导致呈现这些差异的，而这个原因很有可能就是产品的核心竞争力，说不定未来可以被放大成一个新的卖点或定位。以我过往的经验来看，通过"性别""年龄""地域"3项上的差异已经足够看出很多问题了。

百度指数还有很多其他功能，可以进一步挖掘。比如随意输入一个产品名称，在"需求图谱"一栏里（如图4-12所示），就可以看到相关的搜索热词，据此我们可以判断该产品的用户还对什么感兴趣。这对挖掘用户喜好以及发现潜在的商务合作机会都有很大帮助。

2. 关注用户评论

在App Store里或安卓的应用市场、论坛和微博等很多地方可以搜索到用户对某产品的评论。

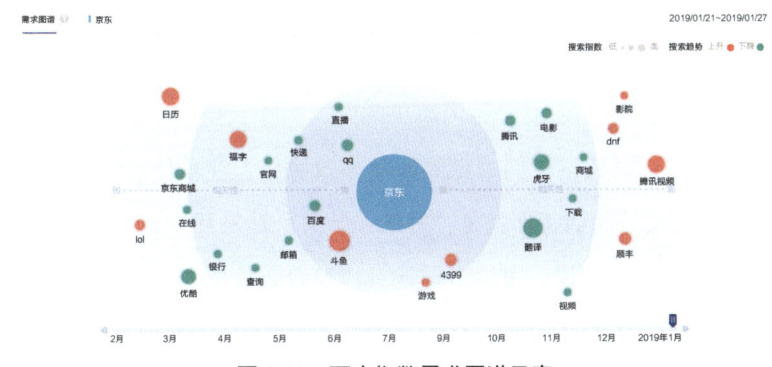

图4-12 百度指数需求图谱示意

在正常情况下，大部分用户是不喜欢评价的，除非遇到让自己非常愤怒的事情，这样的用户也属于我前面提到过的特殊人群，可以帮助我们放大问题，从而发现改进机会。况且，有过极其糟糕的体验后，不仅用户本人可能再也不会使用这款产品了，更严重的是他可能会在各处留言影响其他人的使用。所以，我们对差评需要特别关注，它往往反映了用户认为非常重要却没有被满足的核心诉求。

比如图4-13是用户对一款租车产品的评价截图，反馈的是找不到车、车少等非常"硬核"的问题。这些反馈对产品未来的改进有着非常重要的参考意义。

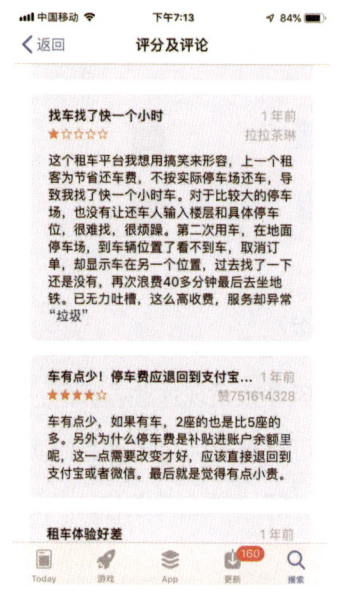

图4-13 某产品App Store用户评论截图

3. 访谈领导或专家

很多朋友表示，自己是做B端产品的，在百度指数上搜不到什么信息，在这种情况下可以考虑访谈自己的领导/老板或其他专业人士。

很多人害怕接近领导，宁可自己乱猜也不敢去问，其实这是非常低效的。多跟领导聊聊天，借这个机会了解产品的目标、方向、核心资源及优势、用户等，完全可以达到事半功倍的效果。

我自己一开始也不习惯问别人，认为独立思考、不麻烦别人是一种美德。但后来我慢慢想通了，如果能在10分钟内解决问题，为什么要花上好几天呢，而且还不一定能解决。在增长时代，我们一定要注重高效协作，注重信息的互通，而不是单兵作战。我特别欣赏一句话，那就是"好的人脉关系都是互相麻烦出来的"。

对C端产品从业者来说，可以多访谈身边符合条件的用户或朋友，在这个过程中你也会收获很多。

4. 留意行业分析报告

在网络上，经常可以看到各种各样的行业分析报告，这些报告时常可以给人启发。

在百度上搜索"你所在的垂直行业＋报告"，就可以查到很多信息。另外，通过微博、知乎、行业相关的微信订阅号以及专业的咨询网站等，也可以接触到很多相关信息。

前面提到过，江南春通过阿里巴巴、京东等电商平台的数据，发现了中国人最核心的消费决策的发生地点。我再举一个自己的例子，多年前，我在网易做电商时，看到京东发布了一份用户搜索报告，如图4-14所示，其中的"时段飙升词"引起了我的注意，它体现出了用户在不同时间段的心态及购物行为的变化。

图4-14　2012京东数据汇

类似的信息相信大家并不陌生，大部分人可能也就看个热闹，看完就完了，但是这个结果却勾起了我强烈的好奇心。当时我就想：这个结论可不可以用在我们现有的产品上呢？即不同的产品，选择不同的投放时间段。

基于这个设想，我分析了网易电商几条主营产品线的广告在不同时间段的表现：发现电影票广告在周末和节假日点击转化效果明显，而彩票正相反。于是我们调整了不同产品的广告投放时间，在周末加大力度投放电影票广告，取得了很好的效果。我们还在另一条产品线上尝试了分时段投放的策略，广告的总体转化率和产品销量都提升了2倍以上。

看到这些实例，相信你对做好用户洞察更有信心了。其实这真的不难，也不需要多么专业的技术和方法，重点是带着足够的好奇心发现差异、探索未知。

5.利用第三方数据平台

现代管理学大师彼得·德鲁克曾经说过："如果不能衡量一件事，就无法增长它。而要想衡量，就必须取得数据。"

很多人问我："数据该如何获取？"除了前面我提到的百度指数和问卷分析，如果你所在的公司有自己的数据平台，而你又有数据访问权限，那当然是最好的了。如果没有的话，你需要通过数据分析师临时运行SQL查看数据，或者通过研发人员埋点来帮助你获取常用的数据。

除此之外，我们还可以使用第三方数据平台提供的服务。常见的第三方数据平台有TalkingData、友盟和GrowingIO等。通过这些平台可以看到一些比较基础的数据，但是如果想要看更全面的数据或者享受定制化的服务，就需要付费了。

每家公司获取数据的情况是不同的，比如多年前我在网易的时候，主要是通过数据分析师分析后台数据以及产品埋点的方式获取数据，偶尔也会通过问卷调查的方式补充数据；在阿里的时候，由于我们负责的是面向商家的数据产品，因此主要通过内部工具查看数据；在宜人贷的时候，公司对数据非常重视而且持开放态度。我们不仅使用各类第三方平台的服务，而且在大力发展自己的数据分析平台，并积极为行业赋能。在需要做个性化的数据分析时，我们会向数据分析师提出具体需求，并结合问卷调查补充数据。而在目前的这家公司，由于业务比较特殊，老板非常注重数据的私密性，因此没有使用第三方数据平台。我们一方面加紧完善内部数据平台建设，另一方面在有临时需求时通过找数据分析师查数据，也基本可以满足日常需要。

总之，获取数据的方式多种多样，主要取决于目前公司的运营状况、业务场景、数据建设程度，以及你能够获取到的资源等。只要用心，我们总能通过各种渠道获取需要的数据。

4.6 "嫌疑人"特征档案

如果把用户洞察比作破案的过程，那么我们从关注"特殊"人群开始，就已经锁定"重要嫌疑人"了，当然这里仅仅是做个比喻帮助大家理解。接下来，我们要给这些"重要嫌疑人"画像，画像出来了，离案件侦破也就不远了。

还记得电视或电影里刑侦警察为嫌疑人画像的过程吗？他们的关注点绝对不会仅仅是对方的眼睛、鼻子……而是脸部特色，比如脸形、五官特征、脸上是否有痣或疤等。在寻人启事或者通缉令上，也会用非常简短的语句描述对方最不同寻常的特征，这样才能方便大家识别。所以在为用户画像的过程中，我们依然要特别关注"差异性"。

4.6.1 传统画像为何"鸡肋"

对于用户画像，大家应该不会陌生。这个概念很多年前就从国外传过来，英文叫 Persona。用户画像把定量+定性调研后的结果提炼并虚拟成一个人的形象，让一堆冷冰冰的数据变得鲜活起来，帮助项目组成员更好地了解用户，而不是停留在脑海中的想象里。但是它的缺点也显而易见，就是我前面说的那个老问题——很难落地。

图 4-15 是常见的用户画像形式，可以看到里面的文字较多，虽然内容翔实却没有清晰的重点，难以给人留下深刻的印象，看完后也不知道该如何指导产品，最后自然很难落地。这和我们"发现差异"的初衷相去甚远。

苗苗生鲜——用户画像

万子枫

家庭主妇型

年龄：32　　家庭：已婚，一孩　　地标：二线城市
职业：商场职员　　家庭收入：18万元/年

"我每天都要买菜做饭啊，一般就是下班回家路过菜市场时买，用App买菜我也试过几次，就是感觉不如自己挑的质量好。我需要新鲜实惠而且方便购买的生鲜市场。"

日常购买生鲜食品的痛点：
传统的大菜市场离办公场地都比较远，每天去实在不方便；而且菜市场比较脏乱差，东西又杂乱，自己每天就买那么几样菜，实在有点浪费时间；商场超市的蔬菜就是不太新鲜，包装好都摆好几天，而且价格偏贵。然后有些App买菜，不能当面挑，买过几次蔫掉的菜，后来就不买了。

购买生鲜食品的需求点：
食材要新鲜，需要每日购买；要可以当面挑选；购物点多且方便，可以下班时顺路去；种类不用很多，但日常吃的蔬菜水果要基本可以买得到。价格上差不多在市场平均价水平就行。

图4-15　传统用户画像示意

更重要的是，这样的结论很难在内部传播。比如我刚刚完成了公司核心产品的调研，我需要把重要的调研结论传达给公司的百余名员工，如果只是展示这样一幅图的话，听众将无法形成任何有价值的记忆点，重要的信息将被淹没在用户的图片和故事里。虽然拉近了与用户的距离，但是无法凝练成统一的、可落地的结论。

那么怎么解决这个问题呢？答案很简单，依然是"对比"。举个例子，假如你想在购物网站上出售一款小巧的录音笔，该如何突出"小巧"这个特点呢？是通过文字描述尺寸效果好，还是拍一张对比照片效果更好呢（如图4-16所示）？

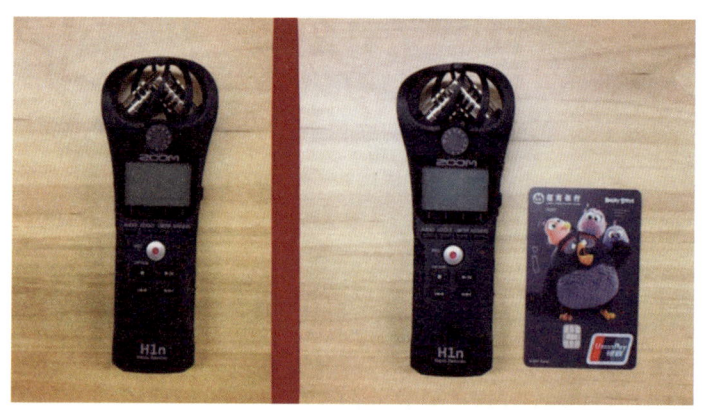

图4-16　通过和其他实物对比展示尺寸

答案显而易见，**一个简单的比较胜过千言万语的描述。有了对比，才有差异，才有记忆点。**

再举一个朋友的例子，他是研究生导师，接了一个企业的项目。这是一个代驾产品，想主打高端人群方向，于是这位老师就带着学生们对高端人群进行了深入的调研。这个项目持续了好几个月，投入了不少人力，而且运用了很多非常专业的分析手段，最后得出了具体的分析报告，但其中并没有什么特别的发现，结论非常普通。诸如，用户最关注的是安全，其次是专业、舒适、便捷，再次是尊重、优越，最后是关爱……这些结论体现出了"差异性"吗？很明显没有。朋友说他已经非常尽力了，该用的方法都用了，该调查的数据也都调查了，但确实结果平平，没有什么惊喜。

这就是传统调研的通病，最后得出的总是些"不痛不痒"的结论。后来我建议这位老师用"对比"的方式来改善一下这份报告，没想到得到了惊人的洞见。

4.6.2 "硬核"对比凸显差异

我照例先和我的这位老师朋友确定了一下产品的北极星指标，他说是"增加运营收入"，而运营收入取决于客单价和消费频次。我又问围绕北极星指标可以怎样分类？他说因为代驾产品的客单价差别不是非常大，所以可以从消费频次这个角度把用户分成高频用户和低频用户两类。

我说，那不如把高频用户的属性提炼出来，与相对低频的用户做个对比试试，这样更容易凸显高频用户的特点，说不定会得到什么特别的发现。

这位老师觉得试试也无妨，毕竟现在的调研效果并不好，业务方也不是特别满意。几天后，他开心地对我说："这下我真的有重要发现了！"原来，通过对两类人群进行对比，他发现：高频用户使用的主要原因是商业应酬，普遍在晚上 10 点以后下单；而低频用户使用的主要原因是朋友聚会，普遍在晚上 10 点以前下单。前者有帮客户叫车的需求，所以对服务和体验特别在意，对价格不敏感；后者主要是自己用，所以注重性价比和效率。

这么一对比，差异就十分明显了。不仅用户群不同，而且消费场景和使用诉求也完全不同，且和业务紧密相关，很容易落地。商业应酬这个场景，是之前没有太多考虑的，这里面值得深挖的东西很多。我们都知道商务人士好面子：自己受点委屈没关系，如果客户不满意了，单子丢了那可是天大的事情，前面所有的努力就都白费了。所以，自己是否觉得好用不那么重要，重要的是让客户体验好。

你看，这么一对比，便从表面上的"安全""专业""关爱"这些平常的字眼上升到了**对人性的洞察**。所以，**"洞察"一定不能停留在表面，而是要挖掘用户背后潜在的诉求和微妙的心理活动。**

有了这样的洞察，朋友对后面的优化有了十分明确的想法：之前为了体现"专业"和"关爱"，他考虑完善会员制度；但现在他决定把重点集中在"帮客户叫车"的新功能开发上。也就是说，不一样的洞察使他在决策质量上有了天壤之别。他把这些新想法与业务方做了细致的讨论，得到了业务方的高度重视。

我有一个做了多年用户研究的朋友听过我的分析后，说最近突然领悟到：这就好像淘金一样，你不淘到最后的一粒金，那堆沙就还是一堆沙，没用的。我很喜欢这个比喻，的确，无论是做市场分析还是用户研究、数据分析，都是一样的，必须有淘金者的耐心和魄力，才能真正从沙子中淘到黄金，而不是像以往那样交了一摞分析报告就了事。

4.6.3 改良版用户特征画像

掌握了足够的用户差异特征后，我们就要开始"画像"了。有了具体的形象，就再也不怕"破不了案"了。但是，在正式"画像"前，还需要了解两个非常重要的观念，否则很容易误入歧途。

1.用户数量并非越多越好

目标用户数量并非越多越好。传统互联网产品普遍把追求用户数量放在首位，认为用户越多越好。包括用户增长这件事，很多人也是认为增长的首要表现就是用户量在增加。然而现在形势已经发生了转变，"大而全"的产品几乎完全被巨头垄断。现在以及未来，更多的机会在于垂直领域的"小而美"产品。在这种情况下，用户量不是越多越好，而是越"对"越好。

举个例子，如果宜人贷因盲目追求用户量而吸引了错误的用户来借款，那么表面上用户量和业绩量日益增加，而实际上这里面可能有大量用户无力还款。获客成本打了水漂还是次要的，数万的本金可不是小数目。对借款产品来说，一个错误的用户将导致企业付出高昂的成本。

如果想找对用户，就需要先进行分析，通过挖掘用户差异点了解"对"的用户具有什么特征，借此找到更多"对"的用户。这么做虽然一开始有些费力，但后面绝对事半功倍。盲目进行营销裂变可能让你快速尝到甜头，却发现后期增长乏力，这是因为增长所需的基本功没有打好。

2.用户特征并非越细越好

找到了正确的用户，就万事大吉了吗？当然不是，结论只是一方面，能够真正落实到工作中才是最重要的，否则再正确的结论也是纸上谈兵。

要想把正确的结论落实下去，就要学会精简地、一针见血地陈述结论，而不是像传统调研分析报告那样包罗万象但缺乏重点。具体如何做呢？我拿宜人贷的例子整体回顾一下。在"铁人三项"数据分析对比的过程中，我们发现男性用户居多、二线城市用户居多且绝对占比和倾向度都更高。

接下来围绕北极星指标"低成本高贷款余额"，我们把用户粗略地分成"工薪族"和"小微企业主"两类。基于风险成本的考虑，我们把"工薪族"视为最重要的用户群体。由于后台数据获取不到用户的职业信息，因此我们计划通过问卷调查进一步挖掘这两类人群的差异特征，却发现他们的差异并不大。

带着这个疑惑，我们来到较有代表性且距离较远的二线城市武汉，分别挑选了若干工薪族和小微企业主用户进行访谈，受访用户均为男性。在访谈的过程中，我们意外地发现这两类人群的差异并不明显，原因是大部分用户在兼职创业：除一份稳定的工作之外，一般还需要做些其他的事情来增加收入。这是因为当地男性中外地人较多、思想观念较传统、结婚生子较早，所以家庭负担很重，而当地收入水平又不高，月收入普遍只有几千元，所以兼职创业贴补家用也就不足为奇了。这和一线城市情况的差别还是很大的，如果一直生活在一线城市，恐怕很难发现这一点。

这次调研让我感到十分震撼，果然"一个人的行走范围，就是他的世界"。对于做产品，行走范围越小，世界也就越小，又怎么可能吸引到更多的用户呢？所以，做用户增长，光坐在办公室里研究数据肯定是不行的，你需要先改变自己的世界。

由于访谈样本量太小，不能代表更多的用户，因此我们又投放了一轮问卷，验证了有"兼职创业"特征的用户确实占多数。他们并不是纯粹的工薪族或者小微企业主，这颠覆了我们之前的分类假设。相应地，借款用途和我们之前预想的也不一样，我们本以为用户借款用于日常大额消费，而实际上当时的用户借款主要用于资金周转，这符合用户的"兼职创业"特征。

所以，如果要用最凝练的语言归纳核心差异点，我觉得是"二线城市用户""兼职创业""资金周转"这3个关键词，因为这几点是大家在调研之前尚未意识到的，或是和我们的预期差别较大，这些内容传播出去更容易吸引受众的注意，从而改变产品决策。

我现在还清楚地记得，这些信息引起了公司领导层的高度重视。之前他们一直以为目标用户是一二线城市的白领，主要借款用途是日常消费，对外也是这样宣传的，没想到实际情况和预想的出入这么大，这引发了他们多次的会议讨论：未来是应该改变产品方向，服务更多的二线城市兼职创业人群，还是改变营销策略，继续吸引一二线城市的白领人群。前者更容易带来业绩，而后者更有利于风险控制。不夸张地说，这次调研，让公司找到了新的方向。

3. 一页纸画像+数据支撑

现在，我们可以把关键特征归纳到一张纸上，形成改良版的用户画像，从而方便更多的人理解。需要特别注意的是，要把数据支撑及必要的相关性说明附在后面，这是因为如果没有必要的数据支撑，调研结果将不具备说服力。具体请参考图4-17。

比如说"二线城市多"这个观点，后面必须有对应的说明来证明这个观点。当然最好的方式就是对比。比如二线城市用户占比是多少，全国占比是多少，这样一比较就能看出结果。在陈述"兼职创业多"这个观点时，我们列举了工薪族的占比，以及其中兼职创业投资者的比例，这也是一种对比方式。

图4-17　某借款产品的改良版用户特征画像

如果公司有两类或两类以上的用户，那么可以先对比他们之间的用户特征，再进一步提炼核心差异，比如之前提到的代驾案例中的两类人群对比，如图4-18所示。

```
高频用户                          低频用户

下单时间晚于22:00                 下单时间早于22:00
应酬多、时间长                    应酬少、时间短
代驾频率高                        代驾频率低
（至少2-5次/月，部分6-10次/月）   （大多1-2次/半年）
中级车+豪华车为主                 紧凑车型为主

主要关注：服务态度好              主要关注：故意绕路
         热情负责                          乱收费
         细心周到                          技术不专业
         互相沟通顺畅                      乱开车违章罚分
         爱惜车
                                  自用
有帮客户叫车的需求                更注重性价比、效率
                                  我只想尽快回家
更注重高品质享受，客户和我
都能舒服地回家，尤其是客户
```

图4-18　同产品不同类型用户差异对比

基于这样的对比，我们很容易提炼出高频用户群体的几大特征：除了表面上的"代驾频率高""车型好""下单晚""应酬多""注重服务"，最重要的是这个发现：有帮客户叫车的需求，更重视客户的感受。那么相应的画像也就出炉了，具体如图4-19所示。

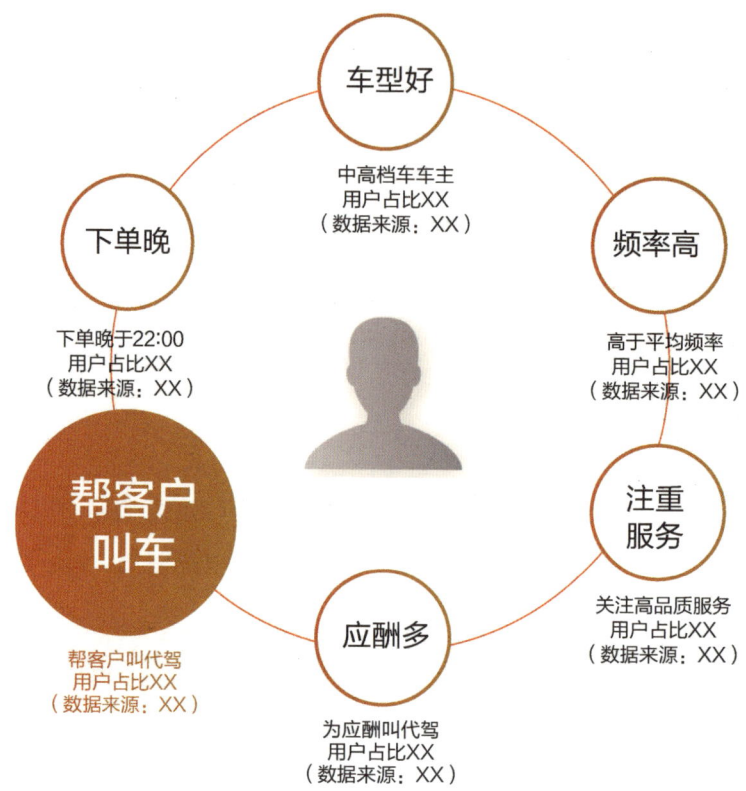

图4-19 某代驾产品的改良版用户特征画像

在每一条发现后面补充说明,比如针对"下单晚",附上:下单时间晚于22:00的用户占比××;针对"应酬多",可以附上:因为应酬而叫代驾的用户占比××。其他内容以此类推。

不同的补充内容,数据来源可能是不同的。比如"下单晚"可能来源于后台数据分析;而"应酬多"可能来源于问卷分析。所以,在向项目成员讲解或向上正式汇报时,最好能再详细说明一下每一条信息的数据来源和样本量等信息,以使你的结论更有说服力。

可以看出,这和传统的调研报告非常不一样。传统的第三方调研报告、用户研究报告和市场分析报告等动辄十几页甚至几十页,侧重于描述具体的信息,却缺乏对比和关键结论的提炼,最后的结果往往让人感觉泛泛,抓不住重点。其实信息是用来对比的，而不是用来罗列的，要在不断对比中找到关键信息，且这些信息一定是大多数人之前不知道或是和预想有很大出入的，这样才有价值。就好像在破案的过程中，一个不经意的细节、一个违背"常理"的发现往往会成为破案的关键所在。

总之，增长强调少而精、一针见血，这体现在我们工作的方方面面，比如北极星指标（只有一个或一组）、数据分析（铁人三项）、用户分类（尽量单一维度）、用户画像（最关键的差异点）……你发现这个规律了吗？

4.7 一级方向：引燃增长爆破点

提炼目标用户群体的差异性并生成画像后，接下来我们需要在此基础上挖掘产品的定位，为后面找到增长的爆破点打下基础。

如果你现在还不了解"定位"，可以看看杰克·特劳特（Jack Trout）写的《定位》这本书，它主要讲的就是如何差异化地避开竞争对手的优势，找到一个市场空缺点，然后通过营销的手段把它根植到用户心中，成为这个领域的第一。

4.7.1 挖掘产品优势，打破增长瓶颈

定位的前提是明确自己的优势，扬长避短，与竞争对手差异化竞争。《抢占心智》这本书中举了一个例子，说明"定位"的重要性：在苹果一家独大的市场格局下，OPPO 手机的差异性是"拍照很好的手机"，Vivo 手机的差异性是"音乐手机"，金立手机是"超级续航手机"，小米手机是"性价比很高的手机"，而华为手机是"商务手机"。与之形成明显反差的是联想。联想手机经常说自己有三大优势和七大卖点，这其实相当于没有优势。虽然联想手机确实存在优势，但如果不能将其用精辟的语言表达出来，就无法像利剑那样直击消费者心智。

当然，每一种差异性定位都对应着某个特定的群体。有句古话叫"汝之蜜糖，彼之砒霜"。所以，做透某部分群体，了解他们的差异特征，再提供对应的差异化产

品，那么这个产品自然就不愁增长了。

前些天，有一家老牌电商公司找我咨询，说目前的产品增长遇到了很大的瓶颈。其认为是用户感知出了问题，也就是说很多用户并不能理解这款产品是做什么的或者优势在哪里。该公司之前在页面上做了一些改进来帮助引导，但是效果并不好，其想当然地认为是界面设计有问题，因此还在继续思考应该如何改进文案和引导方式。细聊下来我发现，其实核心原因根本不在界面呈现上，而是大方向上出了问题：目标用户人群和产品的核心优势不匹配。这就好比把商务手机卖给学生，学生又怎么可能接纳商务手机的卖点呢？

这就是我们前期要花很多精力去**探索用户差异性的原因：找到正确的人，提供正确的产品或服务，才能找到正确的产品定位**。如果定位不清晰，而仅靠创意营销、数据驱动、界面优化和 A/B 测试等"外功"，就如同大海捞针，虽有作用但注定步履维艰，胳膊毕竟拧不过大腿。**增长的重中之重，便是正确的"定位"。**

如何定位准确？我们首先要学会发现产品的"最长板"。你一定听说过木桶原理：一个木桶能装多少水，取决于它的最短板。所以我们一定要补足自己的短板，不能让它扯后腿。很多人对这个理念深信不疑，经常把目光聚焦到自己的短板上，并督促自己改进。直到有一天，我在网上看到了"新木桶原理"，完全颠覆了我旧有的观点。

"新木桶原理"是这样描述的：只要你把木桶倾斜一定角度，那么一个木桶能装多少水，其实取决于它的最长板有多长，而不是最短板有多短。事实也的确如此，很多著名的科学家和文学家严重偏科，还有很多名人在生活方面被人诟病。人无完人，只要在某方面做得足够出色就足以脱颖而出了。相反，各方面都不错的人，缺乏"一技之长"，反而容易被埋没在人群中。

产品增长也是如此，只要你的长板够长并且是用户急需的，那么完全可以忽略其他的短板。比如我在前面提到过的 Doodle，即便它的游戏界面不够酷炫、制作不够精良，但解决了用户"无聊时低成本打发时间"的核心诉求，因此下载量多年遥遥领先。

如何找到产品的最长板呢？我们要先明确什么是"最长板"，它应该满足以下几个条件。

第一，和竞品相比具有独一无二的优势，且这个优势很难被挑战。

第二，对用户来说是雪中送炭而非锦上添花。

第三，对提升北极星指标非常关键。

想找到产品的最长板，我们可以通过多种方式。

1. 用户视角放大优势

不同的人看到的风景是不一样的，同理，不同的用户看到的产品和服务也是不一样的。

之前我们已经挖掘到了用户的差异性，那么这群具有差异特征的人群看到的产品必定也是不同的。他们更容易发现产品的特点，并且也正是产品的特点吸引了这个特殊的群体。

注意，这个特点未必是产品本身的特点，而是用户感知到的特点。因为有时候产品本身怎么样不是最重要的，重要的是用户怎么看待它。就好像大家认为沃尔沃的特点是够安全，而实际上沃尔沃的安全性并不一定比奔驰或者宝马高。

再以宜人贷为例，在线下访谈时，我们发现对二线城市用户来说，宜人贷借款产品的额度远高于竞品。所以，如果用户缺几千元钱，那么他可以有很多选择，这时候放款速度和利息等可能都会成为他考虑的因素；而如果他缺几万元钱的话，他就只能考虑宜人贷了。所以，额度是我们的产品与竞品相比最突出的优势。这个优势和我们的风险控制能力有关，而风险控制需要多年的积累，宜人贷做得比较早，因此这个优势很难被挑战。

另外，借款额度过万这一点，对缺几万元钱的用户来说肯定是雪中送炭；而其他因素，比如放款速度、利息、平台背景和借款体验等都是锦上添花。

最后，额度高这个优势，与北极星指标"低成本高贷款余额"非常相关。

综上，我们把"额度高"这个优势作为宜人贷最长的那块木板。

2. 不同角色不同视角

在实际工作中，我们还有可能通过不同角色的视角发现异常情况，从而找到长板。比如我有一个在银行工作的朋友，他们公司的一位研发人员在头脑风暴会议中提出，每次发售理财产品的时候系统都会发出预警，这说明理财产品非常受用户欢迎，供不应求。这个现象引起了领导的高度关注，他们经过研究，决定加大对理财产品的投入。

这件事给了我很大的启发，说明不论何种职位，只要用心，都可以助力增长。很多人问我研发人员怎么做增长，我觉得可以**从自己的优势出发，做别人难以做到的事情**。比如那位研发人员发现了系统预警的规律并及时反馈，就是其他职位上的工作人员难以做到的。我们找产品优势也是同样的道理，与其和竞争对手正面拼杀，不如培养自己独一无二的特点并发展壮大，这样才能无惧残酷的同质化竞争。

3. 打破限制跨界分析

刚才我们更多是从"人"的角度出发，通过"人"的直观感受发现问题，再分析问题。现在我们换成从"事"的角度，即从业务和竞品的角度看待产品优势。

我有一个学员以前是做共享汽车的，他们的高层领导认为该品牌的优势是：车型较多、高端、车况较好。很明显，这个"最长板"并不成立，它连长板的第一条"和竞品相比具有独一无二的优势，且这个优势很难被挑战"都不满足，因为一想到出行用车，除了滴滴我还会想到很多老牌的租车公司，比如神州和一嗨等，难道它们的车型不比共享汽车的更多、更高端吗？这么看的话，共享汽车的这些优势并不打动人。我建议他从用户出行的角度找竞品并分析共享汽车的优势，而不是从同属性或自身功能这么局限的角度出发。

这位学员恍然大悟，说他们之前只盯着同类的共享汽车品牌看，从来没有考虑过间接的竞品。按他们的话讲就是自己做短租不做长租，所以就有没考虑长租的竞品，但其实做长租是更容易赢利的，说不定这是一个可以探索的新方向。他还感慨之前一直陷在产品现有的功能中，使他们一直感觉困难重重，尤其是在拉新方面。

做增长，视野很重要。做产品久了特别容易局限在某个角度，如果**从用户的角**

度看需求，跳出产品现有的框架，一切问题就可能迎刃而解。

4. 细分场景对比竞品

还记得我前面提到过的网约车用户分类案例吗？我的朋友围绕北极星指标，按照出行场景把用户分成"日常约车"和"商务出行""长途旅行"等类别。之后他通过访谈用户，得到的产品长板是：高确定性。也就是说，你用这个软件叫车接送机的话，大概率可以约到车。

然而实际上并非如此，比如在接送机细分领域，相关的竞品很多，其他品牌是出了名的服务好、体验好，而且更容易叫到车。我问朋友之前是否与细分领域的相关竞品做过对比，他说没有，因为他们的品牌基本已经垄断市场了，所以没有竞品可以参考。我又问："那细分领域的竞品呢？""这个……"朋友挠挠头，说之前没有考虑过细分领域的竞品。

由于现在巨头垄断，因此越来越多的产品在细分领域发力。即便你的品牌占有率市场第一，在切入细分领域时也一样会遇到竞品，这个时候你依然需要做对比。在对比中发现差异，是我们不变的增长主旋律。

后来经过讨论，我们一致认为他的产品的优势是更便宜，而不是更好的服务或更高的确定性。

上述4种方式，提供了找产品"最长板"的不同思路：分别是从自身用户角度找、通过不同职能角色找、扩大业务范围找以及缩小业务范围找。需要注意的是，无论从什么角度找，最终一定是从用户的角度找到突破口，因为任何业务、行业，脱离了用户都没有实际意义。借助这样360度全方位的分析方式，我们一定可以发现产品的"最长板"。

4.7.2 定位营销差异，抢占用户心智

找到产品的最长板，也就找到了定位的基础。定位对企业至关重要，它是找到用户心智中暂时空白的领域切入进去，创造出一片蓝海。我发现很多拼命加班的公司业绩不一定很好；而很多业绩不错的公司，员工反而比较轻松。因为增长的本质

是"四两拨千斤",是一种"巧劲儿",你第一个找到蓝海,躺着也能赚钱。反之,如果杀入一片红海,累到半死最后也是举步维艰。所以,与其在同一个赛道拼杀,不如抢占一个暂时空白的赛道,而这需要精准定位。

但是光知道产品的优势还不够,还要结合公司的综合实力击中竞争对手的软肋,并把它宣传出去,抢占用户心智。所以,定位不仅能创造新蓝海,而且能加固竞争壁垒。

那么如何把最长板转化成定位呢?一方面,我们需要放大自身优势;另一方面,我们需要在感知层面拉开与竞争对手的差距。这样才能在若干竞品中脱颖而出,让用户更容易记住自己。所谓的"放大自身优势",并不是指虚假宣传或"王婆卖瓜自卖自夸",而是形成新格局,从更广阔的层面理解优势。而拉开与竞争对手的差距,并不一定要正面对抗,而是可以巧妙地运用一些方法轻松的达到目的。下面给大家举一些例子。

1. 从表面优势看整体实力

我有一个朋友做政企类的产品,他非常尴尬地说,他们唯一的优势是有政府项目背景,而产品没优势;另一个朋友在做教育类产品,他们在该细分领域已经排名第一了,却认为和竞品比功能都差不多,没什么优势;还有一个朋友做大众消费类产品,总说其产品品质一般,也觉得自己没优势……实际上,对政企类产品来说,有政府关系就是最大的优势;对教育类产品来说,目前已经排名第一就是最大的优势;对大众消费类产品来说,渠道广、容易购买就是其巨大的优势。

产品的综合优势和前面提到的产品长板之间必然存在联系,比如前面提到的宜人贷在二三线城市的放款额度更高,是因为其风险控制能力强,这和公司成立早、实力雄厚有关。但在调研之前如果只看功能和体验,确实觉得没有什么优势。

所以,在找优势这方面,不仅要看产品本身的优势,更要看广义的竞争优势,也就是公司的整体实力,并且找到两者之间的关联。这样你才能确保找到的优势是优先级最高的核心优势。

2. 扬长避短凸显竞争优势

不同的人有不同的喜好和观点。你的优点在某人看来可能是缺点,而你的缺点在另一个人眼里可能反而是优点。所以，没有绝对的优点或者缺点，而是看你如何巧妙地利用。

比如天猫的优点是商品多、价格便宜，这是平台模式天然的优势；但产品品质和物流体验都不在自己的把控范围内，这又变成了它的劣势。作为追赶者的京东，如果比拼商品数量和价格，显然不是天猫的对手，因为这正是自营模式的缺陷。但相应地，自营模式保证了产品品质和快递速度。因此，京东在宣传上扬长避短，突出产品品质和送货速度，并在此基础上"踩"竞争对手的劣势。比如"买点好的""不走猫步""别人叫你亲，不如质量精"等，都是这个套路。这样，通过对比就进一步凸显了自己的优势。

再比如，可口可乐是老牌产品，新的百事可乐该如何超越呢？老牌产品的优势是经典、深入人心；但相应的缺点也很明显，就是不够新潮。所以，百事可乐顺势用一句广告语"百事可乐，新一代的选择"成功占领市场，与可口可乐分庭抗礼。

所以在营销中，永远不要和竞争对手硬碰硬，而是拿自己的优势去应对它的软肋，吸引与其用户完全不同的一批新用户，抢占空缺市场。

3. 营销定位的三级大炮

我们在明确营销定位时，可以通过前面的内容逐层推导，比如可以问一下自己下面这些问题。

用户的差异特征是什么？

对应的差异化产品的最长板是什么？

这个最长板背后是否有足够的支撑，导致竞品很难超越？

这几个问题一环扣一环，不仅串起了前面的重要内容，也构成了基本的营销定位模型。当然，我们也可以反过来，先看公司整体优势或独特的商业模式，然后看在此基础上发展出的核心产品优势，最后看对应的目标群体。这三部分内容就是定位模型的基本要素，我称之为"营销定位的三级大炮"。图 4-20 用炮弹的样子形象地描绘了这个模型。

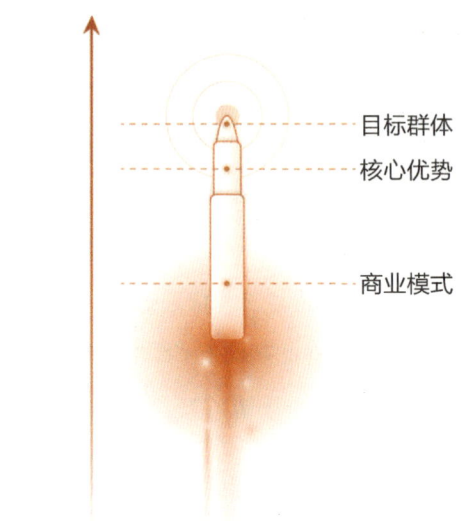

图4-20　营销定位的三级大炮

我们可以看一下宜人贷的营销定位三级大炮：炮身是行业领军企业雄厚的风险控制能力；炮弹是额度高；炮弹最易击中的目标是二线城市用户。

事实上，很多老板或者高管比较清楚炮身，但是搞错了炮弹或目标，因为他们平时一般不会接触到执行细节。而一线的工作人员虽然经常接触炮弹和目标，但由于对炮身了解得不够深入，可能选择了并不匹配的炮弹。

拿宜人贷来说，一开始老板期望面向的用户是一二线城市的白领人群，而通过长时间的运营，实际用户却和预期的有所偏离。与此同时，一线的运营人员认为放款快和额度高、平台靠谱等都是我们的优势，摸不准哪个才是最长板，只好轮流换营销方案。这样做力量注定是分散的，难以达到最好的效果。

我们之所以花费大量时间和精力去做用户洞察，就是为了找到最合适的炮身、炮弹以及目标的组合，形成强有力的增长基石。

4.帮产品找到"最佳人设"

组装好营销定位的三级大炮，接下来我们需要在上面盖好华丽的幕布，把它包装成讨巧的"人设"。

说起"人设",大家都不陌生。我听过一个朋友抱怨:"为什么我的朋友圈点赞的人这么少?"另一个朋友说:"因为你没有'人设'。"的确,没有"人设"的人,别人是记不住你的。对个人、对明星和对产品来说都是这样。现在的当红明星,大多有很固定的"人设",比如"老干部""吃货""好爸爸""少女感"等。很多年纪大的人记不住明星的名字,但是只要一提起来就会说:"哦,我知道,是不是那个特别能吃还长不胖的姑娘?"

看,有了"人设",是不是大家就更容易记住你了?这不就是营销的目的吗?那么怎么帮自己的产品找到"最佳人设"呢?一方面,需要结合产品核心优势与目标群体的关注点;另一方面,我们也需要了解产品目前处在什么样的发展阶段,用什么样的表达方式最合适。可以参考营销4F模型,如图4-21所示。

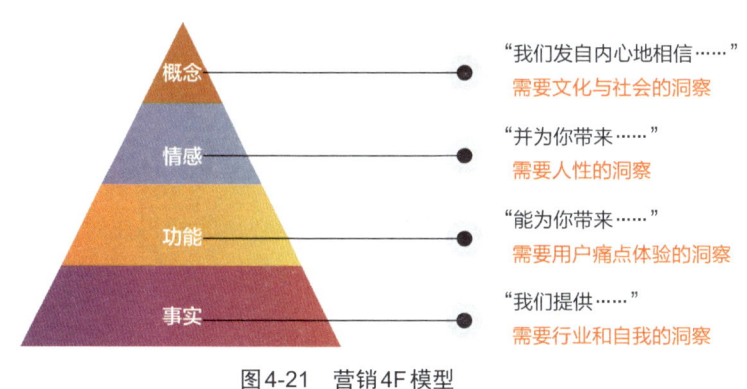

图4-21 营销4F模型

一般来说,当用户对一种产品模式还不够熟悉的时候,从"事实"角度宣传比较好,比如"在线一对一英语教学"。

当用户对产品已经很熟悉,但是不知道你的产品和竞品的差异时,从"功能"角度宣传比较好,比如"充电5分钟,通话2小时"。

当你的产品已经基本在市场上站稳脚跟,可以从情感角度打动用户,比如"照亮你的美"。

当你的产品已经处于垄断地位或是做企业内部宣传时,可以从概念的角度宣传,比如"用心引领"一类的宣传语。

拿宜人贷举例：从事实角度看，我们的核心优势是可以为用户提供更高的额度以帮助他们筹到足够的钱；从功能角度看，我们更专业、更便捷；从情感角度看，我们的用户在意家人、渴望自由、怀揣梦想；从概念的角度看，所有这一切都是为了爱……

显而易见，就当前的阶段来看，从事实层面宣传是最合适的。因为专业、便捷听起来不够有差异，让人记不住；从情感角度宣传让人感觉太虚。而额度高听起来让人眼前一亮，既和北极星指标相关，又能够占领市场空缺位置，所以它是一个合适的宣传点。

营销定位明确之后，先不要着急做接下来的决策。因为 **定位不仅要立足当下，更要考虑未来**。

4.7.3 关注发展趋势，校正营销定位

众所周知，定位是一场持久战，一旦确定了某个营销方向，就最好不要轻易改变，否则可能前功尽弃。我们现在耳熟能详的各种广告语，都是通过多年不断的重复才逐渐抢占用户心智的，这就要求定位必须能经得住时间的考验。而调研得到的往往是目前的情况，所以还需要推断未来的市场变化趋势。当然，互联网产品更新迭代速度非常快，不能和传统产品相比，但至少也要考虑到短、中期的发展。

拿宜人贷来说，营销定位三级大炮中的前两级——公司综合实力和额度高的优势，不会很快发生变化，但是目标群体就很难说了。调研中我们发现，目前用户普遍集中在二三线城市，那未来十年呢？就算不看未来，目前二三线城市用户虽然多，但是否已经接近饱和了呢？不管怎样，我们需要的是更有增长潜力的人群。

前面提到过：通过分析数据，我们发现越是外地人口占比高的地区，宜人贷产品越受欢迎。而一二线城市的外地人口占比远高于其他城市。所以，未来我们可以尝试聚焦一二线城市中偏年轻、偏精英化的群体，也就是通过整体的人群上移，去寻求用户增长的蓝海空间。

为了验证我们的假设，宜人贷在一年一度的大型营销活动"梦想体验师"中首次尝试与天津交通广播这样的传统媒体跨界合作，面向当地有车一族进行宣传；同时还和燕郊商贸市场进行了合作，专门面向小微创业者进行宣传。在宣传内容中，重点突出"额度高"以及活动利益"本息全免"。最终在当年整体行情并不好的情况下，活动的放款人数转化率环比提升了50%以上，成为行业内的经典营销案例。

当然，这个假设是否真正成立，我们还需要在后续的营销活动中反复验证。另外需要注意的是，虽然传统"定位"理论强调尽量保持宣传口号不变，但互联网环境瞬息万变，即便我们考虑了未来的趋势，也不能保证可以做到长期不变。根据产品的不同成长阶段，定位可能会做适当调整，尤其是在产品从0到1的探索阶段，方向可能会非常多变，这时候最需要的是"灵活"，而不是"固定"。所以，在应用时也要注意实际情况，要让定位成为我们前进的利器，而不是阻碍。

4.7.4　从差异化定位到一级方向

围绕北极星指标，我们找到了用户差异群体，推导出产品差异特征，最后明确了营销差异定位，如图4-22所示。

图4-22　差异化定位的推导

至此，我们已经清楚了产品差异化定位，接下来可以围绕差异化定位制定相应的一级方向，也就是我常提到的"增长爆破点"。一级方向是企业当前最关注的，需要集中最大精力去做的事情。

1. 引爆增长的一级方向

一级方向有以下几个特征。首先，一级方向不会很多，因为它代表了当前最重要的方向。其次，一级方向要足够"大"。比如"公司从今年起要开始向互联网转型""今年有四大变革"……听上去就很像一级方向。而像改进某个功能、优化某个渠道和优化页面这种类型的事项，绝对不会是一级方向。最后，一级方向和定位息息相关。下面我再举几个一级方向的例子。

案例1

宜人贷的定位是：二线城市用户大额首选。对应的一级方向是：突出额度高。所以，后续我们在所有的品牌宣传、营销活动、产品首页、借款流程……也就是但凡用户能接触到产品的地方，都突出强调额度高，转化效果均有了明显的提升。

可能你会觉得这个一级方向听起来不够"大"，这是因为该产品已经从成长期逐渐过渡到了成熟期，产品体量足够大、业绩也很不错，因此只要重新校正定位，就可以起到锦上添花、刺激新一轮增长的作用。

案例2

前面我提到的手机游戏公司 Doodle 的定位是：面向大众人群的容易下载的休闲小游戏。对应的一级方向是：游戏文件控制在 5 MB 以内。这个方向现在看起来十分普通，但在当时绝无仅有，开创了休闲类小游戏的先河。

因此，方向大小并不仅仅是直观的感受，还要结合当时的情境来看。比如从胶卷过渡到数码相机，现在看起来稀松平常，在早些年都是一个十分了不起的创举。

案例3

前面还提到过脑白金的例子，它的定位是：面向老年人但购买者是儿女的保健品。对应的一级方向是：宣传"儿女送礼"。当然，这是建立在产品品质有保证的基础上的。如果产品本身质量不行，或是用户没有需求，那么无论怎么宣传，效果都不会好。

对传统企业来说，除了产品研发费用，营销费用可能更是一笔可观的费用，因此，正确的营销定位对降低营销成本、增加销售收入发挥着至关重要的作用。我还记得，从小到大，在电视上看到过很多令人印象深刻的广告，有搞笑的、卡通的、文艺的……但真正能存活到现在的品牌为数不多，很多品牌在支付了昂贵的广告费用后，销售额没有相应增加，很快就退出了市场。正因为营销的成本如此之高，没有那么多的试错机会，所以在前期更应该做足洞察，避免不必要的消耗。

案例4

"小蓝杯"瑞幸咖啡作为后起之秀，一夜之间声名大噪，抢占了原本属于星巴克的大量市场份额。它的定位应该是面向职场白领的具有无限场景的大师级咖啡，因为它洞察到职场人群对咖啡的品质有较高的要求，但他们平时又很忙，没有时间总是泡在咖啡馆里，更多是在平时工作、开会的时候喝；速溶咖啡虽然方便快速，但明显满足不了职场人群对咖啡品质的要求。所以，"小蓝杯"对应的一级方向是：场景由线下搬到职场，突出咖啡的高品质，裂变拉新……

虽然这里的一级方向有多个，但是它们都是围绕定位来设置的。很多人一说到增长就急着问裂变拉新怎么做，其实它只是增长的一种手段，而且未必适合所有的产品，还是要看具体的定位是怎样的。

就瑞幸咖啡来说，因为它强调无限场景而不是固定的店面，所以为了低成本获客，裂变拉新就变成了一种必要的手段。因此，我们在使用一种手段之前，一定要知道为什么要这么做、它是否合理等，而不是机械地考虑怎样执行。

案例5

"网红雪糕"钟薛高在近两年大出风头，增长势头惊人。它的营销定位是"一片慢慢品的雪糕"，主要面向居住在较发达城市的女性人群，购买场景以线上购买、家庭仓储为主。创始人首先通过市场数据洞察到冰激凌的无限增长空间，以及用户群体对产品品质的需求在不断升级，尤其是目标人群会更在意家人的健康和生活品质。因此，他判断消费者愿意支付更高的价格购买更好的产品。

钟薛高在产品方面做足了差异化，无论是对产品外观还是产品品质、成本，都下了很大的功夫，某款产品的价格更是高达66元，刷新了大众对冰激凌的固有认知。在营销方面则大打情感牌，突出社交场景和家庭温馨。

综上所述，钟薛高冰激凌的一级方向是：极致的产品品质、家庭消费场景、高定价以及社交传播等。这些一级方向形散神不散，无不是围绕精准的客户定位以及对目标用户的深度了解而制定的。当然，作为一款"网红"产品，它是否能长远地走下去，成为深入人心的品牌，还需要时间的检验。

2. 一级方向画布

现在我们把前面所有的关键信息整体梳理一下，做一个系统的回顾。

当然，整理的结果也非常适用于宣传和汇报，这是非常重要的。做了再多的事情，如果无法让领导认可，无法让周围的同事理解并支持，也是完全没有意义的。我个人感觉，在工作中，做事和汇报应该各占一半的比例才对。做产品营销也是如此，好的产品如果没有好的宣传，最终将很难成功。

为了让周围的人快速理解我们的思路，我们把重要的步骤和结论浓缩成一页纸，我把它称为"一级方向画布"。一级方向画布主要包括以下几点。

（1）产品目前所处阶段及关注点（探索期/成长期/成熟期/新的探索期）。

（2）当前阶段的北极星指标。

（3）围绕北极星指标的用户范围/分类/优先级。

（4）差异特征画像（需要数据支撑）。

（5）营销定位三级大炮（差异群体对应的产品核心优势以及背后的商业模式/竞争壁垒）。

（6）一级方向（围绕定位，现阶段需要做的最重要的事情）。

下面我用宜人贷的例子完整地串一遍。

（1）产品目前所处阶段及关注点：成长期到成熟期，关注发展速度及商业价值。

（2）当前阶段的北极星指标：低成本高贷款余额。

（3）围绕北极星指标的用户范围/分类/优先级：用户范围为近3个月放款成功的用户；初始分类为小微企业主（带来业绩）和工薪族（降低风险成本），工薪族优先级高；后经过调研，发现可汇总为一类兼职创业人群。

（4）差异特征画像：男性、25~35岁、二线城市多、兼职创业多、资金周转多（数据略）。

（5）营销定位三级大炮：二线城市用户大额首选；多年积累了远超竞品的风险控制能力。

（6）一级方向：突出额度高。

这里提供一个简单的参考模版，如图4-23所示。由于它不可能囊括所有产品的所有情况，因此里面的内容只是点到为止，无法直接套用或复用。在应用时切忌生搬硬套模板，一定要灵活运用、举一反三。

产品生命周期	探索期	成长期	成熟期	增长第二曲线—探索期
关注点	找到正确的产品方向	明确核心竞争优势占领市场	提升商业价值	挖掘多元化需求，发现新的增长点
北极星指标	留存率/推荐意愿提升同时XXX下降	新增活跃用户数提升同时XX下降	营收提升同时XXX下降	新产品留存率/推荐意愿/新增活跃用户数/营收……提升，同时XXX下降
用户范围/分类/优先级	潜在用户群体： 用户A（比如医生） 用户B（比如病人）	现有用户群体： 用户A：高活跃 用户B：中活跃 用户C：低活跃 优先级：A>B>C	某细分场景下现有用户群体： 用户A：提升营收 用户B：降低XXX 优先级：A<B	潜在用户群体+现有用户群体： 用户A 用户B 用户C 优先级：A>B>C
用户画像	分别描述A、B	A、B、C之间的差异	A人群和B人群的差异和全国平均水平的差异	分别描述A、B、C
定位	帮XX人群XX	面向XX人群XX方面首选	带给XX人群XX的感觉	还可以帮XX人群XX
一级方向	通过实现XXX提升北极星指标	通过凸显A、错B提升北极星指标	通过拔高兴趣点、解决痛点提升北极星指标	通过实现XXX提升北极星指标

图4-23　一级方向画布参考

4.8　B端产品的一级方向

看到这里，估计有很多人忍不住想问："B端产品怎么办？"的确，前面讲的调研内容明显更适合C端产品。C端产品是用户说了算，而B端产品往往是老板说了算、客户说了算。况且B端产品的用户量相比C端来说会少很多，所以难以获取到足够的数据。

说到这里，很多人又产生了新的疑惑：没有数据怎么做增长啊，怎么验证成果呢？其实这还是陷入了对增长概念理解的误区当中。增长不仅仅是数据的增长，数据只是衡量增长的一种手段而已。实际上任何与企业价值有关的事情都属于增长的范畴。所以，即便产品初创期没有什么数据或者 **B 端产品数据量不多，我们也一样需要做增长**。

那么，在数据不足的情况下，B 端产品怎么做增长呢？和 C 端产品一样，也是重在调研，只不过调研的重心和方式有所不同。

4.8.1　B 端产品的双层差异性

对 C 端产品来说，我们需要以用户为中心，通过差异性洞察明确差异性的市场定位，并得到对应的一级方向。这是因为中国的市场实在是太大了，一款 C 端产品不可能同时满足所有人的需求。能服务好某一细分群体，收益就已经相当可观了。所以我们需要细分出某部分群体，把它做好、做透。这样就需要非常了解被筛选出的群体的差异特征是什么，以及如何差异化地满足其需求，最终也就得到了"定位"。

而 B 端产品要服务什么人群，往往是非常明确的。比如，有的产品是为交易平台上的商家服务的；有的产品是为办公人员服务的；有的产品是为公司 HR 服务的……所以，B 端产品要想做好增长，**首先需要深入了解特定行业的差异，然后看该产品与行业竞品相比有哪些差异**。

这就好像你向别人介绍一个叫 Linda 的女孩长什么样子时，你可能会说她有金黄色的头发，鹅蛋脸，高高的鼻子……这其实就是在把她和其他人做对比，强调她的特点。

但是如果你向别人介绍某个来自偏远地区的神秘部落的少年，你首先需要介绍这个部落原住民的特征，比如这个部落的人都比较胖，他们都有深棕色的皮肤、明亮的眼睛……然后介绍这个少年和部落里的其他人相比，他的特点是什么。可能他在其中平平无奇，毫无特点；也可能他和这个部落里的大部分人长得不一样，皮肤偏黑、眼睛尤其明亮……通过这样的双层对比，我们便可以对这个少年有一个更全面的了解。

所以，和 C 端产品相比，除了可能缺少数据分析的环节，B 端产品的调研内容只会更多而不会更少。

4.8.2　B 端产品调研对象及内容

一般来说，B 端产品的业务属性强、逻辑复杂，要了解清楚产品脉络并不轻松；而调研客户又有很多限制和难度。

我之前在网易和阿里都做过 B 端产品，由于面对的是大客户，因此为了不打扰到客户，公司只允许极少数的指定人员直接接触客户。面对这种情况，其他一线人员为了了解清楚业务和客户情况，可以"曲线救国"，调研老板和相关业务人员也能够达到同样的效果。因为，对 B 端产品来说，用户量少且类型集中，而老板又非常精通这个领域，所以他掌握的信息一般是非常全面的。而 C 端产品用户量极大且类型较分散，所以在很多情况下，老板并不一定了解用户的实际情况，这时候研究用户是比较靠谱的。在调研内容方面，可以参考图 4-24 所示的模板。从这些问题中，我们就可以得知现有产品的来龙去脉，而不再是一头雾水的状态。这里需要特别说明的是价值评估和业务优先级。

目标用户/客户：目标用户有几类，分别简单描述

用户/客户诊断：
- **用户故事**：典型的用户故事/使用场景/反馈
- **用户痛点**：我们当初是如何从典型的用户反馈中归纳痛点的
- **用户诉求**：针对用户痛点推导出的用户需求是什么
- **解决方案**：针对用户需求推导出的业务方向或解决方法是什么
- **价值评估**：具体意义和价值

理清产品脉络：
- **WHAT**：这是一款什么样的产品（产品描述/使用者/理念/产品结构/关系……）
- **WHY**：用户/客户为什么要使用，产品特色、价值分别是什么
- **HOW**：用户怎么使用（场景案例/客户案例等）

业务计划/优先级：近1月/3月/平均的业务计划/优先级

图 4-24　B 端产品调研内容参考

我之前在阿里做过两年B端产品，产品总负责人是我的直属领导，他会花很多时间和精力分别对下属员工、上级领导、外部客户和内部合作伙伴阐述这件事情对公司、对客户的意义和价值。因为B端产品首先要在内部获得公司的支持才会有足够的资源，不仅如此，它还要在外部获得潜在客户的支持。这和C端产品强调通过差异化占领用户心智其实是一个道理。但是B端产品因为受众有限，所以不可能像C端产品那样到处做广告吸引大众的注意。所以，想清楚它的意义和价值并做好内部宣传就显得至关重要了。

另外，业务优先级也是非常重要的，如果说C端产品以用户为中心，那么B端产品在很大程度上是以业务为中心的。

还记得我在3.2.2节中提到的那段经历吗？老板在业务紧急的情况下，选择了体验相对欠佳的方案而不是体验完美但开发时间冗长的方案，因为B端产品解决的不是娱乐或休闲的问题，而是和业务、商业相关的问题。所以，对客户来说只要能解决问题就可以了，体验只是锦上添花。这和C端产品是迥然不同的。这也是我在前面反复强调的"抓大放小"，即重点解决核心问题，忽略次要问题，用有限的资源"四两拨千斤"地创造价值。

但是B端产品的业务是非常复杂的，想做到"抓大放小"并不容易，所以一定要紧跟老板和业务的节奏，才不会走冤枉路。

不仅是B端产品，宜人贷借款产品也是类似的，用户使用这款产品有很强的目的性，相对于是否能借到钱这个关键需求，界面体验好不好并不是很重要。在这种情况下，如果一直坚持专业性，就会很受挫。在格局和眼界面前，专业显得微不足道，一定要学会跳出职能视角，循着统一的大方向灵活变通，才能事半功倍。

4.8.3　B端产品的一级方向画布

访谈之后，我们需要汇总整理出B端产品的一级方向画布。它的内容和C端产品有一些区别。

我们先回顾一下C端产品的一级方向画布。

（1）产品目前所处阶段及关注点（探索期／成长期／成熟期／新的探索期）。

（2）当前阶段的北极星指标。

（3）用户范围／分类／优先级（围绕北极星指标）。

（4）用户画像（用户差异性洞察，需要数据支撑）。

（5）定位（三级大炮）。

（6）一级方向（围绕定位最高级的事项）。

而 B 端产品的一级方向画布包含图 4-25 所示的内容。

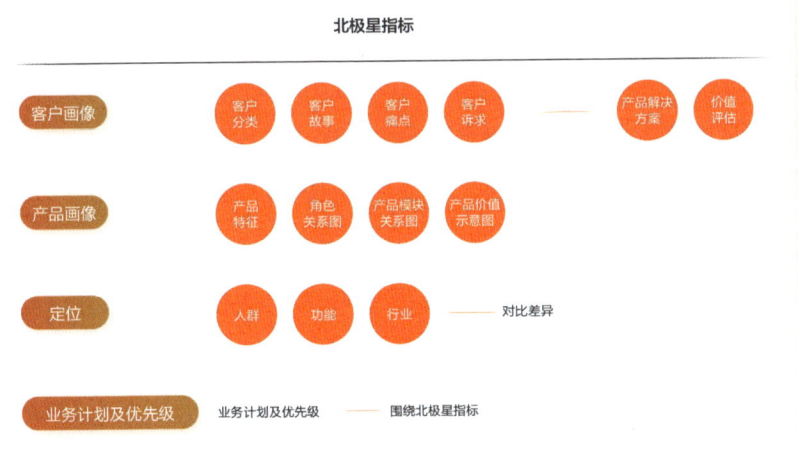

图 4-25　B 端产品一级方向画布参考

（1）北极星指标。

（2）客户画像（包括客户分类、故事、痛点、诉求、对应的产品解决方案和价值评估等）。

（3）产品画像（包括产品特征、角色关系图、产品模块关系图和产品价值示意图等）。

（4）定位（人群、功能和行业对比的差异）。

（5）业务计划及优先级（围绕北极星指标）。

这里我简单解释一下两者的差异。

首先，B 端产品的一级方向画布去掉了"产品目前所处阶段"，因为 B 端产品的发展周期与 C 端产品相比要长得多。整体来说，它和 C 端产品探索期的情况有点类似，用户量都比较小，数据也少。

其次，B 端产品的重点不在于探索与竞品的差异性上，而在于描述清楚客户和产品的基本情况。因为，一方面，B 端产品往往立足于特定的客户群体和业务范围，不同产品之间的差异本身就很明显；另一方面，B 端产品一般比较复杂、难以理解，且具有一定的行业门槛，所以你需要先了解它的业务情况，在此基础上才可能说清楚与行业同类产品的差异。这方面需要整理的资料比 C 端产品要多很多。

最后，C 端产品强调差异性定位及对应的一级方向；而 B 端产品强调业务计划和优先级。因为 **C 端产品难就难在捕捉人性上**，用户自己也未必知道自己想要什么，所以我们需要花费很多的精力在调研中洞察人性；但是 B 端产品恰恰相反，需要满足什么业务需求，提供怎样的服务，都是十分明确的，因为使用 B 端产品往往不是出于个人喜好，而是出于工作需要。如果说 C 端产品"顺人性"，那么 B 端产品就是"逆人性"。所以，B 端产品可以较直接地列出业务计划和优先级并落地执行。如果这里有困难，也可以先写出最重要的一级方向，再通过后面要介绍的用户增长地图得出其他工作计划。

以用户为中心，通过差异性洞察引燃增长爆破点的内容到这里就结束了。这部分是最难、最重要的，也是我的用户增长思维体系中独有的内容，占了全书篇幅的一半左右，希望大家能够反复多看几遍，多体会。有了这部分内容作为基础，才能在后面通过类似于增长黑客的手段以及可复用的方法，做到"持续地以最低成本创造最大价值"。否则，看再多的增长案例也只是拿到了一个个现成的壳子，使用时才发现无法套用到自己的项目上。这就是只知其然但不知其所以然的结果。但如果你掌握了这些内容，相信你看到任何案例都可以快速结合自己的产品，找到合适的应对之法。

第 5 章　用户增长地图全局规划增长策略

在本章中，我们将沿着北极星指标和一级战略方向，通过用户增长地图梳理若干二级增长策略，然后具体落地执行。这一部分内容起到了非常重要的承上启下的作用。

虽然大部分一线工作者接触的是具体的执行工作，但是如果我们能够再往前跨一步，了解具体的增长策略是怎么制定出来的，无疑就在人生的职场道路上向前跨出了一大步。能否制定增长策略，也是市场稀缺的增长产品经理和普通产品经理最大的区别。

5.1　从体验地图到用户增长地图

在我刚接触增长的时候，我一直好奇全局增长策略是如何制定出来的。在这个过程中我也接触了不少专门做增长的人士，他们每个人都有自己习惯的方式，但没有什么通用的方法，好像更多的是在 AARRR 的基础上加上自己的直觉和经验，这让增长策略的制定显得高大又神秘。但我坚信这里面一定有通用的规律可以提炼，可以让更多人复制。很多外企和咨询公司推崇备至的"Design Thinking"（设计思维）就是通过一套思维模型，把设计这个看似只能通过灵感和创意实现的表达方式变成了有迹可循的规律，我想我也可以把增长策略的提出变成一套特定的思维模式。带着这个想法，我提出了"用户增长地图"的概念。

5.1.1　用户视角与全局视角

用户增长地图的前身是用户体验地图，它可以帮助我们在一级方向的基础上规划二级增长策略。

说起用户体验地图,产品经理和设计师们应该都不会陌生。它通过一幅图,用讲故事的方式,从用户视角出发,记录他们与产品或服务接触、互动的完整过程,如图 5-1 所示。它具有全局化、可视化的特点,帮助项目人员一览全局地俯视整体体验情况,避免过度关注局部细节,最终找到改进体验的机会。

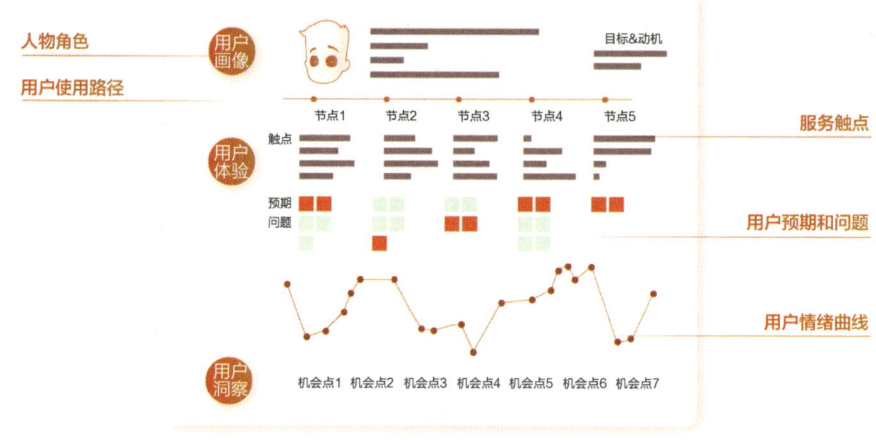

图 5-1　用户体验地图示例

图 5-1 是一个示例,我们可以根据具体情况在此基础上增加或删减内容。由于用户体验地图不是我要讲的重点,在网上也能查到很多相关内容,因此这里只做简单介绍。用户体验地图大体包含如下内容。

(1)人物角色:简单的用户画像,以及目标和动机。比如:二三线城市的兼职创业者,需要借几万元用于资金周转。

(2)使用路径:用户使用产品的主干流程。比如,看到广告→注册→下载 App→选择借款产品→申请借款→放款成功→按时还款。

(3)服务触点:在使用路径的每一个节点上,用户接触到产品或服务的方式。每一个节点可能对应着多个触点。比如,"看到广告"这个节点,可能对应着电视广告、网络广告和户外广告等多个广告触点。

（4）预期问题：用户在每一个节点的预期是什么，问题又是什么。比如注册时，用户预期可以看到详细的产品说明，并快速注册通过；而他遇到的问题可能是信息不全不足以帮助他做决策，或者注册流程出现问题等。

（5）情绪曲线：用户处在每一个节点的情绪是高兴的还是愤怒的？连成曲线，我们就可以知道在哪个地方的体验还不错，在哪个地方的体验很糟糕。这样可以帮助我们优先改进体验糟糕的地方，从而提升整体体验。具体打算如何改进呢？可以把相关的洞察和想法写在对应的节点下面。

用户体验地图的好处是能够从用户视角全局化地改进体验，这也是做增长的基础，因为体验好了用户才会更愿意转化。但需要注意的是，**体验提升未必带来增长**。因为用户在某个点体验不好，不代表最终体验不好。即便最终体验很好，也不代表他会为产品持续贡献价值。

举个例子，对借款用户来说，只要能借到足够的钱就行，过程中在每一个节点的体验问题只要不影响到最终借款，用户其实都不会太在意。

再比如，朋友请我去五星级酒店吃饭，我感觉体验特别好，但我自己很可能不会再去，因为我不是五星级酒店的目标人群，对我来说平时能去家包子铺就很满意了。

所以，以"用户为中心"增长并不是要在体验方面做到完美，而是要**利用有限的资源在关键点做到足够好**。既然如此，传统的用户体验地图虽然可以帮助我们更好地提升产品的整体体验，却无法帮助我们找到那个关键点。它可以弥补漏洞，但无法带来惊喜。

虽然用户体验地图存在诸多限制，但我们仍可以利用它的全局化用户视角，在此基础上稍做改良，进化成新的用户增长地图。**用户增长地图以增长为导向，以用户旅程为骨架，能够引导我们拆分出关键增长指标，再通过二级洞察找到提升关键增长指标的机会点**，在全局视野中找到"四两拨千斤"的增长机会。图 5-2 是一个简单的用户增长地图模板，主要包含如下几个部分。

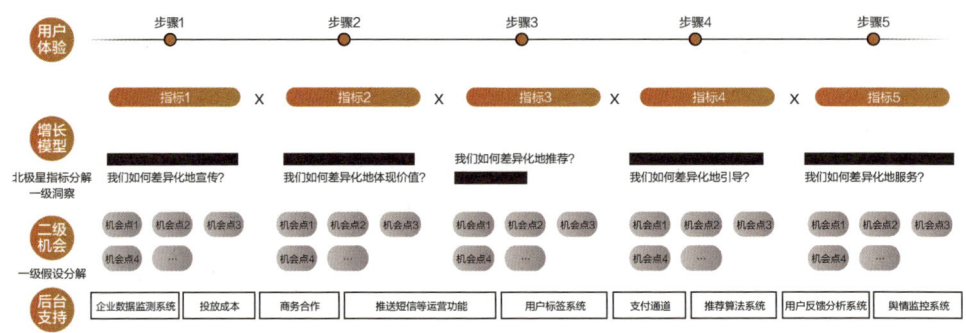

图 5-2 用户增长地图模板

（1）**北极星指标 & 一级方向**：既然要做增长，那么一定离不开北极星指标做方向指引，所以我们把它写在最上面。紧接着是一级方向，它是围绕北极星指标的最重要的战略方向。

（2）**用户旅程 & 增长指标**：用户旅程是用户接触产品或服务的过程，这里要求选择和北极星指标相关的关键路径。这样我们就把一个大的北极星指标分解成了若干关键的二级增长指标。

（3）**二级洞察**：前面我们花了很多篇幅讲述了如何围绕北极星指标做一级洞察，这里其实也是类似的，只不过这里的指标变成了从北极星指标分解出来的二级增长指标而已。

（4）**二级机会**：我们具体要做什么事情，才能围绕一级方向提升北极星指标。之前我们结合北极星指标和差异性的用户洞察，得到了一级方向。这里需要结合二级增长指标和二级洞察，得到对应的二级机会。

这里面的增长指标（二级指标）、二级洞察和二级机会，与前面说的北极星指标（一级指标）、差异性洞察（一级洞察）和增长爆破点（一级方向）一脉相承，二级其实就是在一级的基础上分解后得到的，相当于一级的迷你微缩版。其实增长并不神秘，它就是通过对大方向层层分解，然后百炼成钢而已。如果前面的方向不对，后面再怎么发力也不会达到足够好的效果。

现在我们回顾一级方向画布，看看一级方向是怎么得来的。然后就能以此类推，知道该如何推导二级机会了。

指标：

① 产品目前所处阶段及关注点（探索期/成长期/成熟期/新的探索期）；

② 当前阶段的北极星指标。

洞察：

① 围绕北极星指标的用户范围/分类/优先级；

② 差异特征画像（需要数据支撑）；

③ 营销定位三级大炮（差异群体对应产品的核心优势以及背后的商业模式/竞争壁垒）。

假设：

一级方向（围绕定位现阶段需要做的最重要的事情）。

5.1.2 指标、洞察和假设

在这里，一级方向画布的内容被重新划分成了3个部分，分别是：指标、洞察和假设，如图5-3所示。它们之间的关系是：**通过差异性洞察，提出能够最终提升指标的假设。**

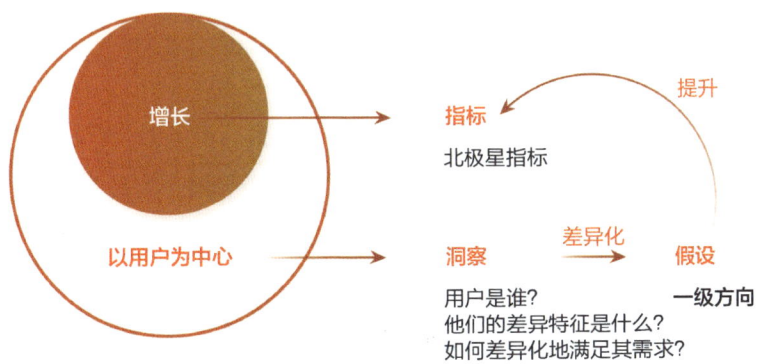

图5-3 指标、洞察和假设的关系

洞察里主要包括 3 个部分的内容：用户是谁，他们的差异特征是什么，如何差异化地满足其需求？

二级则以此类推：通过二级洞察，提出能够最终提升二级增长指标的二级假设（机会）。二级洞察以一级洞察为基础，在此基础上还需要额外关注：**用户在旅程中的不同节点**特别关注什么，如何差异化地满足其需求？

由此我们得到一系列二级机会，比如拓展某个营销渠道、开发某个功能以及优化某个页面等。当然，不管做什么，都**不要脱离一级方向**。

举个例子，比如你的一级方向是"突出额度高"，那么你的某个二级机会"优化营销图"则需要在营销图上突出"额度高"这一特点。

5.2 拆分关键增长指标

用户增长地图分为指标、洞察和假设 3 个部分。就指标部分来说，我们的主要任务是合理拆分北极星指标。毕竟北极星指标对任何人来说都如同一个庞然大物，如果不经过拆分是无法落地的。下面介绍 3 种拆分北极星指标的思路，分别是适用于处理零碎工作的场景分解法、适用于明确项目目标的 OKR 分解法，以及适用于寻找更多项目机会的用户旅程分解法。

5.2.1 场景分解法

在实际工作中，大部分人并没有制定策略的机会，更多的是被动接受安排，处理较琐碎的工作。在这种情况下，图 5-4 所示的"场景分解法"是非常实用的：先把北极星指标列在最上面，然后把自己要做的工作列在下面，再看和这项工作相关的所有指标，找出其中和北极星指标关联度最大的即可。

举个例子，比如某电商产品经理小张接到老板指派的任务："这个详情页怎么看上去这么奇怪，数据也不好，赶紧优化一下。"那么我们首先要明确：优化详情页的目标是什么呢？如果搞不清楚目标就工作，大概率会事倍功半。除了详细询问老板的具体要求，我们还可以思考在用户使用详情页的这个场景下，和北极星指标（假设是"总销售额"）最相关的指标是什么呢？

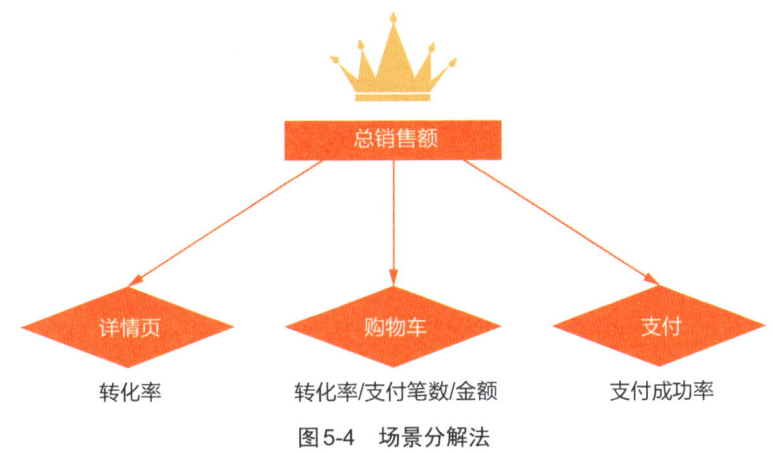

图5-4　场景分解法

很明显是点击"立即购买"或进入"购物车"页面的转化率，因为这意味着用户离消费更近了一步。

以此类推，如果是优化"购物车"页面，那么和总销售额相关的指标有到支付页面的转化率、支付笔数和金额等；如果是优化支付流程，就要重点提升支付成功率。

目标不同，做事思路必然会不同。以前产品经理小张常用的思路就是照抄竞品，虽然很难出错但也很难出彩。有了场景分解目标的思路后，在优化详情页时他就会思考：该如何让更多用户点击"立即购买"或"加入购物车"按钮呢？最简单的方法也许只是快速改变按钮颜色、大小和文案等。这绝不是危言耸听，在宜人贷的时候，有一个设计水平非常普通的设计师仅仅只是改变了一个按钮的颜色，就为那个页面提升了超过 10% 的转化率，得到了领导的高度认可。

有了场景分解的思路，我们做任何不起眼的小工作都更加有的放矢，少走弯路，也更容易在工作中取得让领导和同事刮目相看的成果。

5.2.2　OKR分解法

如果你是一个基层员工，日常处理的都是比较琐碎的工作，或是以支持他人需求的满足为主，那么"场景分解法"对你来说已经足够了。如果你是一个项目领导，或是某项任务的负责人，就需要通过图 5-5 所示的 OKR 分解法来制定项目目标。

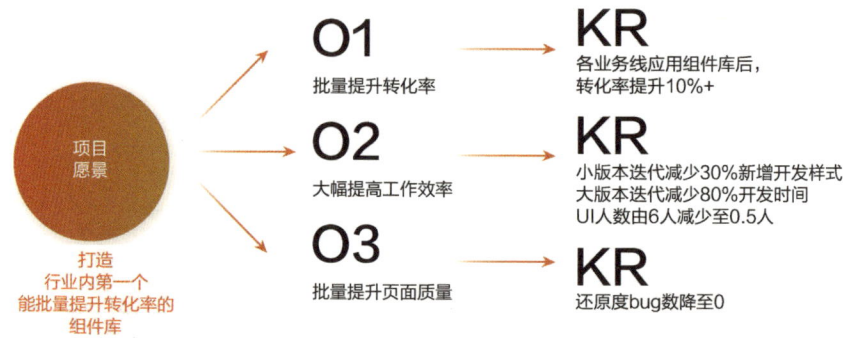

图 5-5　OKR 分解法

关于 OKR 的分解，我在 3.3 节中已经举过一些例子了，在这里再举一个我经历过的真实案例。在宜人贷的时候，公司领导大力推行项目制，我们团队申报了一个做组件库的项目，得到了领导的批准，而我也就成了这个项目的负责人。

公司之所以推行项目制，一方面是鼓励创新，另一方面是想多培养一些出色的项目经理甚至是职业经理人，所以对每一个项目都非常重视。每个项目都要有项目负责人撰写立项申请，包含项目愿景和 OKR，以及项目具体的实施计划，再经过项目教练和高层领导审批。项目愿景要满足 3 个条件：创新、行业领先、对公司有价值。所以管理每个项目就好像运营一家微型公司一样，这对每个项目负责人都是很大的考验。

围绕项目要求，我在提交项目申请时思索了很久，经过多次修改最后提出了这样的项目愿景：打造行业内第一个能批量提升转化率的组件库。

传统组件库主要以提升效率和页面质量为主，但并不能提升转化率，因此我想尝试突破一下。有了愿景，OKR 的 3 个 O（目标）自然也就确定下来了，分别是：批量提升转化率、大幅提高工作效率、批量提升页面质量。第一个目标是创新和挑战，第二个目标和第三个目标则是普通组件库就能满足的。哪怕最后不能满足第一个目标，但如果能完成其他的目标，也说明这个项目是有价值的。

围绕每一个目标，再分解出具体的 KR，这样整个 OKR 的指标就基本确定下来了。

好的目标是成功的开始，这个项目后来进行得非常顺利，取得了不俗的成果，后面在讲"增长链"部分的时候我还会再详细阐述这个案例。

5.2.3 用户旅程分解法

场景分解法为日常的琐碎工作制定目标；OKR 分解法为项目制定目标；用户旅程分解法则更高了一层，为潜在的项目机会找到突破口。用户增长地图中的指标分解部分采用的就是用户旅程分解法。

用户旅程是用户接触产品的全部过程，我们可以把这些内容梳理出来。不需要记录每一个可能的分支过程，重点是要记录关键过程。所谓关键过程，就是和达成北极星指标有直接关系的行为。

比如，一个电商网站，它的北极星指标是销售额。那么对这个电商网站来说，和北极星指标相关的比较重要的用户旅程可以是：潜在用户看到广告→下载 App →打开 App →选择商品加入购物车→结算并支付成功。这里面的每一个行为节点都有对应的数据指标。比如"下载 App"对应着"下载率"，"打开 App"对应着打开率等。这些关键的数据指标之间也有关系。比如，广告浏览量 × 广告转化率 × 下载率 × 打开率 × 购物车加车率 × 购物金额 = 销售额。

当然我这里写的比较简单，实际的情况会复杂很多，在这里仅作为示意帮助大家快速理解。通过用户旅程分解北极星指标，我们面对任何产品，都能够快速"定制化"地输出增长路径，也契合了"以用户为中心增长"的思想主张。

5.2.4 为什么不用"AARRR"

说到分解指标，就不得不提增长黑客们最爱的"AARRR"模型（也叫作"海盗指标"），如图 5-6 所示。虽然在这里我并不打算沿用这个方式，但作为基础还是简单介绍一下。

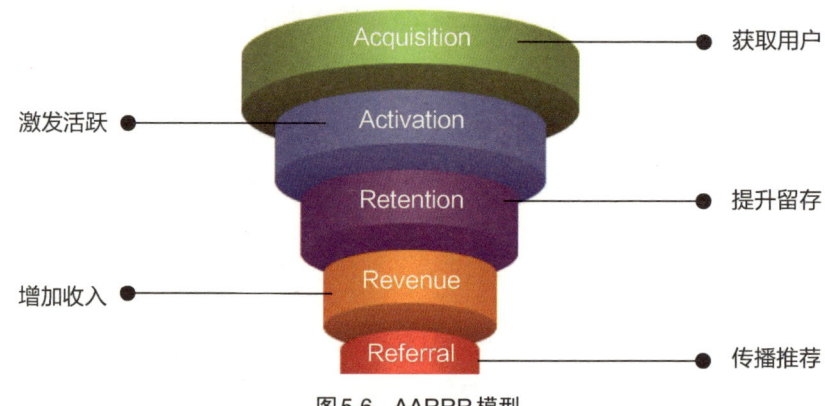

图5-6 AARRR模型

AARRR是Acquisition（获取用户）、Activation（激发活跃）、Retention（提升留存）、Revenue（增加收入）和Referral（传播推荐）这5个单词的首字母，它们分别对应一款产品生命周期中的5个重要环节。下面以移动应用为例来逐一阐释。

（1）**获取用户**：比如通过线下线上广告推广或福利刺激，让更多新用户下载应用。

（2）**激发活跃**：如果用户仅仅下载应用却不使用的话是没有意义的。所以，除了新增下载量，还要关注活跃度。比如，大家常说的日活跃用户数量（Daily Active User，DAU）、月活跃用户数量（Monthly Active User，MAU）等指标。此外，还有使用时长和启动次数等相关指标。通常情况下，活跃用户是指在指定周期内有启动的用户。但是"启动"未必等同于"真的活跃"。具体采用什么指标，如何定义活跃用户，要看产品类型和诉求。比如，日活跃对于新闻产品就很重要，而对于借款产品就相对不那么重要。

（3）**提升留存**：有些应用在解决了活跃度的问题以后，又发现了一个新问题：用户来得快、去得也快。这就说明这款应用没有黏性，也就是留存率低。**通常情况下，保留一个老客户的成本要远远低于获取一个新客户的成本，而留住老客户考验的是产品的核心价值**。如果产品没有自己的核心价值，只专注于疯狂拉新，就好像朝一个有大窟窿的桶里倒水，一方面不断地开拓新用户，另一方面又不断地有大量用户流失，最终得不偿失。

（4）**增加收入**：这应该是最核心的部分，不论是获客、激活、留存还是传播，最终都是为了增加收入。如果没有收入或看不到增加收入的前景，产品就无法存活，尤其是在人口红利萎缩，资本进场越来越慎重的当下。即便是免费应用，也应该有盈利模式，比如功能付费或者广告。

（5）**传播推荐**：以前的运营模型到第四个层次就结束了，但是随着社交网络的兴起，病毒式传播成为获取用户的一个新途径。这种方式成本低、效果好。但它的前提是产品自身要足够好，对用户来说有核心的价值，有很好的口碑。从传播推荐到再次获取新用户，形成了一个螺旋上升的轨迹，优秀的应用在这个过程中不断扩大用户群体，发展得越来越好。

AARRR模型代表了完整的用户生命周期，它让我们可以从更全面的角度看到产品获取用户的过程，这里包含了推广、运营、产品和设计等方面。

如果只看其中一部分，而忽视其他部分，或只关注自己职能"分内"的事情，任由用户在其他部分自生自灭，那么产品是一定做不好的。增长黑客的崛起，就是因为它不再按照运营、产品和推广等职能区分工作内容，而是贯穿用户生命周期做用户增长，所以取得了很好的效果。

AARRR模型的优势是很符合增长的要求，打破职能墙，从用户的角度关注他们使用产品的整个过程及数据情况。**不过AARRR也有它的缺陷和瓶颈**，体现在时代在发展，产品类型也越来越多样化，但它并不能涵盖所有情况。下面我逐一说明。

第一，随着人口红利的萎缩，获客成本越来越高了。从几年前的几毛钱，慢慢提高到几元、几十元，甚至几百上千元。这让越来越多的企业开始转而关注留存及传播推荐。

然而，不管是做好留存还是做好裂变，本质上都是要先提升产品价值。也就是说，**用户增长的前提是你要有一个好的产品**。在这种情况下，有人甚至提出把AARRR改成RARRA（如图5-7所示），即先关注留存，再关注激活，然后是传播推荐和变现，最后才是获客。也有人提出，产品发展到一定阶段，才需要增长黑客上场，否则增长黑客来了也没用。

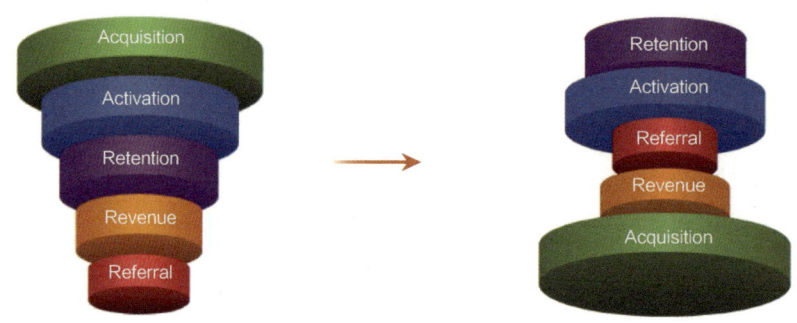

图 5-7　AARRR 与 RARRA

这样的话，相当于把营销推广和产品价值体验割裂开来了，但其实，两者是密不可分的。**产品在任何阶段，都需要提升产品价值的"慢功"以及营销推广的"快功"同时运用，以发挥更大功效**，这就意味着我们需要新的增长模型。

第二，AARRR 模型不适用于所有类型的产品。早期的产品类型比较单一，AARRR 还是比较适用的。但是近几年，产品类型越来越多样化、垂直化，AARRR 能适用的情况也越来越有限了。

比如，对 B 端产品来说，最重要的是能把产品卖出去，能有收入，并且客户能持续购买、持续付费。所以，对于客户关系的维护，提供定制化的解决方案是非常重要的。况且，B 端产品用户量小、数据也少，未必需要像 C 端产品那样要紧盯着激活和留存等数据。

再比如，像宜人贷借款这样的产品，更重要的是每个步骤的转化率，而不是看留存和传播推荐等数据。因为借款用户的使用周期很长，再次使用可能要几年之后，所以留存数据意义不大。借款用户也不太可能去跟别人分享借钱的经历，所以让用户自发传播也是不太可行的。

也就是说，**AARRR 里的数据在实际工作中未必都用得到**，要看产品的具体情况。而每个产品需要看的关键指标也是不一样的。

第三，AARRR 过于宽泛，无法起到具体的指导作用。我们接触很多围绕 AARRR 展开的增长案例时会有这样的困惑：这个策略是怎么制定出来的，为什么获客这部分要这么做，我们公司的产品好像并不适用，我应该怎么做……

这是因为如果只把 AARRR 作为增长策略的框架，就实在是过于宽泛了。单说获客这一点，可能就有成百上千种做法。这就导致了市面上虽然有大量的增长案例，但真的只能作为案例，很难被复用，因为背后没有详细的可供指导的方法论做基础。

第四，AARRR 不是线性流程。从表面上看获客、激活、留存、变现和传播是流量漏斗，但实际上并不完全遵循漏斗的线性规律，而更像 5 个独立的部分。在很多公司，也是由不同的团队负责不同的部分。所以，这个模型其实是一个半成品：它比按照职能分类要先进得多，但尚未做到完全从用户角度出发，彻底开辟出增长路径。

那么我们具体该以什么为指导去规划增长路径呢？答案就是我前面提到的用户旅程。做增长既要以用户为中心，突破职能限制，从全局视角审视，又要考虑最终想要实现的最大价值，最好的方式莫过于通过用户旅程分解北极星指标，得到最适合自己产品的增长框架，这比粗略地按照 AARRR 来划分要合理得多。

5.3 正负洞察双管齐下

用户增长地图包含"指标""洞察""假设"3 个部分，5.2 节介绍了"指标"部分，现在我们再来看看"洞察"部分。

在一级洞察中，我们发现用户的差异点，然后结合自身优势，扬长避短，差异化地满足用户。但是在二级洞察中，我们既需要结合优势，也需要正视缺陷。

举个例子，前面提到过的游戏公司 Doodle 洞察到：用户需要简单、容易下载的游戏打发无聊时间，而刚好它也不具备制作顶级游戏的能力，所以它开创了休闲小游戏的方向。这是有关它的一级洞察和一级方向。

但是，在实际执行过程中，一方面它要通过各项工作保证游戏文件控制在 5 MB 以内，来体现它的容易下载的优势；另一方面，也要解决执行过程中出现的各种问题，比如运营推广是否到位、使用流程中是否有 bug 以及体验是否流畅等。

也就是说，在定大方向时，我们要看到自己的优势和与众不同；但是在具体执行时，既要想办法把优势传递给用户，又要注意控制问题数量，以免影响最终效果。只有木桶的长板足够长，而短板又不过于短，才能在竞争中立于不败之地。

还记得北极星指标中的一组互斥指标吗？**二级洞察也是类似的，需要同时平衡正向和负向。**增长黑客、传统的产品经理和用户体验设计师往往是在负向上发力，也就是查找问题、改进优化，最后很可能得到一个挑不出太大毛病但缺乏亮点的产品，最后逐渐淹没在无数类似的竞品当中。

5.3.1 正向二级洞察

正向洞察如此重要，却很容易被忽视。一方面是因为我们习惯谦卑，容易看到自己或他人身上的缺点而不擅长发掘优点；另一方面是因为解决现有的问题容易，发现潜在的机会却难上加难。

所以这里，我先介绍难度更大的正向洞察。前面已经说过，二级洞察主要是在一级洞察的基础上进一步细分。一级洞察更关注：**用户是谁，差异特征是什么，如何差异化地满足其需求？**此外还包含用户使用产品的目的、场景和预期等。而二级洞察则需要额外考虑：**用户当前特别关注什么，如何差异化地满足其需求？**这个"当前"指的就是某个用户旅程节点。

虽然每个产品的用户旅程都不一样，但总体来说，还是有共通之处的。重要的"当前"一般集中在：用户接触产品之前、注册时、浏览首页时、决定付费时以及决定是否再次使用时等。

如果你不知道从何入手做正向的二级洞察，可以参考下面这 5 个问题。这些问题代表了整个用户生命周期中典型的五大思考。对照图 5-2，可以看到它们在增长地图上的位置。

1. 用户关注什么，如何差异化地宣传？

这个问题的意思是，在使用产品之前，用户一般是通过什么途径知道你的产品的，是什么点打动了他，后续该如何强化这个点，才能达到更好的获客效果。

2.用户能得到什么价值，如何差异化地体现？

用户接触到你的产品后，你很可能希望触发他的某个关键行为，比如注册或试用。可是，你该如何"说服"一个陌生人完成这些关键行为呢？其实很简单：了解他想要什么，然后尽量用使他印象深刻的方式告诉他，他可以从中获得什么。

这和增长黑客理论中的惊喜时刻（Aha moment），也称"啊哈"时刻很类似，即用户体验产品时发现产品核心价值、感到惊喜的时刻。

3.我们需要怎样用差异化的方式去给用户推荐内容？

这个问题的意思是，当用户看到你的首页，你希望引导他去哪里，哪种内容或方式最有利于他，同时又能提升产品的北极星指标？

4.用户留存/付费的动力或规律是什么，如何差异化地引导？

通过这个问题，你需要了解用户因为什么愿意付费，活跃/留存用户有什么样的特征或行为上的规律，结合这些特征，你如何更好地引导用户付费。

比如某公司通过数据分析，发现一周内点赞超过5次的人留存率超过50%。那么二级洞察可以是：鼓励用户一周内点赞超过5次。像这种用户行为与最终留存或核心指标的相关性，也被称为"魔法数字"。比如，通过数据分析发现：LinkedIn用户在一周内添加5个社交关系，Facebook用户在10天内添加7个好友，就能够保证较高的留存率。

但是找到魔法数字并不容易，也不是每款产品都有。一般情况下寻找魔法数字是通过数据分析，探索用户出现哪些行为后留存率较高而得到的。但我个人不太推崇这种方式，因为通过数据倒推效率很低，也不见得能成功，多少有些碰运气的成分。

建议先明确产品的核心竞争优势和价值，然后通过重要功能、界面和操作把价值呈现给用户，激发用户使用意愿及留存。这样，我们也能够通过"正推"快速找到魔法数字的行为线索。

5.用户因为什么持续留存，如何差异化地服务？

用户因为什么持续留存，又因为什么流失呢？留存下来的用户有什么样的特征？如何改进产品并扩大优势，通过有特色的服务吸引更多的用户持续留存？

这些问题的答案有一部分可以通过访谈获得，因此可以把这些问题融进第一次访谈的提纲里，还有一部分需要结合数据分析获得。公司内部一般会有例行的数据分析报告，从中可以得到相关洞察。如果确实找不到对应的信息，可以根据问题再做专项的调研。

5.3.2　负向二级洞察

除了正向洞察，我们还需要审视在过往的工作中，在整个用户生命周期里，我们是否做了错误的决策而导致公司的价值没有得到预期的提升。这就是负向二级洞察。和正向洞察的五大问题类似，负向洞察从相反的角度探讨类似的问题。

1. 是否在用对的方式获取用户？

这个问题是在问，我们是否获取到了合适的目标人群？获客的成本是否高于收入呢？每个渠道的效果怎么样？每个获客触点的效果怎么样（比如从看到广告，到落地页面，再到下载页面）？做品牌宣传的效果怎么样……

如果效果不好，需要分析是哪方面出了问题：内容、视觉、渠道……

2. 是否在用对的方式激活用户？

通过这个问题了解是否向用户正确传达了产品的竞争优势？转化效果如何？是否使用了打折促销等手段？成本与收入如何？是否需要调整策略以提升转化率？

3. 是否在用对的方式服务用户？

前两步吸引到的用户，他们的转化情况如何呢？如果后续没有转化，是什么原因呢？是没有足够好地服务用户，还是前两步出了问题或是和预先的想法不一致？

4. 变现能力如何？

活跃及留存用户的消费能力如何？生命周期内的价值如何？是否可以通过优化界面和体验来提升付费转化率？是否可以通过提供优惠促销以及提升单价等方式来提升营收？如果用户不愿意付费，是什么原因呢？

5. 持续留存或复购情况如何？

用户是否愿意继续光顾？如果不是的话原因是什么？是前面4步中的哪一步出现了问题？

比如某公司发现，新用户的留存率在持续大幅度下降。针对这个问题，他们制定了一个目标：希望提升第一周的留存率。为了达成目标，需要进行数据探索，做流失用户画像分析，看看流失用户有哪些特征。

通过分析流失用户使用产品的次数，他们发现近70%的流失用户只使用过一次产品。通过进一步访谈流失用户，他们又发现：超过半数的用户没有感受到产品价值，或不知道产品怎么用。所以，这里获得的二级洞察就是：要让用户快速发现产品价值并立刻上手使用。

负向的二级洞察其实类似于增长黑客做的工作，通过数据和营销驱动增长。数据的好处是容易帮助你发现问题，但是难以知道数据背后的原因，也难以做出新的决策。所以，还是需要定量分析和定性分析相结合。

另外，要特别注意"惊喜时刻"和"魔法数字"。首先，确定产品的核心价值并突出展示。其次，如果我们能通过数据发现某些关键用户行为与最终核心指标的显著相关，就可以在增长中取得事半功倍的效果。

和一级洞察相似，二级洞察一般也是通过定量分析和定性调研相结合的方式完成的。只不过正向的二级洞察更倾向于定性研究，而负向的二级洞察更倾向于定量分析。

5.4 二级机会：制定增长策略

讲述了"指标"和"洞察"，现在我们来介绍用户增长地图的第三个部分"假设"，来看看围绕"洞察"提出怎样的"假设"，才可以达成"指标"呢？

这个过程本身并不难，因为一旦有了洞察，对应的"假设"，也就是二级机会自然也就提出来了。只是在这个过程中，很容易出现一些错误，下面将进行举例说明。

帮助大家在实际工作中规避。

5.4.1 体系化的指标思维

虽然增长指标从北极星指标拆分成了不同的二级指标,但是我们还是需要考虑不同指标之间的关联性,而不是仅仅盯着孤立的指标看,因为那样就又犯了"只见树木不见森林"的错误了。做增长,在思想上要高瞻远瞩纵观全局,在执行上又要擅长拆分落地,两者都很重要。

举个简单的例子,假如你为了提升营销图的点击率,使用了吸人眼球的标语,结果点击率确实高了很多。但是用户点进去之后发现与预期不符,结果在下一步的转化率又大幅降低了。所以,如果独立地看某个指标的好坏是没有意义的,我们必须看**整体的数据情况,看某个指标的调整是否真的对最终的北极星指标的提升起到了正向的作用**。

再举个比较复杂的例子,某借款产品通过优化流程和缩减不必要的步骤提升了借款转化率,表面上看促进了业绩的提升。但经过一段时间,却发现逾期率提升了。后来负责风险控制的同事建议其提高借款门槛来降低逾期率。虽然使用体验变差了,但也拦截了部分想要骗贷的人,从而有效降低了风险。如果仅从产品体验的角度看,"故意把流程变复杂"似乎是很难理解的,但是如果从大局考虑,一切就都说得通了。

这就是很多人喜欢抱怨老板"什么都不懂""一点都不专业",却又无力改变的原因。掌握的信息不同,看问题的角度不同,必然导致最后的结论不同。

5.4.2 "力所能及"的增长策略

看到"二级机会"这个概念的时候,很多人表达了自己的看法。有的人认为:应该按照职能规范每个人的工作内容,不要"越界",否则会搅乱规则,让效率变得更低。还有人觉得,应该专注于自己的专业理论,不要什么都关心,因为这样会变得杂而不精。其实,他们的想法和我的想法并不冲突,我既没有鼓励大家"越界",也没有让大家什么都要学,我一直倡导的是提高眼界和格局,这样才能把手头的事情做得更好。

所以这里的"二级机会",并不是让大家像CEO或领导者一样提出公司的所有增长机会,而是试着**从你的专业角度出发,看看你能为北极星指标贡献什么**。比如从设计的角度看,可以结合洞察,通过优化营销落地页面、首页和流程体验等二级机会提升关键指标;从运营的角度看,可以通过优化渠道、活动和裂变营销等方式提升关键指标;从产品经理的角度看,可以通过完善功能和体验优化等方式提升关键指标……

很多人以为二级指标就是把北极星指标拆分成自己的工作指标,比如设计师可能以为这个过程是把北极星指标拆分成设计指标。这样当然也可以,但更好的方式是:从设计的角度看,我们能为提升北极星指标做什么。这样,我们既能立足自己擅长的岗位,又能跳出固有的职能范围,为整体利益贡献更多。这也验证了之前所说的:**任何职位的人都可以做增长,同时不抢别人的"饭碗"**。

5.4.3 判断优先级的四要素

二级机会确定后,还需要排列优先级。毕竟做增长是一种"四两拨千斤"的能力,也就是要从千头万绪中找到最关键的核心问题,通过解决核心问题创造最大价值。可以说,**判断优先级的能力贯穿在做增长的始终**。怎么判断优先级呢?这里提供几个思路。

首先,通过增长公式计算。比如,北极星指标月付费活跃用户数=网站访问量×试用注册率×试用购买率+已有用户付费数×付费用户活跃比例=10000×50%×30%+2000×80%。优先提升哪个指标,提升到什么程度最有利于北极星指标提升呢?把拟定的数字代入公式计算就可以得到答案。这样优先级高的指标下对应的二级机会优先级自然也高。

其次,按重要程度细分。我们可以按照渠道、用户类型和业务线等因素绘制不同的用户增长地图。以渠道为例,对于不同渠道的用户,后续转化及付费效果可能截然不同,用户旅程及对应的二级洞察、二级机会也会不同。如果按照效果排列,那么优先级高的渠道的二级机会自然也就排在前面了。

再次，根据产品阶段判断。 在产品生命周期的早期，一般先关注和留存相关的指标，再关注获客。因为如果产品体验不好、价值不明显，用户来了也留不住。在这种情况下贸然获客，用户来得越多走得也越多，效果自然是不好的。尤其是现在获客成本变得越来越高，就更需要慎重。到了产品生命周期的中后期，产品价值及体验已经经过了市场的检验，这时候就可以加大力度获客了。

最后，根据实验成本判断。 在若干二级机会中，一方面我们要考虑最容易提升北极星指标的机会，另一方面也要考虑成本。如果其中一个二级机会只需要一天就能完成，但是另一个二级机会需要开发一年。那么即使后者的效果可能比前者好一倍，我们肯定也不会优先考虑它。

在实际工作中，**往往要几种因素结合来看**。比如在宜人贷早期的用户增长地图中，产品设计团队决定先优化借款流程，保证用户来了以后使用顺畅；然后优化 H5 营销落地页面和产品介绍 H5 页面，最后优化 App 首页和其他页面。这是因为优化 H5 成本低、见效快；而 App 要考虑发版时间，相对来说麻烦很多。所以，可以先优化 H5，在实验的过程中发现规律，再把规律复用到 App 页面的优化上，让 App 的提升一步到位。

5.4.4 使用用户增长地图进行全局规划

下面是关于用户增长地图的若干案例，通过这些案例，我们可以把前面的内容完整地串起来，通过实战更好地了解用户增长地图的使用方法。

如果你是一位产品或者增长负责人，你可以通过它对增长机会进行全局规划；如果你是一个职能团队的负责人，你可以通过它为团队找到更多机会，提升团队地位；如果你是一名普通员工，你不仅可以通过它明确重要的工作发力点，还有助于安排好现有工作的优先级。

案例1：音乐类产品

假设有一个听歌应用，当前阶段的北极星指标是"总听歌时长"，一级方向是

"注重关联推荐",如图5-8所示。

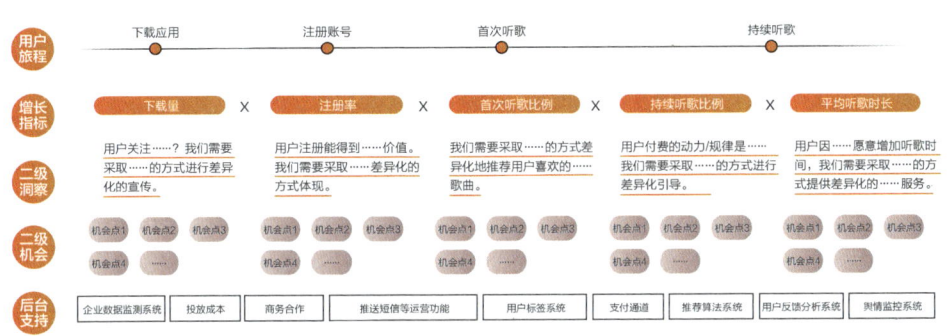

图5-8 音乐类产品用户增长地图示意

那么它的用户旅程及对应的增长指标可以是:下载应用(下载量)→注册账号(注册率)→首次听歌(首次听歌比例)→持续听歌(持续听歌比例、平均听歌时长)。

如果不考虑用户流失情况,那么理想的总听歌时长 = 下载量 × 注册率 × 首次听歌比例 × 持续听歌比例 × 平均听歌时长。

这样,我们就可以把这几个指标定为二级关键增长指标,通过分别提升它们,来提升总的北极星指标。我们也可以通过这个公式来判断要优先提升哪个指标,提升到什么程度最有利于提升北极星指标。

当然,这是最理想的情况,比如没有考虑成本、流失和其他细节问题,实际的情况要复杂很多(当然如果你不是专门负责运营及数据分析的同事,只是想了解工作重点和方向,那么做到这一步也就足够了)。注意要考虑产品具体情况,不要生搬硬套。

看完二级指标,接下来我们再看二级洞察。由于二级洞察源于一级洞察,因此我们首先要明确一级洞察的结果:用户是谁,他们的差异特征是什么,如何差异化地满足其需求?

假设该产品的用户是一群品味独特的小众人群,他们的差异特征是"喜欢比较小众的音乐",但又找不到风格类似的音乐。所以,我们需要通过强大的关联推荐能力,来帮助他们找到喜欢的同类型音乐。

那么以"下载应用"这个旅程节点为例，如果**在此基础上做二级洞察的话，就要问问自己："用户当前特别关注什么，如何差异化地满足其需求？"**假设在"下载应用"的时候，目标用户特别关注在这个应用里能不能发现更多小众的、符合其品味的音乐，那么我们可以通过醒目的相关宣传吸引目标用户。这样在"下载应用"这个节点得出的相关二级机会可以是优化应用市场宣传。优化后的内容将会重点突出歌曲多、关联推荐能力强这些特点。其他的节点以此类推。

案例2：电商类产品

假设某电商产品，不考虑其他复杂因素，当前阶段的北极星指标是"总销售额"，一级方向是"主打自营品牌，保证高品质低价格"，如图5-9所示。

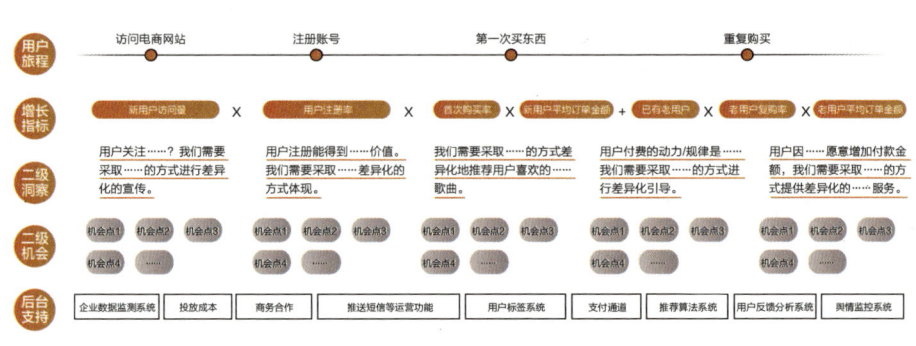

图5-9 电商类产品用户增长地图示意

用户旅程及对应的增长指标可以是：访问电商网站（新用户访问量）→注册账号（注册率）→第一次买东西（首次购买率、新用户平均订单金额）→重复购买（已有老用户数、老用户复购率和老用户平均订单金额）。

如果想更精确地计算销量，我们可以把新老用户分开，计算公式是这样的：总销售额＝新用户访问量 × 注册率 × 首次购买率 × 新用户平均订单金额＋已有老用户数 × 老用户复购率 × 老用户平均订单金额。

我们可以通过公式计算当前阶段的优先级，把新老用户分成两幅用户增长地图处理。也可以先用一幅图表示，后期执行中需要落实到细节时再分开。如果暂时不分开，我们来看二级洞察。该产品的用户主要来自一二线城市、收入水平中等。用户差异特征是：平时能接触到很多高品质商品，但是消费不起。所以，这家电商通过将自营品牌做到高品质、低价格，满足了这个人群想使用更好的产品的诉求。

以"第一次买东西"这个旅程节点为例，在"高品质低价格"的宣传下，用户对于首次购物肯定会更加谨慎。比如：这家网站到底怎么样，品质是不是真的这么好，不满意能退货吗……

为了提升用户的购买欲，我们可以通过突出"高品质、低价格"、展示大量用户评论、提供超长期的售后服务以及为新用户提供额外福利等多种方式刺激用户购买。在这个过程中打消用户疑虑、提升信任度。

可以看到，<u>整个过程都充满了"差异化"</u>：人群是有差异的、诉求是有差异的、产品定位是有差异的……相应地，在每个旅程节点，都会体现出诸多差异。因此，为了创造价值，对应的二级机会自然也是不同的。

案例3：数据类产品

假设某 B 端数据产品，不考虑其他复杂因素，当前阶段的北极星指标是"月付费活跃用户数"，一级方向是"根据大客户需要定制数据"，如图 5-10 所示。

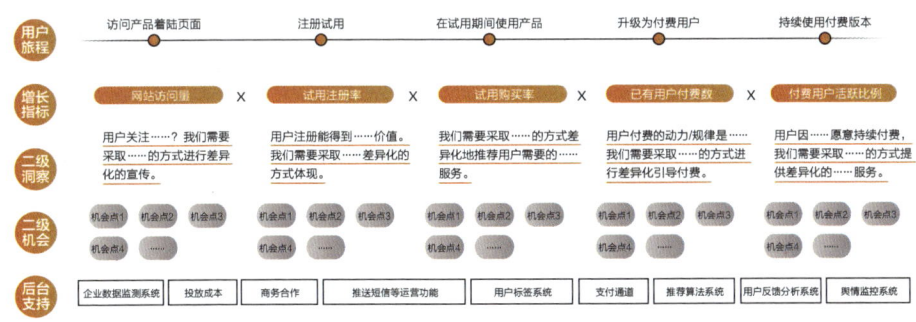

图5-10 数据类产品用户增长地图示意

用户旅程及对应的增长指标可以是：访问产品着陆页面（网站访问量）→注册试用（试用注册率）→在试用期间使用产品（试用购买率）→升级为付费用户（已

有用户付费数）→持续使用付费版本（付费用户活跃比例）。

北极星指标月付费活跃用户数＝网站访问量 × 试用注册率 × 试用购买率＋已有用户付费数 × 付费用户活跃比例。可以把这几个指标作为二级关键增长指标。

接下来我们再看有关它的二级洞察。假设该产品的用户为平台商家，非常需要数据帮助他们做决策，但是现在能接触到的数据太少，满足不了需求。所以，该产品通过独家的定制数据能力去满足这类客户的需要。

以"注册试用"这个旅程节点为例，在"定制数据"的大方向下，用户首次试用会有很多疑惑：到底怎样定制化，能满足我的需求吗，有没有效果案例，具体怎么使用，怎么收费……

为了打消客户在这个节点的疑虑，可以推出免费的人工客服服务，在线引导用户注册；同时在页面上突出注册试用能够获得的价值，使用户愿意大胆尝试。

案例4：金融类产品

前面几个都是我经历过的真实案例，只不过当时还没有用户增长地图这个原创方法，事后回顾时才验证了它可以应用在不同类型的产品上。图5-11 给大家展示了更加完整的宜人贷借款案例，这也是我第一次在工作中真正使用用户增长地图解决问题的案例。

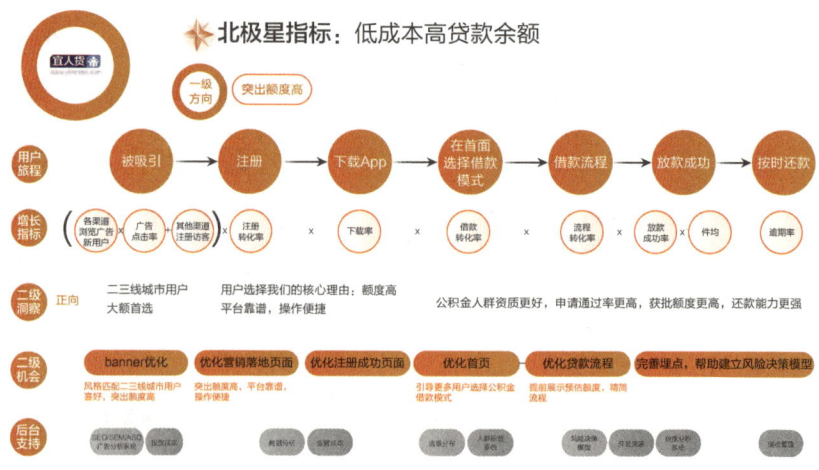

图5-11　宜人贷用户增长地图示意

宜人贷曾经（在当时的阶段）的北极星指标是"低成本高贷款余额"，一级方向是"突出额度高"。用户旅程及对应的增长指标可以是：被吸引（各渠道浏览广告新用户 × 广告点击率 + 其他渠道注册访客）→注册（注册转化率）→下载 App（下载率）→在首页选择借款模式（借款转化率）→借款流程（流程转化率）→放款成功（放款成功率 × 平均放款额）→按时还款（逾期率）。

因为新用户还款周期很长，如果不考虑再次借款的话，贷款余额 =（各渠道浏览广告新用户 × 广告点击率 + 其他渠道注册访客）× 注册转化率 × 下载率 × 借款转化率 × 流程转化率 × 放款成功率 × 平均放款额。

再看成本，假设不考虑运营成本和人力成本等，那么只要尽可能降低逾期率到合理范围即可。

综上，这些指标都可以作为二级关键增长指标。

接下来我们再看洞察部分，这里我分别用到了正向二级洞察和负向二级洞察，这两者都非常重要，前者帮助我们稳固核心优势脱颖而出；后者帮助我们改进现有问题，避免拖产品后腿。

一开始我们先从正向洞察入手。先看一级洞察得到的差异化人群特征及产品定位：当时的用户主要是二三线城市的兼职创业者，对额度的要求比较高，而宜人贷额度高的优势可以很好地帮助他们，是二线城市用户大额借款的首选。产品核心价值：额度高、平台靠谱、操作便捷。

接下来再看每个节点下的二级洞察。以"注册"这个旅程节点为例，我们在访谈的时候洞察到，用户在这里一般会稍作停留并思考："能借到多少钱？平台靠谱吗？操作会不会很麻烦呢？"围绕一级洞察和二级洞察，我们立刻得到了结论：在注册页面上首先突出额度高，其次是平台靠谱和操作便捷等信息。这就是"注册"这个节点对应的二级机会。

其他节点也是类似的，我们不仅要洞察用户在此刻的想法，还要考虑如何差异化地推荐用户内容、引导用户借款，以提升"低成本高贷款余额"这个北极星指标。通过数据分析，我们洞察到公积金产品模式的用户风险表现最好、逾期率最低、放贷金额最高，所以公积金产品人群是我们的最优质用户。对应地，我们可以在一些重要的页面，比如产品首页这个节点上突出公积金产品的优势，吸引这部分人群实现转化。

看完正向洞察，我们再看看负向洞察，如图5-12所示。随着获客成本越来越高，一味地通过优化功能、内容和视觉效果来提升转化率也逐渐于事无补了，我们洞察到必须从根源上解决获客成本高的问题。宜人贷经过多年的运营，积累了千万级的注册用户，而其中成功放款的用户只占一小部分。如果能唤醒这些沉睡用户，岂不是性价比更高吗？就这样，我们发现了新的非常重要的二级机会。

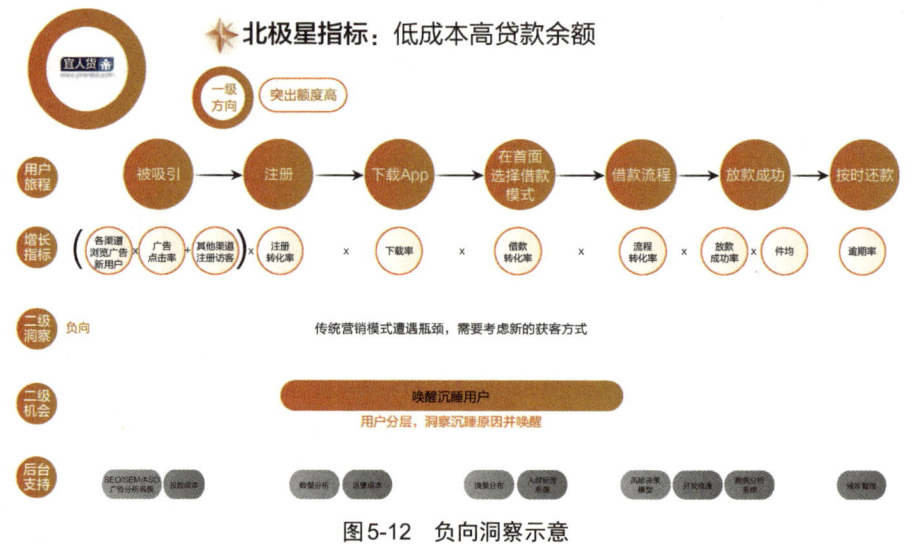

图5-12 负向洞察示意

这个洞察主要来源于数据分析及内部沟通，我们最早是从一位数据分析师那里了解到的，他以专家视角给出了很好的洞察。如果平时能多跟不同部门的同事聊聊，很容易获得新的视角，发现更多的机会。后来我们还成立了"唤醒沉睡用户"项目组，并且取得了很好的成绩。

5.5 为一家濒临破产的公司制定增长策略

现在我们已经了解了如何制定增长策略，在开始后面的内容前，我们先用之前学习的内容做个练习巩固一下:把一个市面上的增长案例用我们学过的方法套用、演练一遍。

这样做,一是为了熟练掌握前面学习过的内容;二是通过这个练习,以后就可以尝试把接触到的增长案例复盘一遍,做到知其然,并知其所以然。这样就解决了以往我们学习增长的知识时,只能看别人的华丽案例,却不知如何复用的问题。

这个练习使用的是一个海外案例,这个"逆风翻盘"的故事非常有意思。美国潮牌电商巨头 Karmaloop(其官网首页如图 5-13 所示)由于扩张过度,不幸破产,公司被廉价转手于人。一位传奇人物德鲁·萨诺茨基(Drew Sanocki)临危受命,出任这家公司的 CMO,围绕获客、激活、留存和增加收入这几个关键点,用一系列增长策略挽救了这家公司。如果你有兴趣的话可以上网搜一下这个案例的完整版本,我在这里就不再赘述所有内容了。

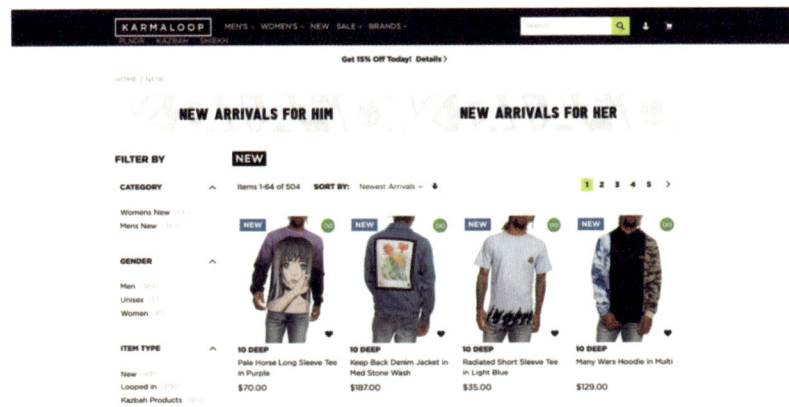

图 5-13 Karmaloop 首页

5.5.1 Karmaloop 增长案例之我见

在正式演练前,我先结合前面的内容,谈谈我自己对这个案例的理解和一些不一样的观点,希望能对大家进行后面的模拟分析演练提供一点帮助。

1. 打江山与守江山同样重要

很多人看完这个案例后都会惊叹于新的 CMO 德鲁超强的营销能力。但其实一家公司想要成功，开创者的作用是不容忽视的。德鲁之所以能在这么短的时间内让一家公司起死回生，本质上是因为这是一家定位正确、对用户有价值的公司，否则德鲁再怎么运作都于事无补。

这家公司的创始人名叫格雷格·塞尔科（Greg Selkoe），本科毕业于罗林斯学院人类学专业。2000年的时候，格雷格在他父母的地下室里创建了Karmaloop这个潮牌电商平台，这源于他自己爱好的街舞、涂鸦等"边缘文化"。他患有多动症（注意缺陷多动障碍）。在多年前的一次采访中，他还重点讲述了多动症是怎样帮助他取得成功的。

还记得我前面说过的做增长很重要的一点是发现自身优势，寻找最长板吗？这位创始人的个性特征和学业背景可能并不符合主流的社会要求，但是他另辟蹊径，在另一个小众群体里找到了自我价值。

后来，这家公司不断壮大，每年的营收都成倍增长，甚至有嘻哈明星为他站台点赞。2013年，公司登上顶峰，营业额达到上亿美元，远远甩开其他潮牌电商，稳居行业第一，成为美国最大的潮牌经销平台。但由于格雷格经营不善，大肆扩张，2014年公司就已经出现了巨额亏损。

格雷格之所以没有坚持到最后，是因为他想做的事情太多了，但是哪一件都没有做好。

2008年格雷格拿到了一大笔融资，有了花不完的钱，之后就开始大肆扩张，建立了一系列品牌。不仅如此，他还筹划了一档电视节目，以期进一步强化自己在潮流界的地位。这时公司赚钱的速度已经远远赶不上烧钱的速度了。结果，所有扩张计划均以失败告终，仅筹划电视节目就花费了1400万美元，最终节目也没有上线。

为了偿还贷款，格雷格在紧急情况下又做出了一系列错误的决策。比如采取降价策略清理库存，很多高端品牌都给出了40%甚至更低的折扣。这完全违背了产品的核心价值，不仅没有挽回收入，反而使得众多品牌商纷纷撤出。

为了进一步降低成本，格雷格决定采用直发模式，即自己不囤货，顾客下单后由品牌商直接发货。但是，当时的客服和物流根本跟不上订单进度，经常会出现顾客收不到货又退不了款的情况。这一举动让Karmaloop的老客户们也逐渐失望离去。

就这样，一步错，步步错，2015 年的时候局面彻底失控，公司的营业额缩水到原来的一半，正式宣告破产。

德鲁上任后，公司的情况发生了不可思议的逆转。在公司运营方面，他和创始人格雷格的风格完全不一样。格雷格是粗放型地花钱，烧钱引流，但也正因为他敢想敢干才开创了这家公司。而德鲁是精细化运营，力图把一件事情做到极致。比如，德鲁首先去寻找高价值用户，因为他知道这 20% 的高价值用户可能贡献出的是 80% 的收入。然而现实中，我们大多数时候却把这 20% 的高价值用户当作普通人来对待，这显然是不合理的。

所以做增长，既要像创始人格雷格那样抓大放小，敢想敢干，又要像新 CMO 德鲁那样找到关键核心并做深做透。看到这里，我想你一定发现了：开拓一个新领域和妥善经营业务，对人的要求是完全不一样的。中国有句古话叫"打江山容易，守江山难"。开拓一个新领域需要大胆创新，结合自己的优势找对目标人群，提供差异化的服务，规划"一级方向"。而稳定妥善地经营业务需要的是励精图治，秉承一级方向精细化运营得出"二级机会"。这两者缺一不可。无论是创新者还是经营者，其实都在为增长发挥巨大的作用。

2."魔法数字"不是万能的

新的 CMO 德鲁上任后通过大量数据分析，发现了高价值用户的秘密：在 80% 的情况下，高价值用户会在第一次购物后的 30 天内完成第二单。有了这个发现后，只要在顾客第一次购物后 30 天左右发放优惠券刺激他们完成第二单，就有很大的概率把他们转化成高价值用户，同时节约发放其他无意义的优惠券，大幅降低了营销成本。

我在 5.3.1 节中也提到过：LinkedIn 用户只要一周内添加 5 个社交关系，Facebook 用户只要 10 天内添加 7 个好友，就能够保证较高的留存率。这就是增长黑客口中津津乐道的"魔法数字"，第三方数据分析平台 GrowingIO 甚至还为此实现了一个功能，以帮助你找到"魔法数字"。

表面上看，"魔法数字"好用又神奇，但在实际应用中困难重重，因为大多数的公司根本找不到自己的"魔法数字"。这就好像大海捞针一般，可遇不可求。

包括在前面提到的"聚类分析",也属于类似的情况。通过数据分析把用户分成不同类别的方法未必每次都能奏效,你需要不停地调整分类维度来"碰运气"。

德鲁之所以能成功地找到"魔法数字",是因为他并不完全依靠数据,而是先提出了问题:高价值用户究竟隔多久完成第二次购买?顺着这个问题挖掘,他才发现了重要的规律。

但是如何提出正确的问题呢?这可让很多人犯了难。毕竟不是所有产品都能直接套用这个问题。这也是很多人看了若干经典增长黑客案例,在实际工作中还是无从下手的原因。不过没关系,只要你尝试着用我前面的思路一层层推演,就能够提出高质量的问题。在接下来的复盘环节,你可以亲自试一试。

5.5.2 增长案例复盘之万能增长思路

现在我们就按照一级方向和二级机会的思路,复盘 Karmaloop 这家公司的增长案例,看看你能否为它制定出合理的增长策略。

在开始前,先回顾一级方向画布的内容。

(1)产品目前所处阶段及关注点(探索期/成长期/成熟期/新的探索期)。

(2)当前阶段的北极星指标。

(3)围绕北极星指标的用户范围/分类/优先级。

(4)差异特征画像(需要数据支撑)。

(5)营销定位三级大炮(差异群体对应的产品核心优势以及背后的商业模式/竞争壁垒)。

(6)一级方向(围绕定位,现阶段需要做的最重要的事情)。

一、分析一级增长方向

接下来,按照一级方向画布的内容逐步分析 Karmaloop 的增长案例。你可以先写出自己的答案,再和我的参考答案做对比。

1. 产品目前所处阶段及关注点

很明显,Karmaloop 这家公司的经营方向是潮牌电商,这个方向已经经过了市场的检验，并且曾经为它带来了可观的营收，后来只是因为经营不善才倒闭的。所以，这家公司的经营方向是非常明确的，因此可以算作是处在成长期。

2. 当前阶段的北极星指标

案例里 Karmaloop 的"当前"已经是过去时了，不过为了方便模拟演练，我们还是假设 Karmaloop 目前正处于濒临破产的阶段。通过第一步，我们知道了该产品处于成长期，而产品在成长期一般追求高速增长，结合 Karmaloop 当时用户大量流失、资不抵债的实际情况，应该关注如何快速增加用户并赢利，让公司起死回生。所以，"用户量增长且赢利"是该产品"当前"阶段的北极星指标。

3. 围绕北极星指标的用户范围/分类/优先级

潮牌产品具有"小众"的特性，且 Karmaloop 之前已经积累了一大批忠实用户，只不过因为经营不善导致用户离开。所以，如果想快速增加用户，与其烧钱拉新，不如唤醒老用户，这样可以尽可能地降低营销成本。当然，适当拉新也是有必要的。

在用户分类上，围绕北极星指标"用户量增长且赢利"，我们可以把用户简单地分为两类，一类是让公司亏钱的用户，另一类是让公司赚钱的用户。没错，不是所有的用户都让公司赚钱，当时有很多用户在让 Karmaloop 亏钱。

由于该公司有近 10 年的交易数据，所以通过 RFM（最近一次交易时间（Recency）、交易频率（Frequency）和交易金额（Monetary））模型很容易建立用户价值分层。再结合各项成本，就可以计算出满足什么条件的用户在为公司赚钱，满足什么条件的用户在使公司亏钱。结合性别、年龄和地域等信息，对满足条件的用户进行访谈，再定量验证，得到用户分类及典型特征对比（请参考第 4 章的方法）。从图 5-14 中可以看到，让 Karmaloop 赚钱和亏钱的用户分别有什么特征。

通过对比，你可以明显地看出来：让 Karmaloop 赚钱的用户是产品的忠实用户，他们发自内心地喜欢潮牌，愿意为此多花钱，而且会经常穿。而使 Karmaloop 亏钱的用户只是抱着尝试的心态，发现不适合自己就不再购买了。

看到这，你可能会觉得"赚钱用户"肯定是我们的目标啊，其实也不一定，围绕北极星指标"用户量增长且赢利"，我们需要从两方面考虑：一是谁的量更大；二是谁的利润高（由于之前对所有人的优惠策略一致，因此这里粗略地看消费金额就可以了）。

赚钱用户	亏钱用户
多次复购	仅购买一次
消费额高	只买便宜商品
很少退货	退货率高
认可潮牌价值	跟风购买
对价格不敏感	认为价格贵

图 5-14　Karmaloop 用户分类

通过数据分析，发现赚钱用户只占 1.3% 的访问量，很明显这个量实在是太小了。但是，他们在访问量只占 1.3% 的情况下贡献了 43% 的收入。这个对比结果是不是很惊人？但是，由于这部分人太少，他们的贡献收入也没有过半，因此我们还是需要考虑更大的那部分"亏钱用户"。

亏钱用户具有相当大的规模，但是这部分用户数量越多亏的钱就越多，如何才能两全其美呢？办法只有一个，那就是尽量把他们变成赚钱的用户。可是，对潮牌根本不感兴趣的用户，能转变成让 Karmaloop 赚钱的用户吗？

前面我在讲差异性洞察的时候经常提到，**理解用户要上升到"人性洞察"的层面**，挖掘到用户的潜在需求。很多用户确实是抱着试试看的想法购买，买回来觉得不满意就不再买了。但是这里面可能包含了各种因素，比如刚好买到了一件不适合自己的衣服，或者刚好尺码不合适，刚好物流体验不好，刚好没有得到朋友的夸奖……如果你能**投其所好适当地挽回**，有可能未来他就会变成你的忠实用户。

访谈就是用来解决这个问题的，可以针对这部分人群做深入的访谈，看看他们放弃的原因是什么。如果能找到答案，说不定你只需付出很小的努力就可以挽回大量的用户。

在这个案例里,德鲁更多的是用测试的方式。比如为了唤醒流失的老用户,他把这些老用户划分成许多个 10000 人的小组,逐步测试不同的方案:先尝试了 10%~30% 范围内的折扣,随后又尝试了下次购买返现金,紧接着是送礼品卡,最后还试了 CEO 亲笔信,甚至是打电话……经过不懈的努力,在经历过 20 多次失败的测试后,才找到了一套最佳组合。

之所以效率不高,是因为犯了我前面讲的完全依赖数据的错误。不是说这种方式不好,而是**在缺乏洞察的基础上测试无异于大海捞针**。虽然也有可能成功,但无疑是事倍功半的。更何况你我都不是德鲁,哪有那么多随意试错的机会。如果最初就能通过洞察找到靠谱的方向,效果就会好得多。

4. 差异特征画像(需要数据支撑)

我们在用户分类的基础上进一步洞察,能够得到什么结论呢?这个地方就见仁见智了。我先说说自己对潮牌用户的观察和理解吧。

潮牌是小众文化,如果想把量做大,就不得不重视大量"跟风"的用户群体,这和名牌包的情况有点相似。名牌包售价不菲,但顾客依然络绎不绝,有的时候甚至排队抢购。其实真正符合这个消费档次的人并不多,但是它的销量很大程度上是靠普通人撑起来的。为什么很多收入不高的普通人也会买很贵的包?从人的心理的角度来说,是为了提升外在价值,弥补内心缺失。虽然手头不宽裕,但如果能背上一个名牌包,好像瞬间也变成了有钱人,这带给人强烈的希望和满足感。

潮牌和名牌产品一样,是带有符号价值的。穿上潮牌会让人感觉很酷、很潮、很有个性,这是很多人内心期盼的,而不一定非要真正拥有潮牌精神。就好像买名牌包的人不一定非要很有钱一样。虽然大众都会在意价格,但是如果你的产品能满足人心理的某种需要,所有爱讨价还价的人都会立刻变得非常慷慨,这难以用道理来言喻。一旦你洞察到这些,很多问题就迎刃而解了。

有了这层洞察,我们就可以完成具有差异特征的用户画像,如图 5-15 所示。我认为 Karmaloop 用户最关键的特征是"渴望潮流",这是我从人心理的角度窥探得出的。其次才是很少退货、多次复购、对价格不敏感和消费额度高等特征。而"渴望潮流"这个诉求，是将普通用户转化成为忠实用户的钥匙，是"四两拨千斤"的关键。

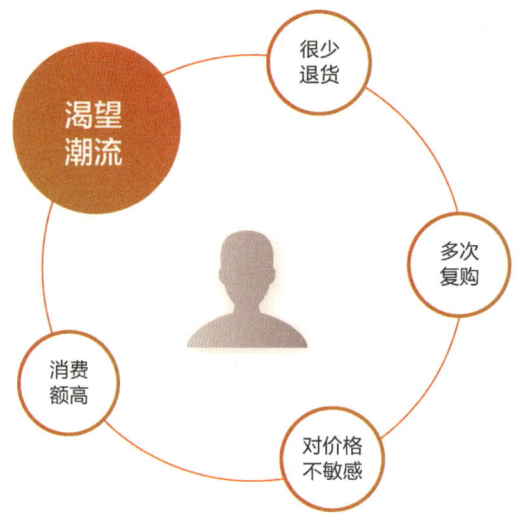

图 5-15　Karmaloop 差异特征画像

5. 营销定位三级大炮（差异群体对应的产品核心优势以及背后的商业模式/竞争壁垒）

通过前面的分析可以得出图 5-16 所示的结果。

Karmaloop 公司优势：创始人的潮牌精神在大众心中根深蒂固，并且做得比较早，占领了市场。

产品优势：建立了潮牌文化，自营模式能够确保体验。

目标群体：认可潮牌价值及渴望潮流的人。

6. 一级方向（围绕定位，现阶段需要做的最重要的事情）

围绕"用户量增长且赢利"这个北极星指标，我们"当前"最重要的方向是什么呢？当然是要突出和强调潮牌定位，尤其是要让人感觉它并不是特别小众的，只要穿上我们的衣服你也能变成潮流达人。这样才能吸引那些渴望"跟风"、仰望潮牌的群体。同时，这样也能够让大家不会太关注价格，从而提高利润。

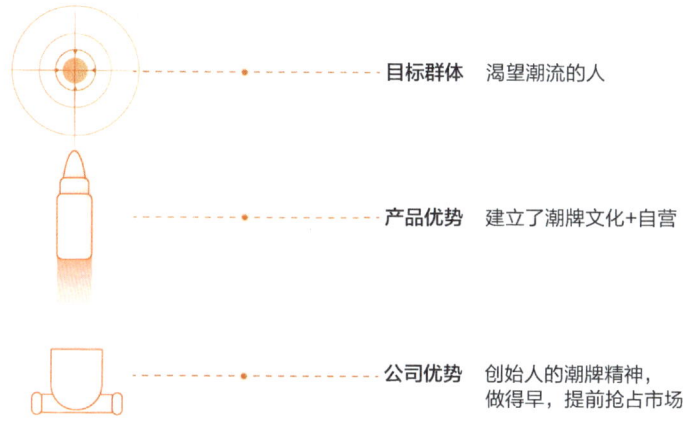

图5-16 Karmaloop营销定位三级大炮

分析到这里，一级方向部分就完成了，接下来要围绕一级方向制定二级增长策略。这和增长黑客的思路的确不太一样，增长黑客更倾向于直接进入二级策略部分，通过经验、假设以及大量的实验得出结论。这种方式的弊端显而易见：缺乏洞察导致实验效率较低，缺乏通用的方法论支撑，假设及经验难以被复用等。而我这里讲的思路其实是结合了产品极客和增长黑客的思路，既重视前期的洞察和分析，也离不开后期的数据实验验证。

这和很多人期待的增长学习也许相去甚远，他们想要的是能够即学即用的实操案例，就像学习Excel或者Photoshop一样，直接告诉他怎么操作就行了，不想要太多的理念和分析。但是我认为，即学即用、立竿见影的东西是不存在的，除非是人人都能学会的极其基本的技能。掌握通用方法和思路，才是"弯道超车"的唯一法门，当然这需要深度思考并下苦功，所以这也是增长人才稀缺的原因。

二、制定二级增长策略

现在我们按照之前讲过的方法，使用用户增长地图为Karmaloop制定二级增长策略。

我们回顾一下用户增长地图的内容。

（1）北极星指标 & 一级方向。

（2）用户旅程 & 增长指标。

(3)二级洞察（正向&负向）。

(4)二级机会。

现在，我会用自己的理解逐一完成这些内容，建议你也先独立完成，再参考以下内容，这样更有助于你日后的实战。

1.北极星指标&一级方向

前面已经推导出：Karmaloop"当前"阶段的北极星指标是"用户量增长且赢利"；一级方向是"突出和强调潮牌定位"。

2.用户旅程&增长指标

Karmaloop 是海外产品，我没有真正使用过，但是电商网站的使用流程大同小异，所以这里我按照常规电商网站的流程来梳理，把用户旅程和对应的增长指标分成 5 个部分，分别是：被吸引（广告曝光及朋友推荐）→访问网站并注册（网站访问量、注册率）→选择商品并加入购物车（加车率）→支付（首次购买率、新用户平均订单金额）→持续购买（已有老用户数、老用户复购比例、老用户平均订单金额），如图 5-17 所示。

用户旅程	被吸引	访问网站并注册	选择商品并加入购物车	支付	持续购买
增长指标	广告曝光及朋友推荐	网站访问量、注册率	加车率	首次购买率、新用户平均订单金额	已有老用户数、老用户复购比例、老用户平均订单金额

图 5-17　用户旅程&增长指标

3.二级洞察

这里，我们要先回答一级洞察的核心内容，即用户是谁，差异特征是什么，如何差异化地满足？

通过前面的分析，得到的一级洞察是：用户是认可潮牌文化的小众群体，以及渴望潮流、渴望被认同的大众群体。应该强调该品牌是"潮牌领先者"来差异化地满足用户群体。

那么与这个一级洞察对应的二级洞察是什么呢？我前面讲过的正负双向洞察这

时候就派上用场了。我们先来看正向二级洞察，因为优点比缺点更加重要。

还记得 5 个关于正向二级洞察的参考问题吗？我把这 5 个问题与刚得出的用户旅程对应，一一列在图 5-18 所示的表格里。

用户旅程	被吸引	访问网站并注册	选择商品并加入购物车	支付	持续购买
增长指标	广告曝光及朋友推荐	网站访问量、注册率	加车率	首次购买率、新用户平均订单金额	已有老用户数、老用户复购比例、老用户平均订单金额
正向二级洞察参考问题	用户关注什么，如何差异化宣传	用户能得到什么价值，如何差异化体现	如何差异化地向用户推荐商品	如何差异化地引导用户付费	如何差异化服务用户，提升留存率
正向二级洞察	渴望潮流、渴望被认同			用户认同潮牌精神，愿意出更多的钱购买	亚马逊35%的收入来自交叉销售；刚完成第一单的用户难以抵抗二次诱惑

图 5-18　正向二级洞察

对应的答案里有的来自我前面的分析，有的来自原案例文章里的数据分析。数据分析可以是跟自己产品相关的，也可以是行业数据带来的启发。

现在我们再来看看负向二级洞察。依旧可以参考我曾经给出的负向二级问题模板，如图 5-19 所示，也可以在此基础上延伸出新的问题，再审视对应的问题，并给出答案。

用户旅程	被吸引	访问网站并注册	选择商品并加入购物车	支付	持续购买
增长指标	广告曝光及朋友推荐	网站访问量、注册率	加车率	首次购买率、新用户平均订单金额	已有老用户数、老用户复购比例、老用户平均订单金额
正向二级洞察参考问题	用户关注什么，如何差异化宣传	用户能得到什么价值，如何差异化体现	如何差异化地向用户推荐商品	如何差异化地引导用户付费	如何差异化服务用户，提升留存率
正向二级洞察	渴望潮流、渴望被认同			用户认同潮牌精神，愿意出更多的钱购买	亚马逊35%的收入来自交叉销售；刚完成第一单的用户难以抵抗二次诱惑
负向二级洞察参考问题	是否在用对的方式获取用户	是否在用对的方式激活用户		变现能力如何	是否吸引到了正确的用户，他们的活跃度及留存情况如何
负向二级洞察	不注重精细化运营；高质量用户太少，1%的访问贡献43%的收入	没有结合用户生命周期在关键的时间节点做营销	全球电商的平均弃车率高达77%	改成品牌商发货模式来提高变现环节的利润，体验流不上导致用户流失	公司倒闭时的垂死挣扎，很大程度上影响了用户的体验，信任度大减

图 5-19　负向二级洞察

可以看出，通过用户增长地图的框架，把各种碎片内容系统性地整合到一起，同时也有助于启发新的洞见。

4. 二级机会

最后一步，也是最重要的一步，需要结合正向二级洞察和负向二级洞察得到增长机会，如图 5-20 所示。

用户旅程	被吸引	访问网站并注册	选择商品并加入购物车	支付	持续购买
增长指标	广告曝光及朋友推荐	网站访问量、注册率	加车率	首次购买率、新用户平均订单金额	已有老用户数、老用户复购比例、老用户平均订单金额
正向二级洞察		渴望潮流、渴望被认同		用户认同潮牌精神，愿意出更多的钱购买	亚马逊35%的收入来自交叉销售；刚完成第一单的用户难以抵抗二次诱惑
负向二级洞察	不注重精细化运营；高质量用户太少，1%的访问量贡献43%的收入	没有结合用户生命周期在关键的时间节点做营销	全球电商的平均弃车率高达77%	改成品牌商发货模式来提高变现环节的利润，体验跟不上导致用户流失	公司倒闭时的垂死挣扎，很大程度上影响了用户的体验，信任度大减
二级机会	1. 利用社交媒体进行宣传，多借助关键领袖意见（Key Opinion Leader, KOL）的力量 2. 根据用户行为分层，符合赚钱用户特征的不再发送优惠券 3. 其他优惠措施，根据用户分层情况设定 4. 建立自动化邮件系统发送营销信息	1. 当用户注册后，立刻启动"欢迎"系列邮件，利用5～7封邮件逐步建立品牌信任度 2. 构建用户生命周期，在关键的时间节点进行邮件营销	通过邮件唤醒弃车用户	进行价格实验，提高商品单价	1. 如果用户的行为接近"赚钱用户"特征，就把他定义为VIP用户，触发相应的营销活动 2. 发放净推荐值（Net Promoter Score, NPS）问卷以期更好地理解用户 3. 借助邮件营销，推荐用户二次购买 4. 通过测试找到唤醒老用户的最佳组合

图 5-20　二级增长机会

这里需要注意的是：**所有的二级机会不管怎么执行，都需要围绕一个核心**，那就是突出潮牌精神，强化 Karmaloop 的潮牌领导地位，强调它的价值和文化。如果缺少了这个核心，再怎么做都只是机械地操作和执行，最终的效果自然也很难令人满意。

这就好像画匠和大师的区别，画匠虽然可以画其"形"，却无法画其"神"。我们学习增长案例，**在关注操作手段的同时，更重要的是揣摩其背后的核心精神**。

而市面上的增长案例恰恰隐藏了这些关键的东西，只是把表面上的策略和做法告诉你。即便你完全照做，也不可能达到同样的效果。

说这些是希望**大家不要仅依赖具体的案例和操作**，如果你不知道背后的思考路径，只是简单地模仿和复制，那么反而会和你想要快速见效的初衷背道而驰。

总之，一级方向画布和用户增长地图给我们提供了清晰的框架，帮助我们明确大方向并做好重要的决策而不遗漏关键的内容。相信通过它们，以后不管再遇到什么案例，你都可以按照这个逻辑去梳理，而不是看着别人的"经验之谈"不知从何下手。这是一套通用的解决问题的思考框架，它可以用在任何产品上。它的目的就是解决大量增长案例因背后缺乏具体的方法论基础而很难被复用的问题。

如果能多加练习，慢慢就会融会贯通，看到市面上任何增长案例都能知道它从何处来，又能到何处去，因为你心中已经有了一个非常清晰的逻辑框架。

第 6 章　精益增长闭环落地无限场景

前面我们一直在研究大方向并制定策略。而在本章中，我们将开始学习具体落地执行的部分。需要注意的是，执行并不是机械地完成任务，而是围绕方向和策略，巧妙高效地落地，这个过程同样是在用最低成本实现最大价值。

在工作中，我看到大部分人非常努力，工作起来兢兢业业，但是效果并不理想；少部分人看起来很轻松，却能取得不错的业绩，就是因为会把握大方向，会抓重点，同时又有高效的工作方法。把工作高效地完成，本身也是一种"增长"，而且是最实用的"增长"。

6.1　打造百发百中的增长闭环

做事情最怕做无用功，增长更是如此，实际工作中常常是提出了大量的假设，做了大量的实验，数据表现却没有任何提升，白白耗费时间和精力。最开始我带领团队做实验的时候，效果惨不忍睹，十次里有一两次数据表现有提升就不错了，这非常打击团队的积极性，大家觉得还不如踏踏实实干活，何必费尽心力出谋划策还没有结果呢。

摸索了一段时间后，我们终于找到了"百发百中"的方法。

6.1.1　传统方法为什么不灵

其实只要方法对了，"百发百中"的增长是可以成为常态的。你可能会觉得这很不可思议，这是因为我们传统的工作方法并不以增长为目的，而以解决问题为目的，所以用传统的思维工作自然很难实现增长。

这就是我前面说过的"正向"和"负向",传统工作方式更多在于解决"负向"的问题,如图6-1所示。而创新和增长更重要的是解决"正向"的问题,即通过洞察发现差异化的优势/机会,带来"四两拨千斤"的增长效果。这可比单纯解决问题的含金量高多了,自然价值也高得多。

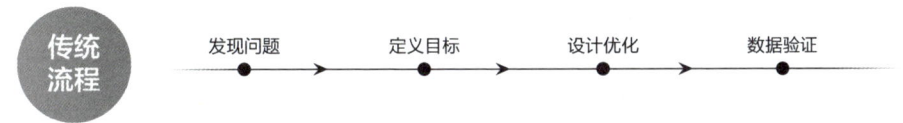

图6-1 传统产品优化流程

传统产品优化流程是怎样的呢?首先是发现问题,这里包括用户反馈的问题、业务相关人员提出的问题和技术 bug 等。罗列出各种问题后,把这些问题进行归类,归纳出几项重点,然后围绕这几项重点提出改进建议,如图 6-2 所示。落地执行后,再看数据反馈情况。

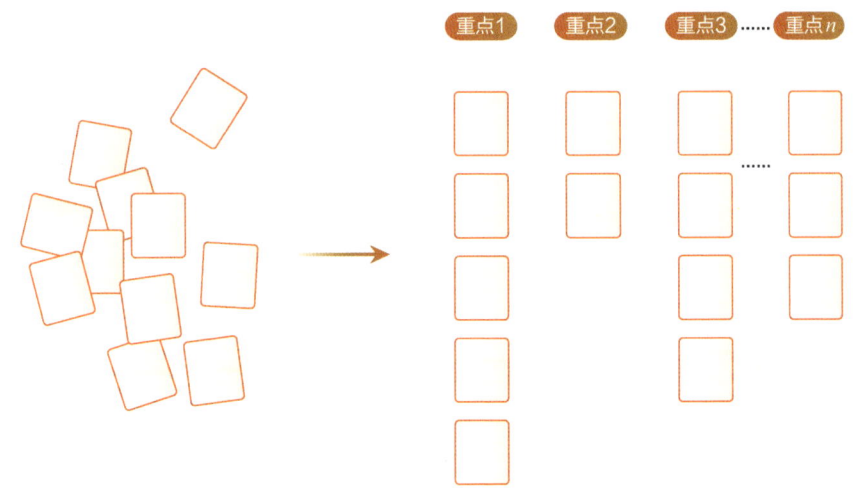

图6-2 问题归类并逐个击破

这就是传统的解决问题的思路,虽然看上去无懈可击,但并不高效。我在前面反复提到过:我们并非要面面俱到地解决所有问题,也不是要把自认为最好最专业的带给用户；而是**通过差异性洞察，在千头万绪中找到最关键的足以影响增长的爆破点**，再把它逐步落地执行下去。

所以，传统工作方式耗时耗力，却未必能带来关键指标的提升。大部分人在急着填补目前的漏洞，不是在优化功能和性能，就是在追赶竞品，每天都在救火。大家总以为"勤能补拙""付出总会有结果""做一百件事总有一件能成吧"……如果沉下心来想想更关键的起决定性作用的事情，反而可以避开同质化的竞争，出奇制胜。

6.1.2 打造高效增长闭环

既然传统的工作方式存在弊端，那么我们应该如何升级呢？这里介绍一个新的思路，我把它称为"精益增长闭环"或者"精益闭环"，如图6-3所示。

图6-3 精益闭环思路

精益闭环秉承了"以用户为中心增长"的核心理念，即通过深入的用户洞察找到用户最关心的、最能带来增长的爆破点，再结合增长黑客最爱的增长思维，即"数据驱动+低成本快速实验"，形成全新的高效工作流程，共有4个步骤，分别是：指标、假设、分解和实验。

1. 指标

这里的指标主要和二级指标有关，它是由北极星指标拆分得来的，具体可以回看用户增长地图中的指标部分。不过，结合具体的项目和场景，需要完善相关的指标。比如首页改版，既需要考虑用户旅程中对应的关键指标（比如转化率），也需要考虑和首页相关的指标（比如跳出率）。

2. 假设

假设是通过洞察得到的可能提升指标的方式。从指标到假设，可以帮助我们尽量避免做无用功，专注在与增长相关的关键问题上。

举个例子，有一个朋友想改进一个营销落地页面，通过头脑风暴大家一起提出了 10 项改进建议，他问我这样是否可以，我问他这个页面的指标是什么，他说是提升转化率。我又问这 10 项改进建议中哪些和提升转化率有关，他思考了一下，说只有两项。这样就可以优先做这两项改进，剩下的 8 项往后排。如果是按照传统的优化思路，很可能是根据用户反馈量和问题严重程度等来安排优先级，而不是看是否会提升指标。

这就是"以终为始"的思路，即做一件事，先考虑这件事想要获得的成果是什么，再反过来推导应该做什么以更好地获得成果，而不是先考虑如何尽善尽美地完成，再忐忑不安地等待成果。后者正是大多数人的思路。

再举一个我当年考研的例子吧，我本科所在学校一般，因为贪玩，成绩不太理想。到了大三的时候我突然醒悟，觉得不能再继续这样下去了，于是我决定考取名校的研究生。那时候我只有大半年的准备时间了，周围的人都不看好我考研，觉得我在开玩笑。最后，我身边很多比我学习好的人或者没考上，或者考上的学校一般，我却刚好过线，进入了顶级名校。

我的做法很简单，首先是明确目标。我的目标就是要通过进入名校改变命运，而专业对我来说不重要，重要的是考上名校。因此我选择了大家当时并不看好的一个新专业，我做了一番仔细的研究，发现相比其他同类专业，这个专业的分数线是最低的，这对我来说无疑是一个好机会。然后我就开始研究录取要求，发现不仅总分要过线，单科也要过线。因此我在备考时精确分配时间，最后我以总分刚刚过线，每科也刚刚过线的成绩勉强过关。我的总分排名不高，但我前面有几十个人单科没过线，有的人甚至以极高的总分遗憾落败。

正是精准的目标导向，让我这种基础极其薄弱的人，用最短的时间和最少的精力刚好达成了目标，战胜了大量比我优秀的人，进入了名校。这充分体现了思路和方法的重要性。

3.分解

每条假设都可以分解成若干变量，之所以要再分解，是因为只有分解才更容易量化，而量化是增长的前提条件，否则增长无从谈起，因为没有办法验证。但是按照传统的思维，很多工作难以被量化，尤其是偏创意、设计和研发类的工作。其实只要学会科学的分解，任何事情都是可以被量化的。

还记得曹冲称象的故事吗？如图6-4所示，大象很大，但是秤很小，所以无法称量大象的体重。曹冲想了个聪明的方法，把大象转换成同等重量的石块，然后一一称量石块的重量，再累加起来就可以了。这不就是"分解"后成功量化的极佳案例吗？

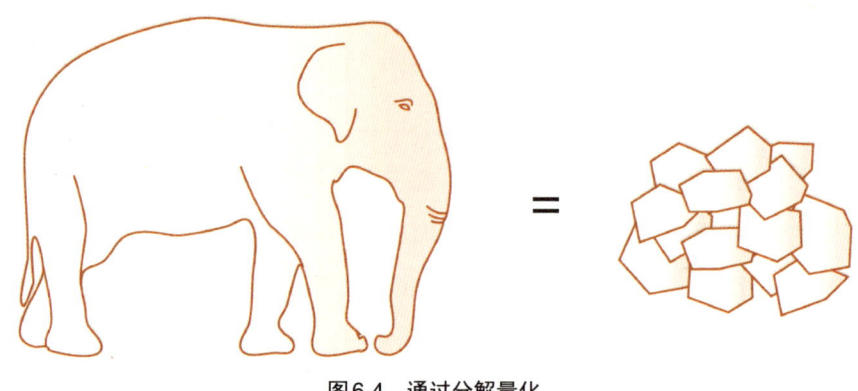

图6-4 通过分解量化

所以，当我们无法验证数据结果，或数据结果不理想的时候，就可以通过分解去探寻原因，看看到底是哪些细分变量导致数据表现提升，哪些细分变量导致数据表现下降。这样就把增长从偶然、撞大运变成了一件常规的事情。

举个例子，假设你做了一次产品改版，数据表现没有提升，这是因为在这次改版中所做的优化实在太多了。你可能改进了100个地方，其中50个地方带来了提升，50个地方导致了下降，最终业绩抵销了。但是如果你把完整的方案拆分成100个变量再一一测试，自然就会知道哪个变量效果好，哪个变量效果不好。摒弃效果不佳的变量，增长就变成确定无疑的事情了。

4. 实验

分解后进行上线实验，通过数据验证是否提升了指标。最后的结果无论好坏，都可以被不断复用。比如，你发现蓝色比红色效果好，A 文案比 B 文案效果好等，这些结论都可以被复用到其他页面或类似的产品上。即便结果不好，我们也可以以后尽量避免。因此每一次的实验结果都是非常有价值的。

但是如果采用传统方式，就无法判断出是什么因素导致了最后的结果，自然很难复用每一次的成果，这当然是十分低效的。

就这样，通过指标、假设、分解和实验，形成一个"以终为始"的闭环。"闭环"这个词大家一定不陌生，闭环是最高效的。

前些天，我参加了一场作者交流会，有幸听到了一位资深投资人 / 知名畅销书作家的分享。他说，如果你想写一本畅销 10 年的书，你一定要先问问自己："这本书 10 年以后还会有人愿意看吗？"如果答案是否定的，他就不写。

他又说："你要想让你的书畅销，你一定要找差异化，看看自己的内容和其他人的内容有什么区别，优势在哪里。"比如，别人都在谈时间管理，而他在书里却提出了"时间是不可被管理"的观点。这不正是"以终为始"的闭环思路吗？先量化目标"写一本畅销 10 年的书"，再通过差异化洞察提出假设，最后分解验证。大道至简，这个思路无论是用在做产品、做人，还是写书上，都一样适用。

精益闭环的 4 个步骤具象地体现了以终为始的闭环思路，它能引导我们在实际工作中找到可量化的、与产品核心价值相关的指标；并以此为方向找到提升指标的假设，避免做无用功；再通过分解假设逐一实验，明确数据表现提升的原因，并且可持续复用；最重要的是，它能够驱动创新，改变我们旧有的找到问题、改进缺陷的思路，把更多精力放在创造更高的价值上。

6.2 三级落地：取得增长成果

下面举一些关于精益闭环的实际案例。由于精益闭环处在"三级落地"的位置，因此在正式讲解案例之前，我们还需要回顾"一级方向画布"和"二级地图"的内容。了解好"来龙"，才找得到"去脉"。

以宜人贷为例，围绕"以用户为中心增长"的思路，我们通过差异性洞察得到一级方向画布，内容如下。

（1）**产品目前所处阶段及关注点**：成长期到成熟期，关注发展速度及商业价值。

（2）**当前阶段的北极星指标**：低成本高贷款余额。

（3）**围绕北极星指标的用户范围/分类/优先级**：用户范围为近3个月放款成功的用户；初始分类为小微企业主（带来业绩）和工薪族（降低风险成本），工薪族优先级高；后经过调研，发现可汇总为一类兼职创业人群。

（4）**差异特征画像**：男性、25~35岁；二线城市多、兼职创业多、资金周转多（数据略）。

（5）**营销定位三级大炮**：二线城市用户高额度首选；多年积累了远超竞品的风险控制能力。

（6）**一级方向**：突出额度高。

围绕一级方向，我们又制作了二级用户增长地图。还记得我在5.4节提到的为用户增长地图排列优先级吗？结合团队资源、能力、业务重要程度、产品阶段和实验成本等诸多因素，我在地图上标出了当前最重要的3件事情，分别是优化借款流程、优化营销落地页面和优化首页，如图6-5所示。

我们都知道对增长来说，营销落地页面至关重要，它承载了绝大多数的拉新入口，而且现在营销成本越来越高，高转化率的营销落地页面将为企业带来非常可观的收益。但是为什么我们没有把它排在团队工作的第一位呢？

首先，从我们产品设计团队擅长的角度来看，优化流程将更有把握，营销落地页面之前一直由外部的服务方负责，我们之前没有接触过，能不能成功不好说，所以它对我们来说是一件非常有挑战的事情。其次，当时很多用户觉得操作流程复杂，导致流失率很高。这样前面付出了大量营销成本拉来的用户到后面留不住，等于白白浪费了。所以我们决定先保证使用流程的通畅，再把更多精力放在获客的优化上。由于营销落地页面是 H5 页面，修改起来成本更低，而 App 一般两周发版一次，修改成本较高，因此优化营销落地页面的成果可以快速复用到 App 首页和其他页面上，这样成功率会高很多，减少了因等待发版而带来的各种风险。

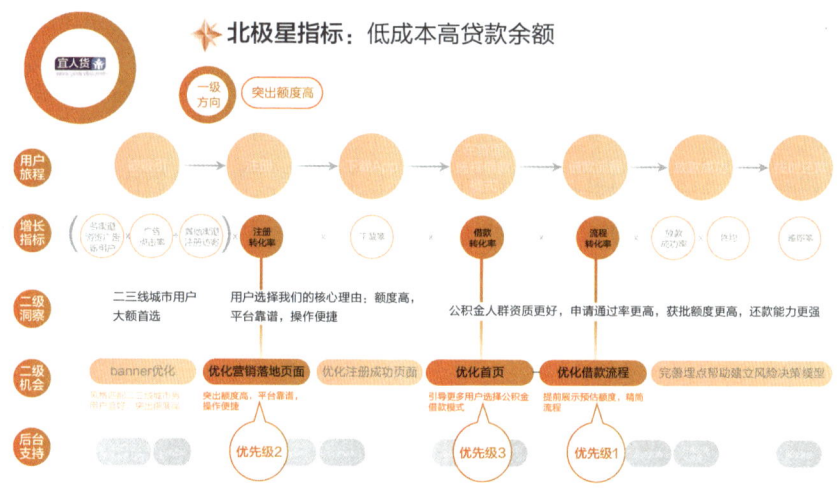

图6-5 在用户增长地图标出优先级

这个思路看起来很合理，却未必好推行。我的一个朋友在一家知名公司工作了很多年，他说这在他们公司是不可能实现的。因为营销和 App 隶属不同的团队，之间完全没有沟通，领导也认为每个职能做好自己分内的事情就可以了，这就导致了内部很多资源的重叠和浪费。不过对大型公司来说，"稳定""整齐"也许比资源更加重要，毕竟大公司不缺资源，管理层面临的更大问题是无形的管理成本。所以"四两拨千斤"的增长方式很难发生在按部就班的大组织里，轻盈、灵活的组织结构更加适用。

虽然国内越来越多的大型公司也开设了增长职位，但是很多是换汤不换药，做的还是传统运营职能做的事情；而在国外，增长团队往往独立于其他团队，直接向 CEO 汇报。但是后者也会出现很多问题，比如容易和传统职能产生冲突，也增加了 CEO 裁决的工作量。

大家经常听到的项目制、阿米巴经营模式算是介于两者之间，虽然已经被证实效果不错，但也并不适合所有公司。增长不仅需要正确的方法和思路，还有赖于正确的管理。关于这方面，大家也在不断探索，寻找有效的适合公司增长的管理模式。

以前我在外面分享精益闭环的方法时，经常会遭到质疑：你讲的这些在我的公司里根本落不了地，你的这种方法在我们公司不适用。

对于类似的说法我十分理解。其实，我从入行到现在阅读了很多经典著作，里面讨论的绝大部分方法在现实工作中也是实现不了的，但是现在我还记得当时被书中的智慧之光震撼的感觉。理论是经典的、理想化的，而现实则可能出现各种意想不到的情况。我们不可能完全按照书上的内容来生活，就好像没有人会看书学习如何吃饭和睡觉；但是我们可以从书中获得引导和启发，帮助我们面对未知的困难，获得更有质量和内涵的生活。如果不是从若干前人的智慧中获得启发，我也无法结合自身工作创造出一个个经典案例，并沉淀一套行之有效的方法。

下面我就按照前面确定的优先级逐一介绍案例。

6.2.1 案例1：产品流程转化率提升

由于以前的借款流程较复杂、体验欠佳，因此我们用传统的用户体验地图的方法重新优化了借款流程，如图6-6所示。

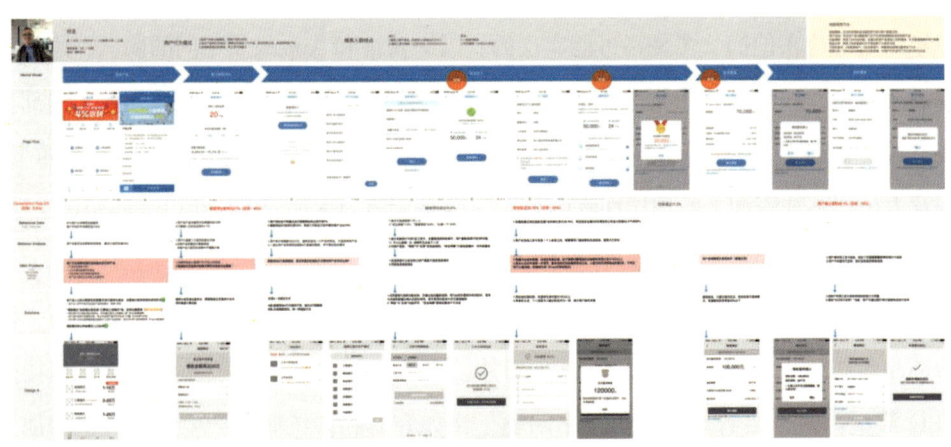

图6-6 用户体验地图优化流程

我们在用户体验地图中罗列出用户的关键路径，看每个路径节点下会遇到什么问题，并进行有针对性的改进。优化后的流程简练了不少，页面数量也有所减少（图6-6灰色的页面是优化后的），大家都对这次优化充满信心。为了检验这次优化的成果，我们在新版上线后的两周内都没有新增任何功能，也没有进行其他改动。

然而上线两周了，效果却始终无法评估，这是为什么呢？原因是这两周内，每天的数据波动都很大，而这些波动是各种业务因素导致的正常波动，和流程优化无关。对借款流程来说，风险控制规则的改变、数据的清洗和抓取等都可能会影响转化率。这让参与流程优化的同事非常失望，毕竟前期做了那么多工作，付出了那么多努力，而且大家对结果都非常有信心，现在却发现效果无法验证，这让大家以后还怎么有动力好好做事呢？

这就是传统工作方式存在的明显弊端，如果用精益闭环的思路，这个问题就会迎刃而解。拿这个案例来说，验证这次流程优化的价值，关键就在"分解"，如图6-7所示。

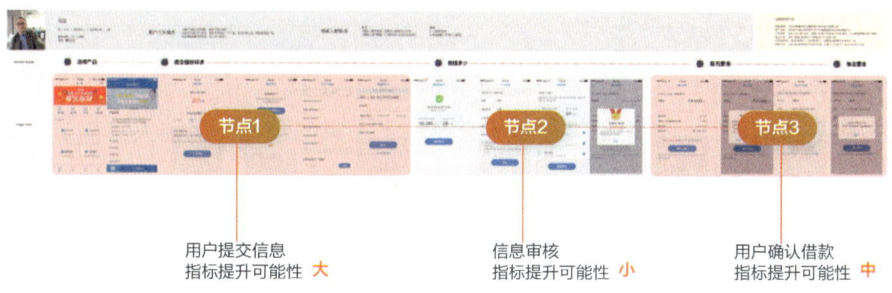

图6-7 流程"分解"

我们具体分析一下借款流程的不同节点。

节点1，是用户填写资料并提交的部分。很明显，这部分的转化不会受业务因素的干扰，完全取决于界面体验。

节点2，是用户提交资料后的审核过程。能否通过审核需要考虑的因素就非常多了。比如，刚才说的风险政策和数据抓取情况等。这些因素都是不确定的，所以会导致转化率出现明显波动。

节点 3，是展示审核结果的部分，也就是告诉用户是否可以借款，能借多少钱，还款期限和利息等的环节。然后，用户需要确认他是否借这笔钱。这部分的转化涉及的因素也比较多，包括审核结果、用户意愿和客服跟进等。

所以，我们可以把重心放在节点 1 上，重点看流程优化后，这一节点的转化情况。结果果然不出所料，如图 6-8 所示，节点 1 的转化率环比提升了 27.2%，且数据非常稳定；节点 2 无法验证，因为数据波动明显，通过 A/B 测试也只提升了 2%；节点 3 的转化率环比提升了 5.2%。

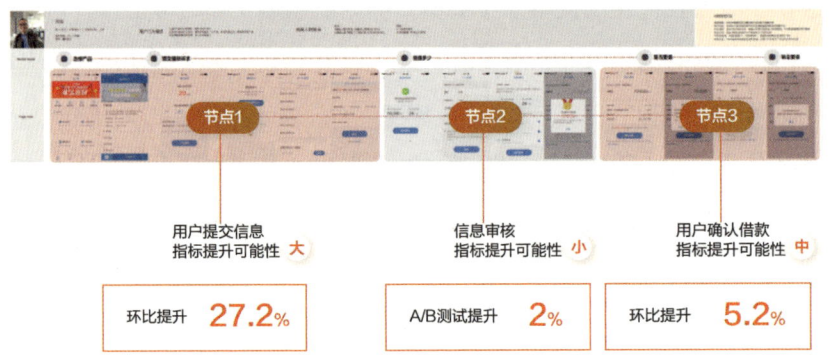

图 6-8　流程"分解"后的数据结果

虽然早有准备，但这个结果还是大大超出了大家的预期。之前大家都是在业务或功能方面发力去提升转化率，从来没有考虑从界面和体验的角度优化。因为互联网金融是从线下迁移到线上的，大家普遍认为它的本质还是金融，界面只是展示形式，最硬核的应该是产品本身的设计，比如额度和费率等，而不是在"表皮"上下功夫。可谁都没有想到，仅仅是界面和操作流程的优化，居然能让转化率提升这么多，相当于增加了 20% 以上的收益，这让传统业务出身的领导非常吃惊。

而且，我们还通过精益闭环的方法改进了以往类似的工作中难以被彻底量化的问题。现在我们用精益闭环的思路回顾一下整个过程，如图 6-9 所示。

首先是指标，通过用户增长地图，我们可以看到对应的指标是"流程转化率提升"。其次是假设，为了让流程转化率有所提升，从产品设计团队的能力出发，结合目前遇到的主要问题，我们认为现阶段最好的方式是优化界面流程体验。再次是分解，根据前面的分析，我们把整个流程分解成 3 个部分，有针对性地进行优化。最后是实验，由于是整体修改流程，做 A/B 测试的成本较高，可以仅针对受业务因素影响较大的部分进行 A/B 测试，其他的看环比数据即可。

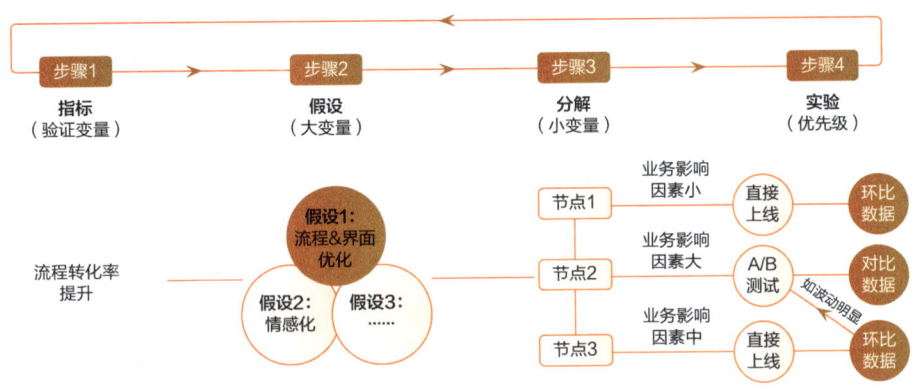

图 6-9　精益闭环思路优化流程

6.2.2　案例 2：营销落地页面转化率提升

说完流程优化的案例，我们再看看另一个 H5 营销落地页面优化的例子，如图 6-10 所示。这个页面本来是运营部同事找外部的合作方设计的，并不归我们团队负责，但是由于它对提升北极星指标至关重要，因此我们找到负责运营的同事，希望主动参与这个页面的优化工作，得到了他们的支持。

为什么说它特别重要呢？因为我们当时主要的获客方式是精准营销，公司在这方面投入了大量的费用，用户只要点击精准营销的广告后就会来到这个页面进行注册，继而下载 App 成为我们的用户。假设公司每年花在精准营销上的费用是 1 亿元，我们只要能把营销落地页面的转化率提升一倍，就相当于为公司节约了 5000 万元的成本。这不就是对工作成果最直接的量化方式吗？

但提升转化率又谈何容易，这个页面一直在做定期的更新迭代，提升空间很有限，每次能提升 2 个百分点就很不错了。但我依然相信我们团队的专业性，认为一定比外面找的服务方水平高很多，这也是证明我们团队实力的机会。

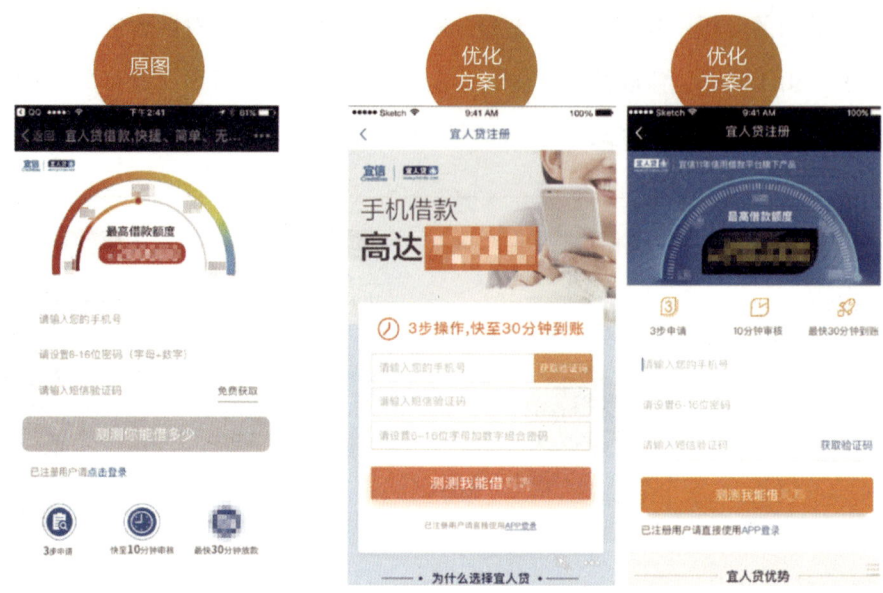

图6-10　营销落地页面优化

现实是残酷的,一连出了好几个方案,明明看上去比原来的方案顺眼多了,但是数据表现就是不好,我们也猜不透原因。经过一而再再而三的尝试,运营部的同事从开始满怀希望到逐渐失望,团队的同事也满是挫败感,甚至不愿意再继续尝试。

创新和挑战永远是有风险的,但好在失败背后总有礼物。通过这几次失败,我更加明白,数据提升和专业、花费了多少时间和精力没有必然联系。不是说专业不重要,而是必须要能够合理地利用它,把好钢用在刀刃上,才能见到成效。

经过一番努力后,我们终于成功了,还是原来的人,还是原来的条件,唯一的区别是改变了做事的方法,如图 6-11 所示。

首先我们设定指标,通过图 6-5 所示的用户增长地图,可以看到对应的指标是"注册转化率提升"。

其次提出可能提升指标的假设。我们和运营部的同事进行了深入的探讨,运营部的同事根据他们的投放经验告诉我们:"虽然你们觉得仪表盘风格貌不惊人,但同样风格的营销图点击效果却非常好,而且这个样式被很多竞品争相模仿,大家都没有发现效果更好的形式。"所以,运营部的同事建议先不要改首屏,这样风险太大了。听取了运营部的同事的建议后，我们决定先优化首屏下面的部分，也就是产品介绍部分。

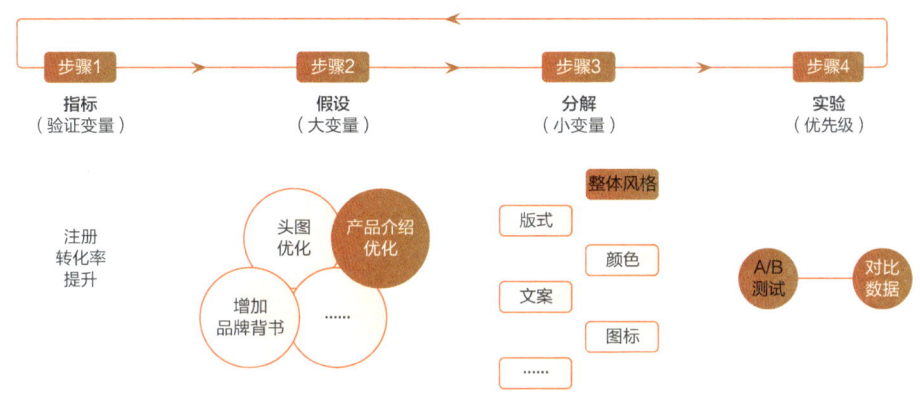

图6-11 精益闭环思路营销落地页面优化

接下来是分解，产品介绍部分具体应该怎么优化呢？是整体优化，还是只改颜色，只改版式，只改文案……可以改的东西实在是太多了。在这里，我们遵循"从大到小"的原则，先大改，大改效果不好，再小改，这样是效率最高的。

说到"从大到小"，是不是觉得有点耳熟？没错，在4.3节讲数据对比的时候，我就提到过探索数据要遵循"从大到小"的原则，先宏观比较，再微观比较，这也是我们认识世界的通用逻辑。可见真理总是相通的。

最后是实验，因为H5页面可以随时修改随时上线，而且只有一个页面，所以我们可以同时拿若干不同版本做A/B测试，看哪一个效果更好。需要注意的是，参与A/B测试的样本量不能太少，最好能上千，而且不同版本的样本数量应该保持一致，否则就没有对比的意义了。时间上最好能多几天，否则结果可能不准确，一般来说最好能看一周左右的数据，至少也要3天以上。

我们第一次测试的时候上线了4个版本，如图6-12所示，这4个版本都只改动首屏下面的部分，一共有3种样式，方案2和方案4只是颜色不同。最后的结果是方案3胜出，而方案2比方案4效果好，也就是说在样式相同的情况下，蓝色比红色效果更好。这样我们就得出了两个结论：一是样式要尽量简洁；二是冷色调效果更好。

采用方案 3 不仅数据提升了，而且转化率的提升幅度高达 30% 以上，这个结果让业务领导和运营的同事非常吃惊，大家纷纷问我们是怎么做到的。

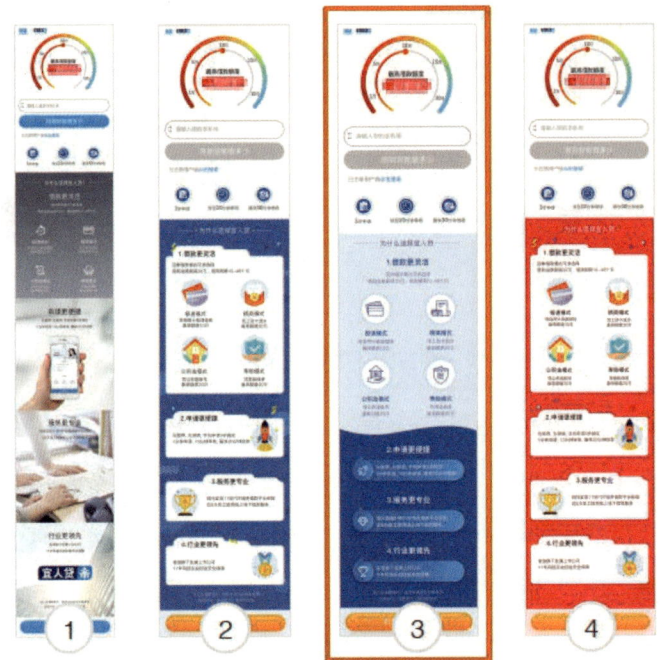

图6-12　4个不同方案做A/B测试

不要以为这样就结束了，我们的增长成果才刚刚开始显现。别忘了这次只是选择了一个分解变量进行更改，接下来我们还可以进一步分解变量修改其他部分。注意一定要控制好变量，也就是说要在改进某个部分的同时保证其他部分不变，这样才能够测试这个变量的改进效果。

比如，改进头图区的时候，其他部分不要变化，这样才能测试出哪个头图方案效果更好。甚至可以分解得更细一些，只测试头图颜色，或者头图是否加动态效果等。就这样，我们可以不断地分解，不断地优化。这就是分解的好处，它可以让实验不断地进行下去，而不是成为一锤子买卖。

由于每次都会上线很多方案进行对比，因此每一次改进，几乎都会有方案胜过原来的方案。只不过因为分解的粒度变小了，所以数据提升的幅度也会变小，但好在实验结果可以不断地累积。经过 40 天的集中实验，最终这个页面的转化率累计提升 70% 以上（如图 6-13 所示），为公司节约了高昂的营销成本。

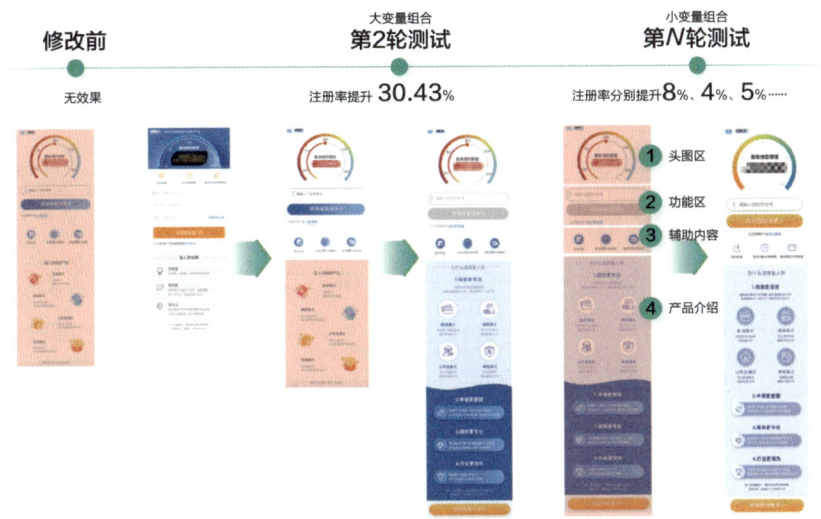

图 6-13　通过分解不断优化累计成果

不过，能有这样的成果，一方面依靠更先进的思路和方法，另一方面也离不开当初对用户的深刻洞察。访谈过用户，我们才真实地感受到用户是一群怎样的人，他们勤劳、朴实、喜欢醒目、直接的信息。因此，布局更规整、内容更详尽、信息更醒目、风格更接地气的方案数据表现更好。另外，围绕一级方向，我们也特别突出了额度。如果没有那次访谈的经验，我们在优化的时候只能靠无限"猜测"，效率必然会降低很多，不可能在这么短的时间内有如此大的提升。因此，前期的洞察和后期得力的方法都至关重要。

6.2.3　案例3：首页流量分发策略

说到首页改版，我想大家一定不会陌生，这是全公司都会关注的大事。别看好像只是一个页面，但里面会牵扯多方利益资源。所以，首页的优化非常不好做，需要协调各种关系，让大家能尽量满意。

但是即使内部满意了，用户也不一定会满意。任何调整都可能会引起用户短期的不适应,可是又不能一直不改。早年我在网易的时候,网易门户首页每年都会做一次很大的调整,每次上线后都会被用户骂得体无完肤,数据表现也可能有所下降。可是,人的"反应"似乎总是会慢上半拍,往往过一段时间后,大家就会觉得新首页看顺眼了其实也还不错,再过段时间仿佛成为业界标杆,竞品纷纷效仿。所以即便首页改版会得罪人,大家还是会顶着巨大的压力坚持做这件事,好在经过时间的洗礼,最终证明结果还不错。这段经历让我明白,如果想做好首页,不是要做协调各方意见的"和事佬",而是要有超前的想法和判断。

在宜人贷的时候我也遇到过类似的问题:由于业务有所调整,需要把首页的产品模块由 6 个改成 3 个,本来以为这只是一个小调整,结果删减模块后设计师发现页面太短了,撑不满一屏,只好把营销图和图标区域加大了一些,又在底部加了个 LOGO。很明显,这完全谈不上任何规划和设计,只是用补洞的方式在被动满足需求。最后的结果显而易见,所有人都不满意,包括设计师本人也觉得这样改显得很丑,但是需求就是这么提的,他也很无奈。如图 6-14 所示,左边是当时的线上版本,中间是第一次修改后的版本。

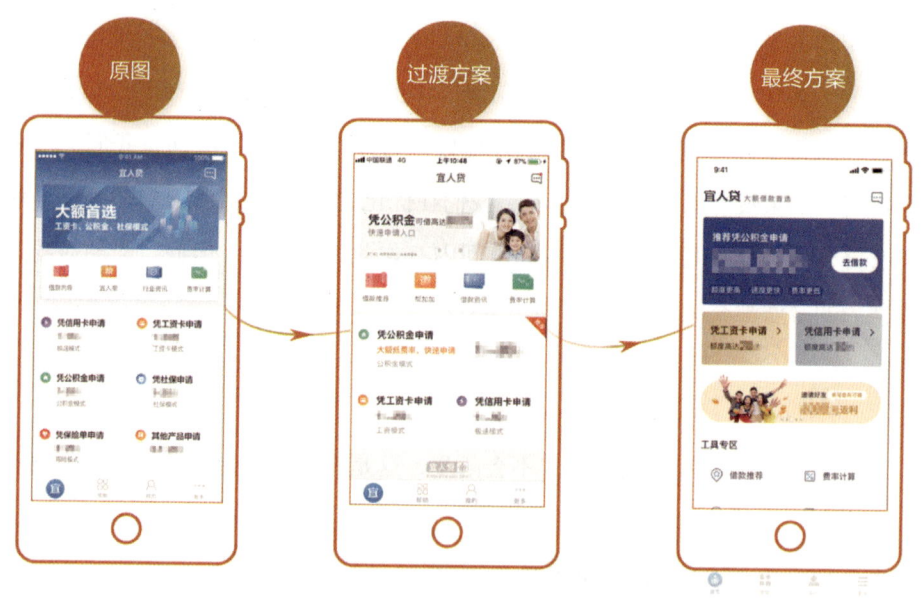

图6-14 首页改版前后方案对比

从图 6-14 中可以看到，修改后的版本虽然满足了需求，但是整个界面看上去捉襟见肘。界面是一个整体，任何一点改动都可能会影响到整体的和谐美观。这让我突然想起一位美术老师说的："你把最好看的眼睛、眉毛、鼻子、嘴和脸型摆到一起，未必是一个美女，因为局部好看放到整体中未必好看。"我想这里是同样的道理。所以，**优秀的产品人，一定要学会全局规划**，而不是头痛医头，脚痛医脚。

那么具体应该怎么优化呢？在过往的工作中，我发现**很多人又容易走另一个极端，就是过度分析**。如图 6-15 所示，一位交互设计师写了近百页 PPT，用到了各种方法论，做了非常全面细致的分析，最后给出了两个方案。耗时耗力不说，这样做非常容易遭到业务方的质疑："这个地方不符合我的要求，我的业务诉求是这样子的……"就像一千个人心中有一千个哈姆雷特，每个人对于首页最终的呈现样式都有自己的想法，这就导致方案总是难以落实，在不断平衡妥协中趋于平庸。

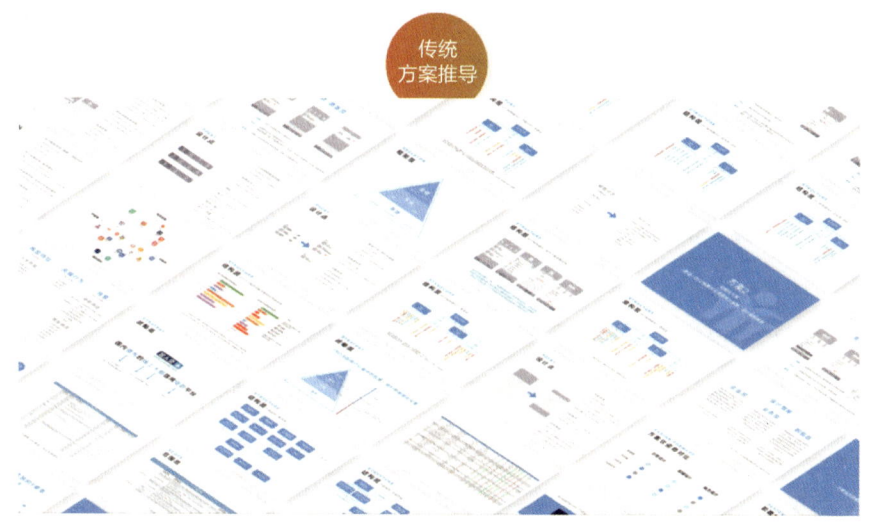

图6-15　过度推导的方案

既然**不考虑整体不行，面面俱到的分析也不行**，那么到底应该怎样呢？我们还是来试试精益闭环的思路吧。

首先看指标，从图 6-5 所示的用户增长地图上我们可以看到"优化首页"对应的指标是借款转化率。其次，考虑到**首页有一个很重要的作用，即流量分发，也就**

是把正确的用户引导到正确的地方去，所以我们还要考虑其中重要功能的转化率。首页这寸土寸金的位置，应该优先顾及哪个模块呢？

通过之前的产品数据分析报告，我们发现用公积金申请借款的人群资质更好、获批通过率更高、获批额度更高且逾期率更低。这完全符合我们低成本高贷款余额的目标。

所以，我们既要想办法提升借款的整体转化率，也要吸引更多用户选择公积金产品，这就是我们这次页面优化的目标。

当然，不是说我们自己分析出来这个目标就可以了，重要的是让大家达成一致意见，这样才能根据目标统一排列优先级。于是我们安排了一个会议，把所有产品线的产品人员和运营人员都汇集到一起，明确这次优化的目的和指标。在得到大家的认可后，再让所有人畅所欲言地提需求，并把这些需求一一记录下来。这里面当然包括一些看起来不太靠谱的需求，比如换肤，照着某某竞品实现同样的酷炫功能等。

接下来，我们根据目标排列优先级，把最可能提升目标的需求排在前面，其余的排在后面，完全无关的去掉。由于有了统一的目标做指引，即便可能会有损个别人的利益，大家也都能快速达成一致。

比如，之前营销图一直在顶部最显眼的位置，之所以如此是因为别的产品都是这样做的，所以大家早已形成了思维定式，认为营销图就应该在顶部。可是这个区域的点击率却低得惊人。经过测试后发现，营销图放在页面上的任何位置点击率变化都不大。既然这样，就不如把它放在次要一些的位置，取而代之的是固定的产品推荐位。

在工作中，如果针对一个问题总是很难统一意见，说明大家对目标没有达成一致。与其浪费大量时间协调多人的想法，不如先统一目标，再根据目标权衡利弊，这样效率会大大提升。

分析了目标，我们再看看假设。因为目标是"借款转化率提升的同时公积金转化率提升"，所以，对应的假设就很容易得出了，分别是"让借款入口更醒目""突出公积金""降低视觉噪声"。

接下来是分解。每一个假设都可以细分成更多细小的需求点，支撑我们完成假设。这个时候我们可以再把第一步得到的需求列表拿出来，分别放到不同的假设里。

比如，针对"让借款入口更醒目"这个假设，对应的细分需求点可以是"借款产品入口置顶""营销图和工具区置底"等。针对"突出公积金"这个假设，对应的细分策略是"公积金入口置顶""通过数字和大按钮引导点击"等。针对"降低视觉噪声"这个假设，对应的细分策略是"中性色展现专业性""大面积颜色区分功能区域"等，如图6-16所示。

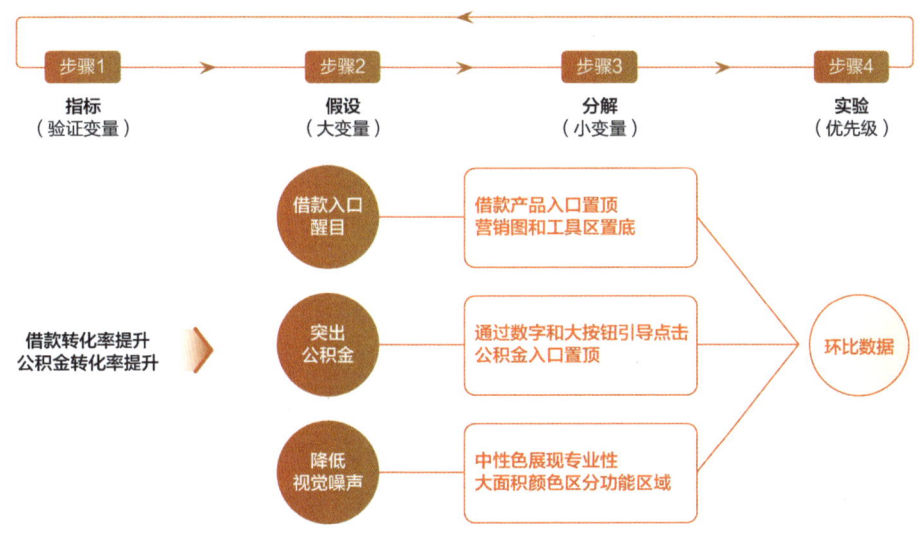

图6-16 精益闭环思路优化首页

有了这样清晰的思路，负责视觉设计的同事很快做出了新的方案，也就是图6-14中最右边的版本。通过对比可以明显看到，原始版本和过渡方案在视觉表现上明显缺乏层次感，看不出优先级的区分。这是因为当时大家对优先级都没有清晰的判断。很多产品人员看到效果不好总觉得是设计人员水平不行，而设计人员又总埋怨产品人员的需求不够明确，其实只要优先级清楚了，很多问题便可迎刃而解。

汇报方案的时候一般都需要方案说明，以前专业的设计人员总需要写很多页的方案推导及详细说明，类似于图6-15。但现在，只需要一页纸就足够了，如图6-17所示。

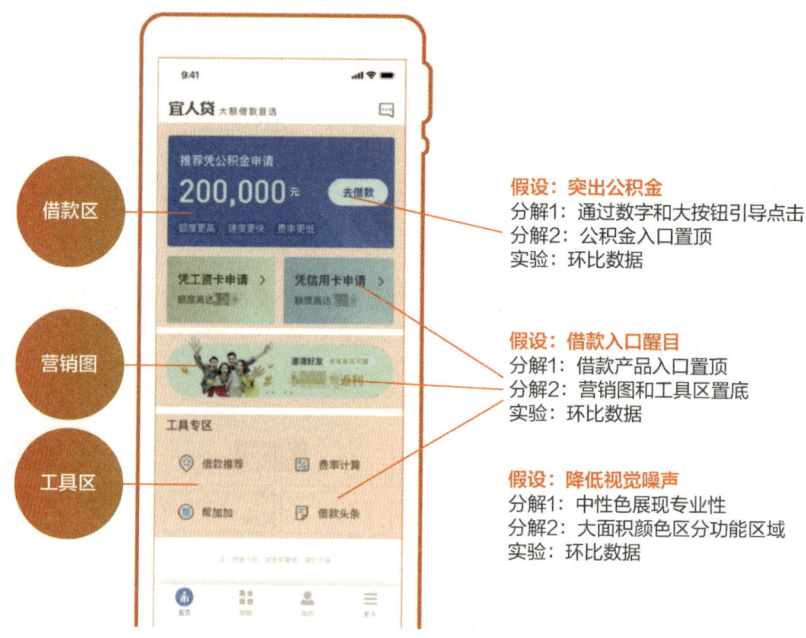

图6-17 精益闭环思路优化首页

从图6-17中可以看到,左边部分是新的设计方案,右边部分是辅助说明。新的方案和原来的方案有很大的差异:最明显的区域是固定的公积金借款区,替代了原来的滚动营销图,颜色十分醒目,衬托出大大的数字"200,000",突出了我们的高额度。营销图和工具区则被放在了靠下的位置。当然,这个方案还有一些其他的小细节。比如最上方有"宜人贷,大额借款首选"字样,突出产品定位。

右边的辅助说明分别解释了每个具体的假设对应的细分需求点,以及体现在了界面的什么位置。这样,界面每个元素的位置、呈现方式和设计依据都清晰地表示出来。设计不再是感性发挥,每个元素都出现得有理有据。

有了精益闭环思路和简练的方案说明,无论是产品、运营、推广人员还是研发、设计人员,无论是领导还是一线员工,无论大家拥有怎样的思维习惯,都可以快速理解。以前大家职能不同、立场不同、思维习惯不同、表达方式不同,各自掌握的信息也不同,因此需要花费大量的时间互相沟通协调,效率十分低下。现在这种新的思路大大节省了时间,提高了效率,重要的是直击重点,完胜过去各自为战的低效工作方式。

上线后数据表现大大超出了预期,整体借款转化率稳中有升,其中公积金入口的点击率提升了44%,大幅降低了风险成本,并为公司带来了可观的收益。这个结果再次被当作重大喜报通报公司,获得了领导层的高度认可。

6.2.4 案例4:低成本唤醒沉睡用户

前面介绍的几个案例都是通过用户增长地图的正向洞察发现的,而通过负向的二级洞察,我们发现了"唤醒沉睡用户"这个机会。

当时宜人贷已经有了数千万的注册用户,再想新增用户越来越难。毕竟全国的人口是有限的,其中有借款需求的人就更少了。随着获客成本越来越高,再沿用原来的方式做精准营销,效果一定会越来越差。在这种情况下,如何进一步做增长呢?

我们找了不同职能部门的同事去了解增长机会点,最终从一位数据科学家口中得知,在这么多注册用户里,真正在我们这里借过款的只占很少一部分,大部分用户注册后并没有产生后续行为,成为我们的沉睡用户。如果我们能适当唤醒这部分用户,哪怕只是很小的一部分,也可以用更低的成本带来更多的实际借款用户。

这个发现让我们十分振奋。但是可惜的是,公司当时并没有足够的资源深入地做这件事情,也尚未有人发起申请,所以我们决定主动找运营部的同事合作,尝试用研究分析加实践的方式唤醒沉睡用户。

由于之前我们并没有相关经验,也没有做过类似的事情,因此一开始并不知道该如何入手。运营部的同事之前采用的方式非常简单,就是在特定时间内群发短信,并且没有再后续跟进。

这时候我突然想:能不能再用精益闭环的思路试试呢,说不定会有新的启发。于是我们开始了这次探索。

1.利用北极星指标定目标

我们专门申请立项——"睡美人项目",并得到了领导的支持。接下来,我们要为这个项目明确目标。

如图6-18所示,"唤醒沉睡用户"涉及多个用户旅程节点,所以无法直接从用户增长地图上找到对应指标。但是,我们可以参考北极星指标,得到对应的项目目标。

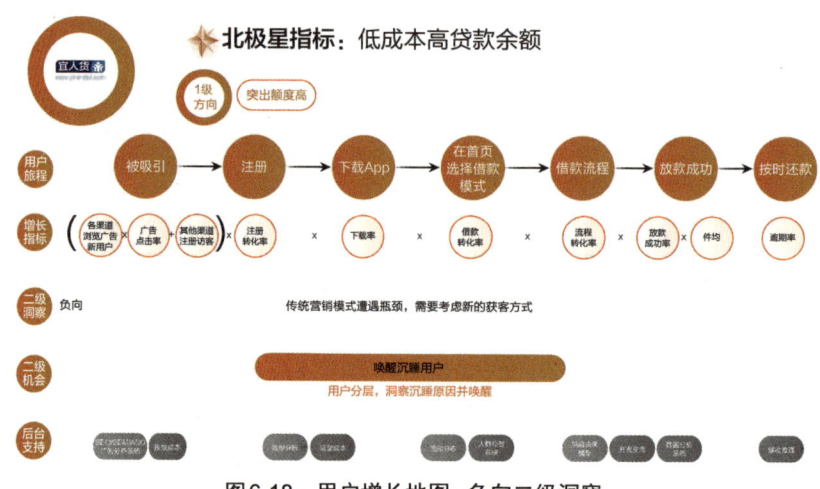

图6-18 用户增长地图-负向二级洞察

比如,当时的北极星指标是"低成本高贷款余额",那么对应"唤醒沉睡用户"这个项目,项目目标自然就是"低成本、高效地唤醒沉睡用户"了,如图6-19所示。

图6-19 参考北极星指标得到项目目标

OKR的O有了,接下来要分解KR。很明显,这里可以分出两个KR,分别是:

- KR1,唤醒×%沉睡用户;
- KR2,唤醒成本在×元以内。

这里KR的具体数值是通过和运营部的同事进行深入探讨得到的。他们会根据经验告诉我们，什么样的数字会让他们感觉效果一般，什么样的数字会让他们感觉惊喜。我们一般会选择让他们感到惊喜的数字作为目标。

2.通过常识提出基础假设

指标定下来后，接着就要提出假设了。很多人会认为，要想提出正确的假设，一定要有非常扎实的运营基础，有专业的知识和技能才行。事实上并非如此，真理往往是相通的，很多时候依据常识就可以提出假设。

就这个案例来说，我们提出的三大假设是：找到对的人，在对的时间，用对的方式来唤醒，如图6-20所示。你看，这需要所谓专业的技能和经验吗？完全就是常识。所以不要畏惧你不熟悉的领域，很多情况下问题并没有那么复杂，只是我们习惯用专业的思路去想得很复杂而已。

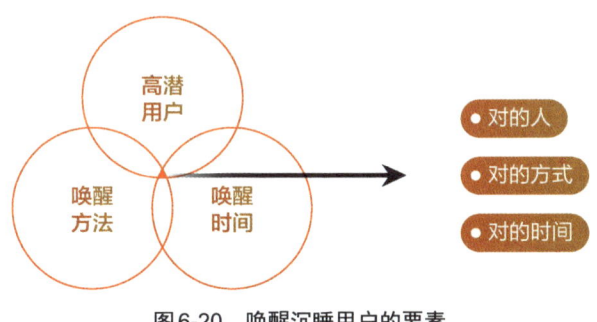

图6-20 唤醒沉睡用户的要素

现在我们针对这三大假设逐一进行分析。

3.对的人：高潜用户分层

首先，我们要找到"对"的人，也就是高潜用户。如何找呢？还记得我在4.4节讲过的吗？围绕北极星指标把目标用户做个分类，通过对比，明确目标用户特征。这里其实是类似的，只不过这里先把北极星指标替换成了项目目标，再围绕项目目标对用户进行分类。

就这个项目来说，目标是"低成本、高效地唤醒沉睡用户"，那么用户可以分成容易被唤醒的高潜用户和不容易被唤醒的普通用户。成本方面不需要再额外考虑，因为越是容易被唤醒的用户，付出的成本就越低。

按照这样的分类，很明显分类维度就是沉睡用户被唤醒的高潜力程度。可是如何判断高潜力程度呢？主要看两点，一是用户资质，二是借款意愿。为什么要看用户资质呢？这和我们的业务属性有关系。对借款产品来说，用户并不是只有借款意愿就能成功，还要看他的资质如何，资质过关了才能够获批额度。所以这和普通的电商产品转化是不一样的。至于借款意愿，主要是通过用户行为和最近活跃时间来分辨。用户操作的步骤越多，离终点越近，最近活跃时间距离现在越近，越容易被唤醒。

所以可以**根据资质、关键行为和最近活跃时间这 3 个细分维度，对用户进行高潜力程度的划分**，这和 RFM 模型类似。

接下来我们再分别看这 3 个细分维度。

（1）用户资质

由于我们无法获取核心的风险控制规则，因此只能分析成功借款用户数据，并和未成功借款用户数据做对比，看其中是否有明显规律。

这里面涉及很多数据分析的工作，由于数据分析人员人手紧缺，因此即便我们团队的同事之前没有数据分析的经验，也尽快自学了 SQL。其实 SQL 并不难学，一两周足以了。说这些是想分享一个观点：条件允许的话，**增长并不限于固定的职能或技能，而是要以价值为导向不断拓展自己的各项能力。增长的能力模型永无边界。**后来我们还真的从中发现了一些规律，比如用 A、B、C 设备的用户通过的概率远大于用 D、E、F 设备的用户……根据这些特征的符合程度，可以把用户资质分成不同的几类，如资质高、资质中、资质低。

有心的读者一定可以看出来，这里灵活运用了 4.4 节中讲到的用户分类、差异对比的思路。所以，在实际工作中注意不要生搬硬套，而是掌握方法的精髓并灵活应用。

（2）关键行为

介绍了资质，我们再来看用户关键行为。对借款用户来说，最关键的行为无非就是注册、激活、进入借款流程和等待放款这几步。用户在这个过程中就像通关一样,通过了就进入下一关,通不过就会停滞在当前节点,变成沉睡用户。

而在不同的节点,沉睡的程度也不同,比如止步于注册到激活这个环节的,就是注册未激活用户;止步于激活到借款入口的,是激活未申请用户;止步于借款过程的,是申请未完成用户,如图6-21所示。

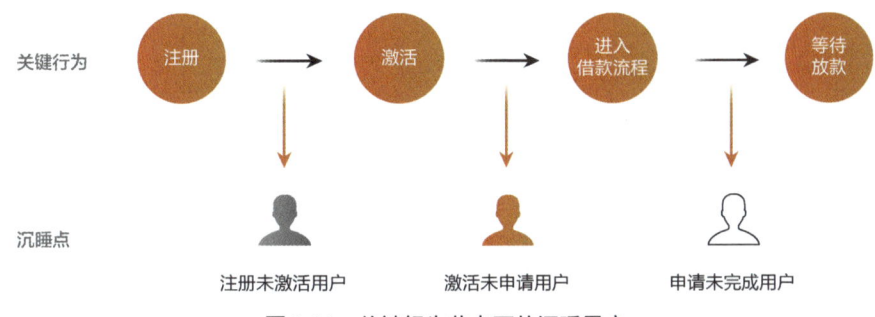

图6-21 关键行为节点下的沉睡用户

如果排优先级的话,应该是注册未激活＜激活未申请＜申请未完成,因为用户实际经过的流程越多,说明借款意愿越强,也就越容易被唤醒。但正因为如此,之前运营部的同事已经对激活未申请用户和申请未完成用户做了一些工作,而对注册未激活用户的工作却没有人做过,因为这是块最难啃的骨头。但是换个角度看,注册未激活的用户量是最大的,也是最有发挥空间的。所以我们迎接挑战,把它也作为这次工作的重点。这样看的话,这3类人群的优先级是一致的,都非常重要。

(3)最近活跃时间

接下来我们再看最近活跃时间,这部分就很好理解了,可以按照用户最后活跃时间距离当前天数,分成短、中、长3类。

现在,无论是用户资质、关键行为,还是最近活跃时间,下面都有3类用户,全部组合总共有3×3×3=27类用户。

很明显这个分类太多了,我们还是要秉持"抓大放小"和"四两拨千斤"的思路,只抓最重要的,也就是用户资质高且最近比较活跃的用户,然后把这些用户区分成对我们来说同等重要的注册未激活、激活未申请和申请未完成这3类就可以了,如图6-22所示。

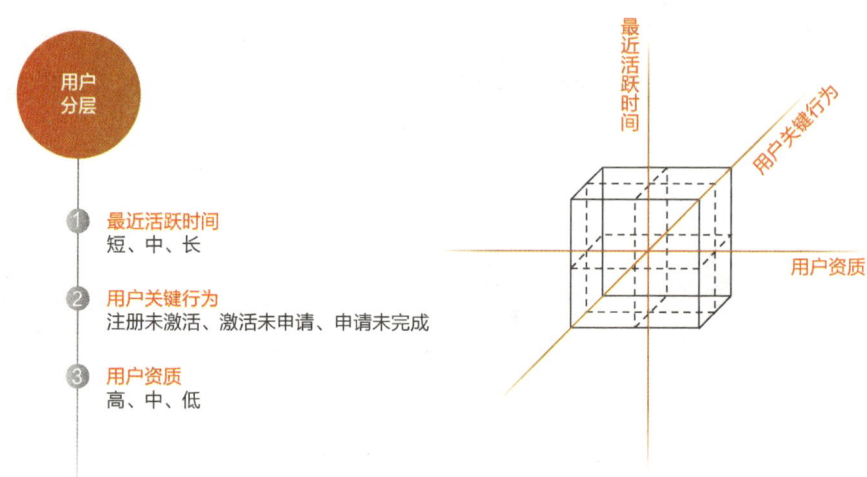

图6-22 根据最近活跃时间、关键行为和用户资质对用户进行分层

我们的三大假设分别是找到对的人、在对的时间、用正确的方式唤醒用户。对的人已经找到了，接下来我们再分别看对的时间和对的唤醒方式。

4.对的方式：洞察流失原因

如何找到最佳唤醒方式呢？还记得我们在用户增长地图上根据洞察提出机会的方式吗？这里也可以运用类似的思路。

我们之前把用户分成了3类，分别是注册未激活用户、激活未申请用户和申请未完成用户，而这3类用户也刚好代表了流失过程中3个重要的用户旅程节点。

围绕这3个旅程节点，我们可以结合数据分析及用户访谈，试图洞察用户沉睡的原因，并给出对应的唤醒方案，如图6-23所示。

比如对于注册未激活用户，他们在H5营销落地页面上注册了以后，发现还要下载App，可能就望而却步了。因为对二三线城市的用户来说，很多用户手机设备一般，而且对流量敏感，不想额外耗费太多流量。对于这样的用户，可以推荐他们先关注微信公众号，引导用户在公众号上借款，或者在公众号推荐用户下载App。为此我们还专门开发了在公众号上实现借款的功能，取得了不错的成果。

再看激活未申请用户，他们虽然下载了App，却没有进一步的行为，是因为一些用户没找到合适的借款产品或觉得费率太高。针对这些用户，可以提供更详细的解释说明并尝试发放还款抵用金，或向其推荐一些优惠活动等。

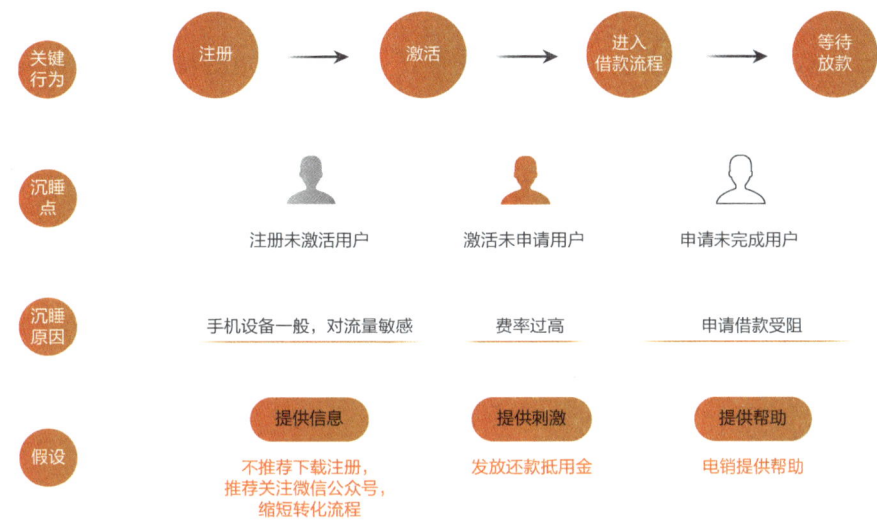

图6-23 根据流失旅程提出假设

最后是申请未完成用户，他们已经填写了部分信息，但没有走完全部借款流程，很可能是在借款的过程中受到了阻碍，或不符合当前产品的申请条件。如果这时候有客服提供帮助，就很可能促成转化。当然如果能针对用户常见的问题适当改进界面体验，也会有一定成果。

5. 对的时间：从大到小拆分

找到对的人和对的方式后，如何找到最佳唤醒时间呢？回答这个问题并不难，其实就是把"时间"当作一个大变量，然后把它拆分成很多小变量，再从小变量里挑选合适的变量，如图6-24所示。在这个过程中，我们同样遵循"从大到小"的原则。

首先以年和周为单位看需求旺盛期。因为借款是有旺季和淡季之分的，每年12月到春节前

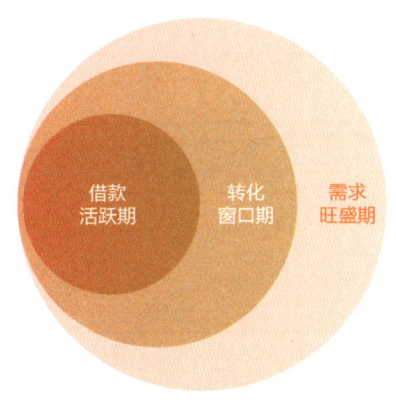

图6-24 从大到小拆分时间变量

是借款旺季；另外工作日比节假日借款需求更高。这些结论一方面可以通过数据统计得出，另一方面也可以根据常识得出。

接下来以天为单位看转化窗口期，如图6-25所示。也就是看用户有实际行为但放弃后的第几天最有可能被唤醒。可以分析历史数据并做成图表，看用户最后一次使用产品之后的第一天、第二天……到第 n 天的自然转化情况（图片仅做示意，非真实数据）。关注曲线中的"拐点"，也就是没有按照自然规律直线下降的时间节点，尽量把握住这个时间节点唤醒用户。

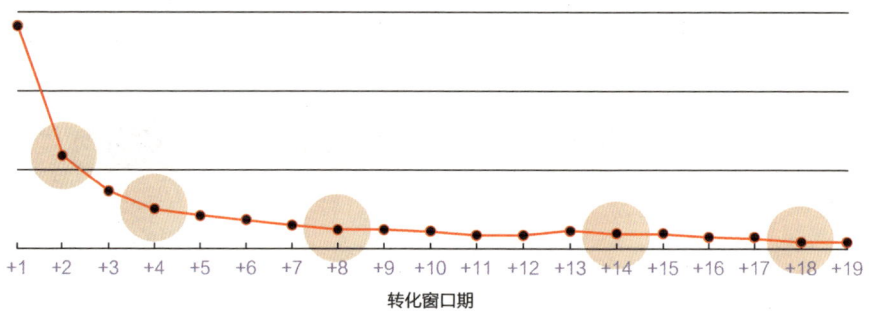

图6-25 以天为单位的转化窗口期分析

当然，这里不能盲目地观察数据，还要多和内部同事交流，看某一天转化率提升是否是真正的自然转化，还是其他团队的同事做了什么事情导致的。

最后是以小时为单位看借款活跃期，如图6-26所示。通过数据可以看到，从上午10点到晚上9点之间是活跃期。

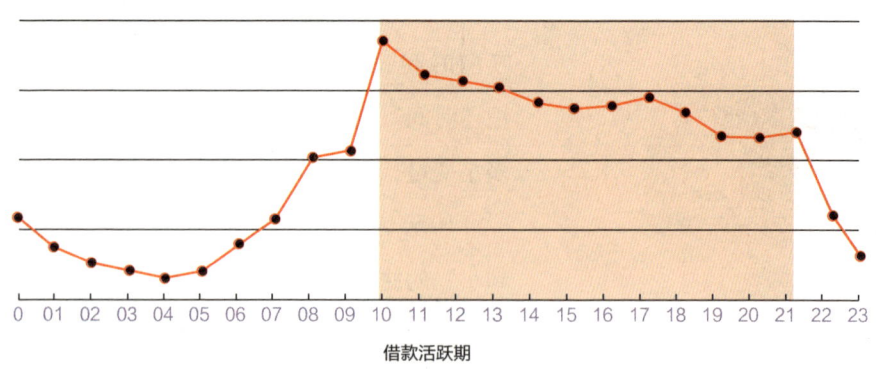

图6-26 以小时为单位的借款活跃期分析

通过这样的分析，我们就把"时间"上所有可能的变量拆分完毕了。

6. 整理变量并排列优先级

前面我们大致梳理了三大假设，即对的人、对的时间、对的方式，以及对应的拆分思路。

其中，"对的人"下面包含"注册未激活用户""激活未申请用户""申请未完成用户"；"对的时间"下面包含以季节和周期为单位的"需求旺盛期"，以天为单位的"转化窗口期"，以小时为单位的"借款活跃期"；"对的方式"下面包含"提供刺激"（主要面向注册未激活用户）、"提供信息"（主要面向激活未申请用户）和"提供帮助"（主要面向申请未完成用户），如图 6-27 所示。

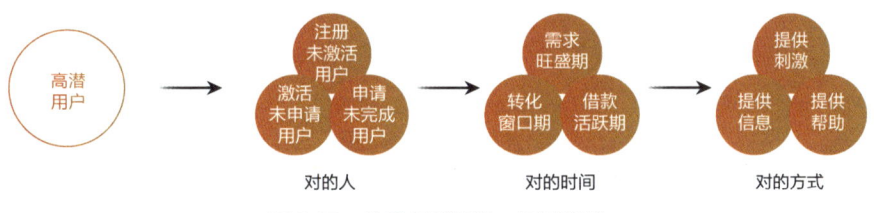

图 6-27　从目标到假设，再到拆分

不过现在看起来，这些内容还是有些宽泛无法落地。当你面临一个问题不知道该如何下手时，可以不断拆分到最细粒度，直到解决问题为止。比如，顺着"提供刺激"这个思路可以衍生出很多种唤醒方式，包括提供不同力度的优惠、发送通知提醒等。再比如"对的人"，除了前面分析的用户类型，还可以再考虑用户来源、用户属性等。类似的细分变量越多，选择余地就越大，也越有可能在实验中取得不错的效果。100 个选择总比 10 个选择更好。

当然变量太多，如何筛选变量组合进行实验就成了一个新的问题，如图 6-28 所示。如此多的变量，可以有很多种组合方式，这要实验多少次才能穷尽啊？虽然可以通过机器学习的方式解决多变量测试的问题（如图 6-29 所示），但是开发类似的系统需要付出很高的成本。就算有这样的系统，在变量组合过多的情况下，每个变量组合下的样本量也难以保证。而我们的目的只是从所有可能中找出一种最佳组合而已，有没有更聪明的方法呢？

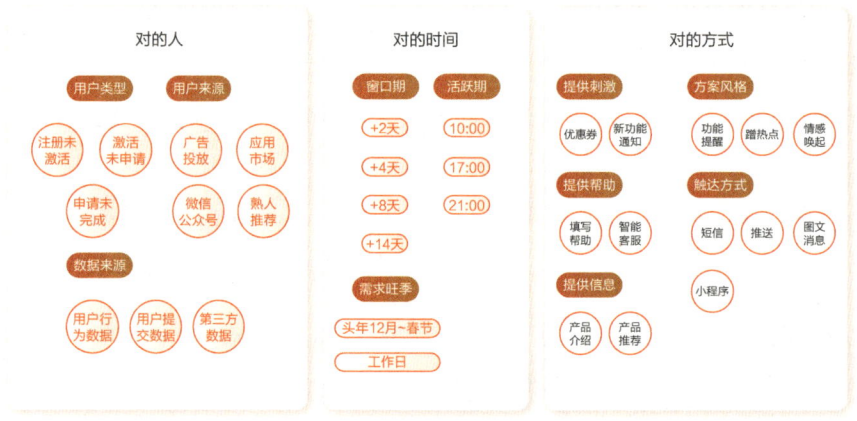

图6-28　从假设到逐层拆分变量

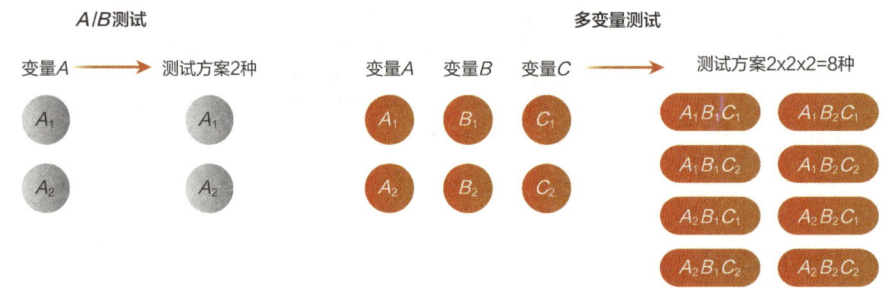

图6-29　多变量组合测试

你一定想到了排除法,没错,去掉不太可能成功的变量组合,再从剩下的组合里选择就可以了。

7. 正交试验大幅提升效率

对于这样的问题早就有人研究过了,这就是接下来要为大家介绍的可以大幅减少试验次数的正交试验设计（Design of Experiment，DoE）,它是由罗纳德·费雪（Sir Ronald Aylmer Fisher）在20世纪初提出的,最早用于工业设计,后来由日本统计学家田口玄一发扬光大。

如果你没有统计学基础也不用担心,这个思路没有相关专业知识的人也可以理解。如图6-30所示,假设现在有3个维度,每个维度下有3个细分变量,那么我们一共需要试验 3×3×3 = 27 次。但是统计学家发现，其实并不需要进行所有的试验才能找到效果最好的组合，只要选择其中有代表性的变量组合进行试验就够了。因为通过过往的统计经验，不具代表性的变量组合试验效果并不好，可以直接忽略。

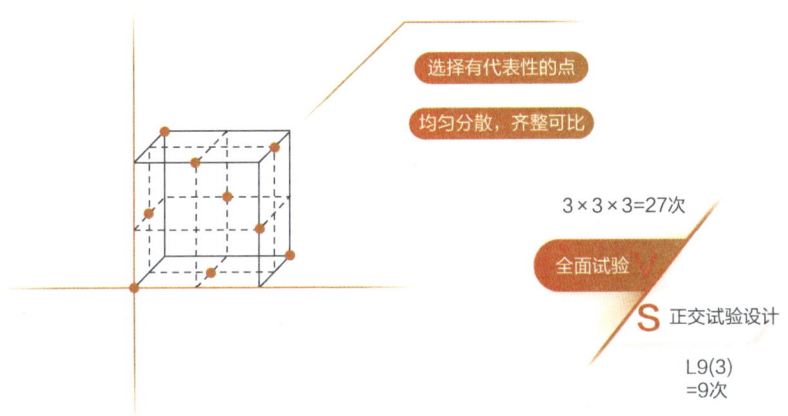

图 6-30　正交试验设计

图中橙色的节点就是有代表性的点，它们的特征是均匀分散、齐整可比（在网上可以找到正交表，通过正交表就能够查到具有代表性的点，如果不明白可以询问公司里的数据分析人员）。通过正交试验设计，原来需要测试 27 次，现在只要测试 9 次就可以了。这大大提升了试验效率。

利用正交试验设计的思路，我们排除了大量不可靠的组合，很快就从剩余变量组合中找到了一组最佳变量组合，如图 6-31 所示。

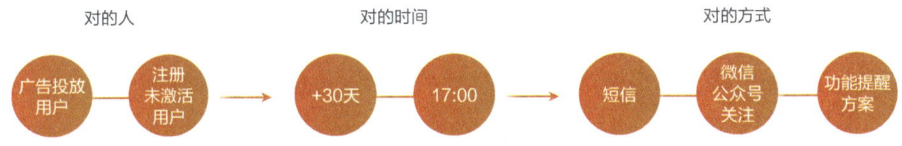

图 6-31　通过正交试验设计得到最佳变量组合

选择广告投放用户中注册未激活的那部分，在用户最近一次产生行为的 30 天后的下午 5 点，给用户发送一条短信，引导用户关注微信公众号，并通过公众号借款。使用这组变量组合唤醒用户，唤醒率比之前提升 1 倍，唤醒成本比之前降低 59%，试验次数比之前减少89%。

以上就是我们用精益闭环思路唤醒沉睡用户的案例,如图6-32所示,我们再来回顾一下。首先通过北极星指标制定对应的项目目标:高效、低成本唤醒沉睡用户。然后根据常识提出假设:找到对的人(高潜用户),用对的方式,在对的时间唤醒。接下来我们对假设进行层层分解,发散出大量可落地的细分变量。最后用正交试验设计的方式选择可能的变量组合进行试验,得到最优解。

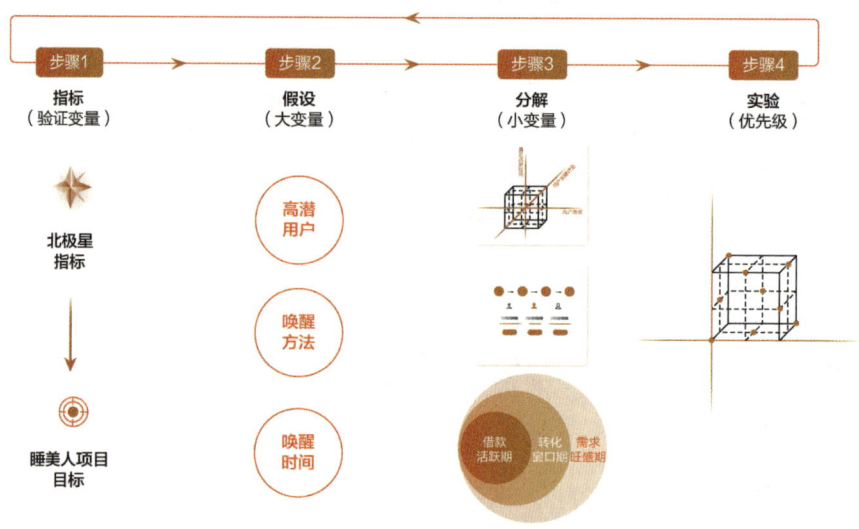

图6-32 用精益闭环思路唤醒沉睡用户

细心的你一定会发现,这个案例不仅用到了精益闭环的思路,而且在层层分解的过程中几乎用到了前面我讲到的所有方法,比如北极星指标、OKR分解、用户差异洞察、用户增长地图、变量分解……只不过使用起来更加灵活多变。如果你掌握了前面的方法和思路,那么面对这道难题时一定可以很快找到突破口。

这充分说明了整套方法的通用性和灵活性,它既是一套体系化的思路,层层展开,适用于不同问题和不同职能;同时它也是一套完备的工具,其中提供的各种方法不一定严格按照线性顺序使用,可以各自拆解,根据具体问题灵活选用。这套工具包的使用方法,你学会了吗?

6.3　无分解，不增长

每次在外面分享这些案例时，总会有人问我："分解的思路挺好的，但是具体怎么分解还是不太明白，比如拿到一个项目后，从什么角度考虑？如何把握分解的粒度大小？"

这些问题确实很重要，所以我单独用一节来阐述。

6.3.1　分解的宏观意义

想要正确地给出分解策略，我们最好先深入理解分解背后的意义。如图 6-33 所示，分解的过程就好像火箭发射一样，一级一级地解体：最开始是指标，围绕指标，通过洞察得到一级方向；然后通过分解的方式得到二级假设（机会）；再通过指标、假设、分解和实验的思路落地三级增长；最后通过沉淀实验成果并不断复用、延展，带来四级批量增长。

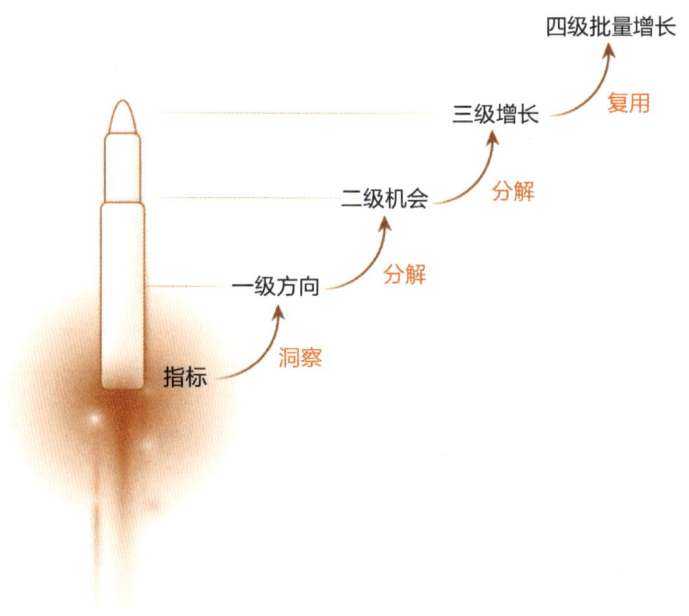

图 6-33　分解如同火箭发射

可以说**分解的思路贯穿增长过程的始终**。确定目标，也就是未来想要努力的方向，然后从一级分解到二级、再到三级、再到四级……直至增长落地并不断持续下去。这就是宏观的分解。

6.3.2 分解的微观意义

关于一级和二级的分解，前面已经阐述过很多，这里就不再赘述了。现在重点讲讲三级的分解。

通过前面几个三级分解的案例，你会发现每个案例分解的程度都不一样，有的粗有的细，这是由什么决定的呢？

1. 产品生命周期

想要知道答案，我们就不得不从产品生命周期说起了。前面我提到过产品成长过程中的 4 个阶段：探索期、成长期、成熟期和二次探索期。这几个不同的阶段分别代表什么意思呢？

探索期：从 0 到 1 摸索方向的阶段。

成长期：方向稳定后的快速扩张阶段。

成熟期：用户体量十分庞大、增长速度放缓阶段。

二次探索期：成熟期之后的新方向探索，以带来新的大幅增长机会。

这和增长黑客倡导的企业发展要经历的 4 个阶段在本质上是一样的。在这里我简单地解释一下这 4 个阶段。

PSF（Problem-Solution Fit）阶段：问题和解决方案匹配阶段。这是一个从 0 到 1 的提出价值假设的阶段。在这个阶段，更多的是发现市场上的问题，然后做方案去解决问题，看与市场需求是否匹配。这相当于探索期。

PMF（Product-Market Fit）阶段：产品和市场匹配阶段。这是一个从 1 到 n 的提出增长假设的阶段。在这个阶段，需要吸引更多的用户，来验证 PSF 阶段的想法是否具有更大的市场空间。这相当于成长期。

CPF（Channel-Product Fit）阶段：渠道与产品匹配阶段。通过精细化运营、数据分析、数据驱动调整各种营销渠道、营销方式和产品之间的适配性，大幅提升增长效率。这相当于成熟期。

EMF（Enterprise-Market Fit）阶段：企业与市场匹配阶段。思考在下一个阶段整个公司如何和市场进行下一次匹配。也就是如何通过创新寻找下一个增长点，这可能需要CEO进行各种各样的战略布局。这相当于二次探索期。

还记得我之前提过的Karmaloop的案例吗？创始人格雷格解决的就是探索期和成长期的问题，之后的CMO德鲁解决的则是成熟期的问题。**一般来说，增长黑客要到PMF阶段以后才会参与进来，他们认为好的产品才是增长的根本。**

所以，千万不要把增长黑客和增长混淆起来，很多人其实是分不清楚这两者的，以为增长＝增长黑客＝营销裂变，或者以为增长就是各种"术"的操作，这是非常狭隘的理解。

企业发展要经历的这4个阶段都属于增长的范畴，因为**增长不仅仅是数字的增加，**更代表着价值的提升。

另外我们也可以发现，这4个阶段和产品生命周期的4个阶段在本质上并无区别，是完全可以一一对应的。那么为什么行业内还会出现不同的概念呢？这是因为产品生命周期的概念是**从产品的角度**提出的，而企业发展要经历的阶段是增长黑客**从营销的角度**提出的。**角度不同，概念自然也就不同了。**

我之前写过一本叫《破茧成蝶2——以产品为中心的设计革命》的书，完整阐述了不同产品生命周期中的产品设计方法，并做出了横向和纵向的对比，帮助读者系统了解产品设计方法，并建立起通用逻辑框架。那时候我就发现，**产品、用户和设计上的各种表面看起来不同的概念其实完全可以统合起来，**"以用户为中心"和"以产品为中心"其实没有任何区别。因为你可以理解为"做产品即做用户"，做设计本质上也是服务于用户。

而现在，**产品和运营的概念也一样可以统合起来。**因为无论是做产品，还是做营销，本质都是在做增长，即提升产品价值。所以无论是产品、运营、设计、研发，还是其他职能，大家都是在为同样的目标努力，不一定非要从自己职能的专业角度出发创造"专属"概念。

很多人问我做增长具体需要学什么课程，其实不管学习什么课程，都少不了各种概念和名词。目前大家还会**本能地受限于各种职能角度**，如果角度不够高，难免陷入眼花缭乱的概念里。但是如果理解了本质的东西，再看各种概念，就很容易融会贯通了。藏在各种概念中的真理，往往无比简单而纯粹。

增长本身就是要打通职能角度，综合地看问题。它既不是产品，也不是运营，我们在学习时一定要注意打破"本能"的思维限制。

2. 确定分解的粒度

既然产品的发展阶段可以统合起来，那么这里我们就统一用探索期、成长期、成熟期和二次探索期来解释吧，如图 6-34 所示。

为什么要分成 4 个阶段呢？因为**不同阶段的目的不同、关注点不同，对应的策略、工作方式和相关指标等都是不一样的。**比如探索期需要颠覆式创新，成长期需要大胆前进，成熟期需要科学严谨。这就解释了为什么 Karmaloop 的创始人格雷格能创办一家有趣的公司，却无法带领它走向辉煌。创新不能墨守成规，但运营是需要精细化操作的。

产品生命周期	探索期	成长期	成熟期
目标	掌握产品方向 活下去	巩固差异化的 产品定位 活得好	提升产品价值 赚得多
关注	用户价值	产品核心竞争力	商业变现
策略	最低成本创造 最大价值	大胆创新巩固 差异化定位	科学严谨提升 商业价值
风格	颠覆，另辟蹊径	创新，风格独特	规范，科学严谨
用户类型	假设用户	目标用户	活跃用户
分析与验证	定性为主	定性+定量	定量为主
相关指标	推荐意愿、新增用户数、满意度等	留存率、复购率、活跃度等	营收、成本率、现金流等

图6-34　产品不同发展阶段的区别

至于分解，也是类似的：探索期的分解要保留最核心的功能及特质，看它是否能行得通，是否能满足市场需求，如果不对就立刻换方向再继续尝试；成长期的分解是在此基础上不断增加新的功能模块，让它日臻完善；而成熟期的分解则要精耕细作。就像前面说的 H5 营销落地页面的优化，小到颜色、字号和图标样式等，我们都在不断测试。

举一个简单的例子，假设你有一片森林，里面有数万棵树，你需要选择其中一棵把它雕琢成理想的样子。可是从这么多树中应该选哪一棵呢？一开始你需要一把大锯子，快速砍开树看，如果发现不是自己想要的，就立刻换下一棵树。等你找到了理想的树后，你需要一把斧子，快速把它劈成你想要的大体形状。接下来你需要一把小锉刀精雕细琢，直至把它雕琢成一件艺术品，如图 6-35 所示。

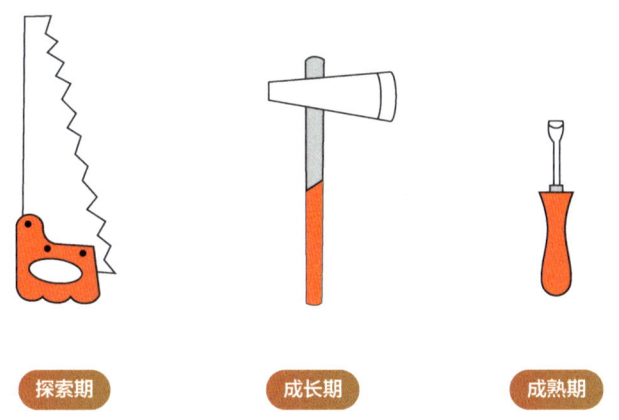

图6-35　产品不同发展阶段对应不同的分解策略

如果用错了分解的工具会怎样呢？想象一下，当最开始挑选木材时，如果你使用的是小锉刀，那么当别人已经实验过很多个方向，积累了大量宝贵经验时，你还在原地踏步。但如果在该用小锉刀的时候，你使用了一把大斧子，就会立刻前功尽弃。这就不难解释为什么我们一开始优化营销落地页面的时候并不成功，因为我们用错了工具，一上来就大刀阔斧地修改，但其实当时需要的是一把小锉刀精雕细琢。

如果你不能确定当前的阶段以及应该如何分解，就"从大到小"去探索，这样是效率最高的。也就是先用锯子，效果不好换成斧子，效果还不好就换成小锉刀。

这样就能让我们快速找到合适的分解粒度,从而顺利落地增长。

6.4 无限场景延展

精益闭环的思路不仅适用于之前介绍过的流程优化、页面优化、首页改版和唤醒沉睡用户,只要是你想到的事情,就可以用这个思路。在这部分内容里,我就为大家延伸介绍一些通过精益闭环思路解决问题的有趣案例。希望可以抛砖引玉,启发出大家更多的智慧和洞见。

6.4.1 重构需求文档

在工作中,我们经常要接触需求文档,可是大家喜欢写、喜欢看需求文档吗?我想答案应该是否定的。为什么呢?因为常规的需求文档就像一本厚厚的遥控器使用手册,看起来虽然翔实,但是人们宁可试着摆弄、探索各种按键,也不愿意一页页地读下去。除非是遇到实在搞不定的问题,才会从使用手册里有针对性地寻找相关内容。

同样地,在实际工作中,很多研发人员也会更愿意看图文并茂的原型说明(原型图是需求文档的部分表现形式,并不能代表需求文档),而不是一堆干巴巴的文字。

但是,需求文档又十分重要。如果需求文档写不清楚,产品经理就无法向设计人员和研发人员传达具体的要求,也就是说这会导致大家不知道该做些什么。需求文档其实可以看作是产品经理与其他角色之间的一种"协议",或者说是"契约",可以互相约束。而且,后面在进行上线前的测试时,需求文档也会被当作验收产品质量的衡量标准之一。

不过由于传统需求文档写得"没人愿意看",时间长了,需求文档就如同鸡肋,食之无味,弃之可惜。

既然需求文档如此重要,传统需求文档又不易阅读,那么怎样撰写需求文档才能更高效地传达信息呢？

先来看看传统需求文档一般包含哪些内容。我试图从网上下载现成的需求文档模板，发现内容太多了，这里只展示一个大概的逻辑框架，包含需求背景、需求目标；特性列表、主要逻辑、特性功能点、性能需求、数据上报等，如图6-36所示。

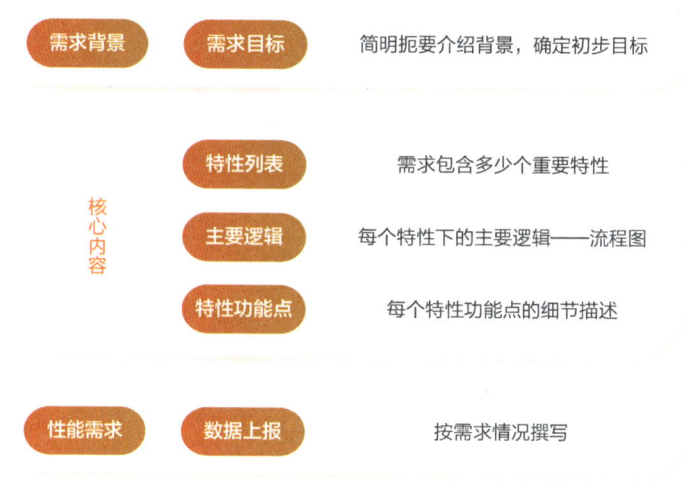

图6-36 传统需求文档内容

你有没有发现，这和传统的调研报告具有类似的问题：面面俱到却没有重点，缺乏针对性。怎么证明要做的若干事项都是必要的，都是能达成目标的，而且是最高效的？感觉完全是需求方一个人的独角戏。而位居下游的设计师和研发人员只能照单全收，加班加点地完成，却无暇思考这是否是在浪费时间。

现在其实有很多公司已经把产品经理拆分成两大类，一类与设计师和研发人员一样属于支持团队，完成"上游"策略团队提出的需求；另一类则负责从增长的角度提供策略和需求。因为越来越多的人已经认识到，不会定策略的产品经理一样属于执行角色，应该处于下游位置。这对产品经理提出了更高的要求，自然不能再用传统模板的套路撰写需求文档。如何在需求文档上体现出策略性？我们尝试用万能的精益闭环思路来解决。

具体的解决方法和前面的思路类似，即去繁求简，只保留最核心的内容，用指标、假设、分解和实验这 4 个关键要素一一拆分。这样思路就清晰多了，也有了明确的方向，避免为了做功能而做功能，却不明白其中的意义以及如何验证结果。

下面我来具体介绍一下，如何通过这 4 个要素构建我们最终拿到手的需求文档。

1. 指标

在指标部分，需求文档需要体现出的至少有 4 点：需求背景、用户群体、需求所在业务模块、量化指标 / 非量化目标。

写需求背景，就是要说明这个需求产生的来源，阐述清楚我们为什么要实现这个需求。比如它对达成北极星指标有什么样的意义，是否围绕一级方向等。这是一款产品的立足之本。

之后要说清楚用户群体，即"谁在使用这款产品"，其中可以涉及我们之前讨论过的用户范围、分类、优先级和差异性洞察等。这些内容不仅能帮助项目组其他成员更好地理解需求，也影响着后续需求的优先级判断。

接下来是需要帮助用户解决的问题，这些问题分别对应用户旅程的哪个部分？对应什么样的细分指标以达成北极星指标呢？

这样，无论是撰写需求文档还是阅读需求文档的人，都会对需求背景以及要达成的目标产生更清晰的认知，避免产品经理因为没想清楚而做出"拍脑袋"的需求，也避免执行者因为信息不对称、理解偏颇而做大量无用功。

2. 假设

有了分解后的指标和方向，我们就可以进行下一个步骤：假设。可以把假设分为 3 个部分：历史假设验证记录、本次数据洞察 / 用户洞察、本次假设及优先级。

历史假设验证记录：应当包括版本号、验证内容、验证时长、验证结果等信息。我们可以从之前的历史假设中分析成功或失败的原因。成功，证明该假设成立，可以在此基础上继续分解需求点进行实验；失败，则证明该假设不成立，就要避免未来再重复类似的假设。

本次数据洞察 / 用户洞察：结合历史假设记录，以及近期的数据分析及洞察，我们发现了什么，计划本次在什么方向上继续探索。

本次假设及优先级：在前两步基础上得出的结论，即本次的假设以及对应的需求方向。接下来根据指标和洞察结果，为需求排列优先级。

优先级明确后，就要系统、详细地描述需求了。说明需求所在的业务模块，然后把所有的需求点按照业务模块或者针对的用户群体做好划分，这样才能一点一点整合信息，避免需求点过于零散琐碎。比如，我们如果按业务模块进行划分，再继续细分的话，可以分为具体功能模块，具体功能模块对应的才是真正的需求点。

经常按照需求所在的业务模块进行划分的话，你会发现写需求文档会越来越轻松。因为当你在写新的需求文档时会发现，同一类型的业务模块中的需求总有类似的。时间久了，你自然会了解这一类型的业务模块中会出现什么样的需求，对问题和需求的描述也会越来越清晰，越来越完备。

3. 分解

在上一步的基础上逐步分解需求，直到无法继续分解为止，最终形成有序的需求列表。每一个被拆分后的需求点里都包括具体的需求内容、流程图、页面及功能、后台系统交互等。这部分跟传统需求文档的内容差别不大，只要让项目组其他人员能明白该如何实现即可。

到这里我们可以看到，使用精益闭环思路撰写的需求文档，和传统需求文档主要有两大区别：一是需要花更多的精力想清楚需求是怎么来的；二是围绕目标排列好优先级，在时间和资源有限的情况下优先做最重要的事情。这样原先要实现 10 个需求，现在也许只需要实现一两个，也可以达到同样的效果；而不是在无明确需求的情况下让大家拼命赶工来验证需求是否正确。虽然没有人可以做到完全想清楚，也没有人可以保证自己的想法完全正确，但至少我们要做到能够有理有据地阐述需求的来龙去脉并安排好优先级，保障后续团队的工作高效运行。

4. 实验

最后是拟订上线计划，包含上线时间、测试方案、数据统计报表/埋点文档等。测试方案里需要包含测试方法、测试内容、测试时长和待验证的数据等。关于实验部分,我会在后面的章节里具体讲解。

至此,一份完整的需求文档就完成了,包含指标、假设、分解和实验4个部分。这里面从思考到具体落地执行都有了。通过它,我们知道了需求是怎么来的,为什么这么重要(why),也知道了需求的具体内容(what),还知道了应该如何落地执行和检验(how)。这明显对产品经理提出了更高的要求。

当然,这里面已经尽量考虑到了所有的情况,可以根据实际情况适当删减,不需要生搬硬套。

经过这样的改进,一个执行层的产品经理一下子就变成了更高级别的增长产品经理了。是不是效果立竿见影?

6.4.2 构思爆款短视频

不仅产品设计、运营增长和需求文档撰写可以用到精益闭环的思路,其对于创意类的工作也同样适用。还记得图6-37所示的这部在2019年初刷爆朋友圈的短片"啥是佩奇"吗?

图6-37 短视频"啥是佩奇"截图

这部不到6分钟的短片在发布后的短短几个小时内就呈星火燎原之势,像病毒一样蔓延到全网,仅在微博就达到了两千多万次播放。如果你还没看过的话,可以上网搜索一下。

我非常佩服导演的创意，很好奇他是如何构思的。同时我也在想：精益闭环的思路能帮助我构思类似的创意吗？答案是肯定的！

1. 指标

制作这个短片是为了宣传年后即将上映的大电影《小猪佩奇过大年》，所以看短片的人自然是越多越好。从一些新闻中我得知这个短片的制作经费非常有限，不可能请明星宣传或花钱投放广告。在这种情况下如果想增加浏览量，最好的方式就是让大家自发分享和传播。因此，这个短片的目标是为电影造势，指标是自传播量。

2. 假设

需要关注哪些方面，才能顺利完成这个电影宣传视频，并让大家更愿意分享和传播呢？首先我们要考虑电影《小猪佩奇过大年》这个主题。由于短片的目的是为了宣传电影，所以短片里一定要体现出"小猪佩奇"以及"过大年"的元素，否则传播量再高也没有任何意义。

如何让大家愿意主动分享短片，也就是如何打动大众呢？这时我们就不得不引入"集体意识"这个概念。集体意识是全体社会成员在长久的日常社会交往活动中，通过协作、沟通和相互作用而形成的。简单来说，就是能得到大众认同的、约定俗成的且代代相传的情感或认知。利用好集体意识，更容易引起大众的共鸣。能够触动大众，自然也就构成了自传播的基础。

这样综合考虑，我们就有了三大假设，分别是"过大年""小猪佩奇""集体意识"。

3. 分解

围绕每一个假设，我们都能联想到很多相关元素。比如围绕"过大年"，我们可以联想到"几代人的团聚""喜庆""回乡""买票难"等。而围绕"小猪佩奇"，看过这部动画片的人可以联想到"童心""搞笑""创意"等。"集体意识"里面包含的东西太多了，可以重点寻找和"过大年""小猪佩奇"有交集的部分，另外也要尽量靠近社会热点，这样才能引起大众关注，如图6-38所示。

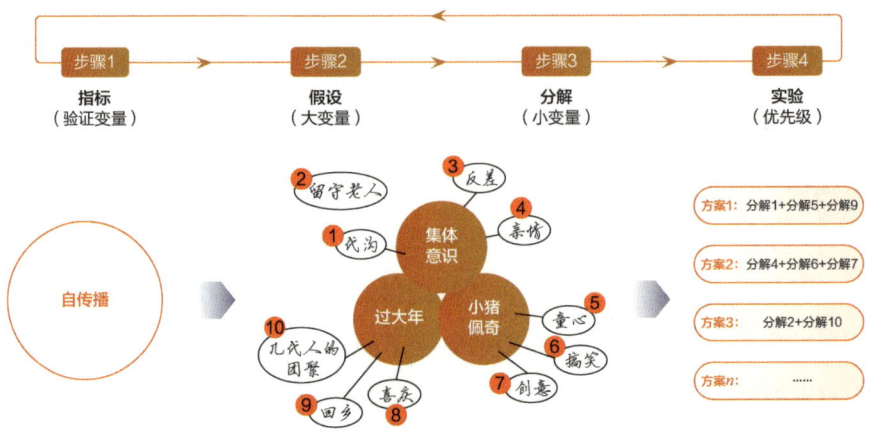

图6-38　精益闭环思路构思视频内容

结合以上这些信息，尝试一下发散思维，是不是很容易就能联想到"留守老人""代沟""反差""亲情"等关键点了？这些都是可以打动人心、引起社会关注的内容。

4.实验

拍短片没有办法进行"实验"环节，毕竟拍短片的成本是很高的。但是我们可以灵活应用，用类似"实验"的思路，给每项分解出的内容都标一个序号，然后通过各种组合，得到几个不同的序列组作为备选方案，这样就可以产出多个创意方案了，是不是很有意思？

当你需要创意却灵感枯竭的时候，用这种方法依然可以带来源源不绝的创意。可能你会说，平时工作遇不到这样的项目。没关系，这里只是抛砖引玉，只要你学会了这个思路，便可应对各种意想不到的难题。

6.4.3　设计创意营销界面

上一个案例多少有点"马后炮"的意味，毕竟我们已经提前知道了"正确答案"。如何验证这个思路确实能够激发创意呢？正巧，在京东金融的时候遇到了一个类似的难题。京东金融当时的注册用户数过亿，日活跃用户数接近千万。公司非常重视大型营销活动，比如"618""双11""年货节"等。每次遇到这类活动，公司都会投入大量人力物力以及高额的奖品预算，所以领导希望在各方面都能够做到精益求精，尤其是视觉呈现效果，既要好看，体现出一定的设计水准，又要氛围十足，充分调动起用户的兴致。虽然设计团队的专业水平很高，但是一年中有若干大促，早就榨干了设计师的灵感，导致每次活动风格都差不多，不仅用户审美疲劳，领导也不太满意。作为产品的"门面"，界面效果不好会让所有人印象深刻，这让大家倍感压力。

可是，专门做大型活动的设计人员是固定的，不可能临时更换，而且他们的排期很满，为了保证项目按时上线，必然会用自己最熟悉的方式去完成。虽然这样肯定不会出错，但是确实难以创新。在我来公司之前，这个问题被提出了无数次，但是一直没有得到解决。

真的无法解决吗？我相信只要不放弃，办法就永远比困难多。按照精益闭环的思路，我先提出了这次营销设计的目标是"数据效果好""质量高""有创意"，如图6-39所示。作为一个营销活动，数据一定是第一位的，如果数据效果不好，设计风格再花哨也没有用。在保证数据效果的前提下，还要保证设计质量，毕竟是大公司大团队出品。我们以往营销活动的数据效果和设计质量都不错，这次最重要的突破口是在"创意"上，一定要给人耳目一新的感觉。

这样的目标意味着不能选择过于文艺或高冷的风格，必须符合主流的营销风格，否则会影响数据效果；也不适合找新的设计人员做，因为擅长做活动的高水平设计人员很少，换人可能影响最终的设计质量；同时还要在风格上有所创新，让人眼前一亮。

目标确定后，紧接着要提出假设。要想数据效果好，除了保持用户熟悉的营销风格，还要突出年货节主题和活动奖励；要想质量高并且有创意，我决定提前召集所有对创意、营销感兴趣的设计师进行头脑风暴，发散出更多想法。

确定了目标后，大家纷纷去找符合要求的素材，然后找时间讨论。这个过程改变了过去一个人冥思苦想的状态，大家群策群力并积极讨论，一下子打开了视角。第一次讨论的时候，大家就通过头脑风暴发散出了几个重点方向，比如很少见的黏土风格、最近火爆的C4D建模风格、比较小众的清淡风格以及流行的国潮/插画风等。

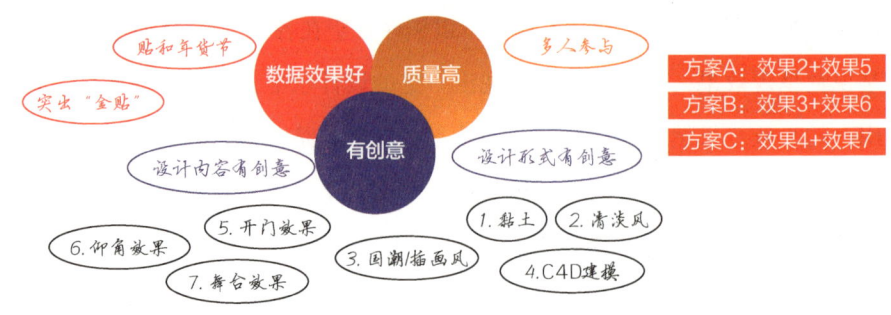

图6-39 精益闭环思路构思营销活动界面创意

这里面有一些风格是之前在活动中没有尝试过的，大家兴致很高，都跃跃欲试。我也认为应该没问题了，可以放手去做了。不过在开始行动前，我还是嘱咐设计师不要着急开始，而是先构思一些草图出来，再正式绘制。就是在这个过程中，我发现了一个之前没有想到的严重问题。

我发现大家提供的草图毫无创意，有的是一家人围绕在一起吃饭，有的是在车站迎接家人，有的是……都是一些日常的普通场景，平淡且没有记忆点。我这才意识到，创意不能仅仅局限在设计风格上，更重要的是内容上的创意。设计师本身更关注技法，所以容易一上来就陷入具体的设计风格中，而不是关注如何通过画面讲出令人印象深刻、浮想联翩的故事。

于是，我又带着大家进行了第二次头脑风暴。这次的重点不再是讨论设计风格，而是呈现的内容或形式。在参考了大量素材之后，大家从中选择了一些比较令人有想象空间的画面效果，比如一扇门打开的样子、仰视的角度以及画面中呈现一个舞台效果等。再结合之前的设计风格，我们"拼"出了3种组合方案，分别交给3个设计师完成，如图6-40所示。

由于C4D建模耗时较长，方案C只完成了一部分，最终方案B获胜。夸张的视角加上古代建筑风格，既充满了过年的韵味，也增添了神秘感，让人忍不住想要开启大门获得奖励。虽然方案B被分配到的主题是"仰视+国潮/插画风"，但在多次讨论过程中设计师之间也互相汲取了很多灵感，于是这个方案最终融汇了"开门""舞台效果""仰角""国潮/插画风"等多种元素，形成了和以往活动完全不同的营销视觉风格。

方案A

方案B

方案C

图6-40　最终方案效果

这个结果得到了内部好评无数，领导痛快拍板且十分罕见地没有提出任何修改意见。大家纷纷打听是谁设计的，怎么设计出来的。在设计人员整体水平不变的情况下，精益闭环思路再一次验证了它的作用。当然，除了正确的方法，设计人员本身的水平也很重要，没有良好的设计功底，再好的创意和方法也无法落地。技能和方法，一个都不能少。

6.4.4　在一场比赛中脱颖而出

我有一个朋友参加了一个名为"48小时开发游戏"的活动，虽然她们团队没有取得最后的胜利，但还是有很大的收获。她们认为最后失败的原因是游戏设计得太复杂了，而优秀的获胜作品都非常简单。她后来很后悔地跟我说："如果我用了你的精益闭环思路，这场比赛就不会失败了。"我问她："假如再给你一次机会，你会如何规划呢？"

下面就是她重新规划后的思路，大家可以借鉴一下。

1. 指标

首先看北极星指标，大家既然来参加这个比赛，肯定是希望取得胜利。那么如何取得胜利呢？当然是要先搞清楚比赛规则。

这个比赛的主题是"家"，每个小组需要围绕主题，用 48 小时进行设计及开发，之后会给每个小组 1 分钟的时间进行展示，然后结合现场反馈及评委的意见给出最终的评分。

很明显，这 1 分钟的展示至关重要。你需要在 1 分钟内展示整个游戏，还要给人留下深刻的印象。要满足这两个限制条件，这个游戏就不能过于复杂，并且需要配合精彩、有感染力的演讲，而我的小组光讲清楚思路就花了至少 5 分钟。由于构思过于复杂，我们组的设计人员还需要画 100 多组家具场景来配合，更不用提研发人员的工作量了。最后的结果可想而知。

2. 假设

我们怎么做才能在 1 分钟内让人完全理解这个游戏，并印象深刻呢？根据前面的分析，我想到了 3 个关键词：思路简单、有创意、好实现。这样就明确了工作方式：把更多的时间花在思考巧妙的创意上，而不是全部用在设计和开发上。

3. 分解

围绕主题"家"以及重要的假设"思路简单"，可以发散出各种各样的想法，比如"包饺子""找钥匙""逃离""思乡""相遇"……

再看第二个假设：怎么能让这些想法变得非常有创意。比如，有一个小组用中国古代文化诠释"相遇"的意义，这个思路让人眼前一亮。他们的游戏也非常简单，就是两个人各自控制手柄，在一个球体上随机行走，走过的地方就会长出小草；当两人相遇时，相遇位置就会开出一朵花。虽然听起来十分简单，但是正因为简单才好记忆，才能给人留下深刻的印象。

最后是第三个假设"好实现"。前面大家一定会讨论很多的创意，最后衡量取舍的标准，就是看哪个容易实现，毕竟只有不到 48 小时的时间。

4. 实验

完成游戏开发后的演讲环节，我认为就相当于是实验了。在这个过程中可以清晰地看到在场人员的反馈，然后反思哪些地方做得好，哪些地方做得不足，以后还需要再继续改进。

虽然朋友追悔莫及，不过还是从失败中获得了经验，进行了足够的反思。很多人也是如此，在接到一个任务后就直接考虑该如何执行，最后不仅费时费力，效果还不理想。倒不如先花一些时间进行方向定位、任务拆分和时间规划，这样更容易取得事半功倍的效果。

6.4.5 判断工作优先级

看到这里你有没有联想到，在实际工作中大家也经常会遇到类似的情况呢？大多数人都是被动完成领导安排的工作，或是想当然地做一些自认为很有价值的工作，任劳任怨、兢兢业业，最后却并没有得到领导的重视或好评，这是为什么呢？因为工作分很多种，有对公司重要的，也有不重要的，我之前经常强调"四两拨千斤"，很可能你把"千斤"扛住了，却和最关键的"四两"无缘。看起来干得很多，却并不是非常有价值。

那么如何判断自己的工作是否对公司、对领导有价值呢？这确实不太容易直接量化。但是我有一个朋友提出了一个很好的目标：**让你的工作成为领导年终汇报的一页 PPT**。问问自己："你的工作能否成为领导年终汇报的一页 PPT 呢？"很多人听完了以后连连摇头。如果不能，就要好好反思一下了。毕竟领导的目标就是北极星指标或是从北极星指标分解出来的一部分，如果你做的所有工作都对提升这些指标毫无帮助，自然就不会出现在领导的视野里。这对自己未来的职场发展是十分不利的。

如果你已经明确了目标，接下来可以再进行具体事项的细分，比如认真思考一下领导的目标/指标是什么，想想他以往会汇报哪些内容，看看自己未来可以在哪方面发力去帮助老板达成目标，具体要做什么等。这样做，我们就离想达成的目标越来越近了。

到这里，精益闭环的案例就全部讲完了，希望你可以在生活及工作中活学活用，看看是否会产生不一样的结果。我经常思考：为什么精益闭环思路的适用范围如此之广呢？它不受产品阶段、优化对象的限制，也不受产品、运营、设计和研发等职能的限制。它甚至可以解决重要的人生决策问题。

精益闭环之所以如此通用，是因为本质上它是跨界产物，它既包含了增长思维，又包含了精益思维，还有创新思维和敏捷思维，如图 6-41 所示。而做增长，恰恰需要结合多种思维，融会贯通。

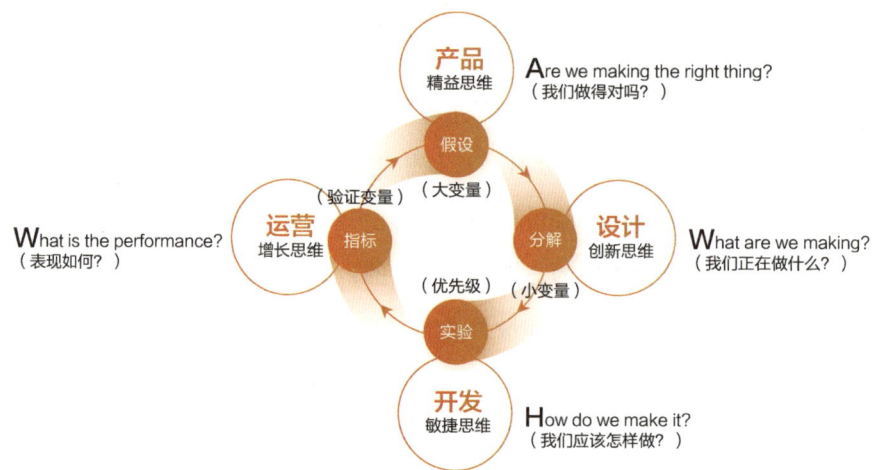

图 6-41　精益闭环中蕴含的复合思维

如图 6-41 所示，"指标"的背后是以运营人员为代表的增长思维，关注的是"结果如何"；"假设"的背后是以产品人员为代表的精益思维，关注的是"我们是否做了正确的事情"；"分解"的背后是以设计人员为代表的创新思维，关注的是"我们做了什么"；"实验"的背后是以研发人员为代表的敏捷思维，关注的是"我们怎么做"。精益闭环的 4 个步骤"指标""假设""分解""实验"就这样串联起不同职能所代表的思维，融会贯通再化繁为简，取大道相通之理，最终快速高效地解决问题。

第 7 章　高效实验稳定实现增长循环

相信大家都已经明白了精益闭环的思路，初次接触这个理念时，大家普遍有两个疑惑。第一个疑惑是如何提出假设，关于这个问题大家可以看看前面讲洞察的部分。第二个疑惑是如何进行实验，本章会对这个问题做出重点解答。

7.1　实验思路让学渣变学霸

一说到"实验"，大家可能会想到穿着白大褂的实验员摆弄各种瓶瓶罐罐的场景。还有人会联想到"专业""科研"。实际上，作为精益闭环中的重要一步，"实验"是很常见的，它对我们的工作、学习和生活都能够提供很多帮助。

我给大家举一个例子，今天我看到了一篇文章，讲的是一个曾经很普通的女生如何通过正确的方法，用短短一个假期的时间从班里的"差生"逆袭成为优等生，并陆续考上了清华大学和哈佛大学的故事。带着满满的好奇心，我仔细阅读了整篇内容，详细地了解了她的学习方法。

我惊讶地发现，她的方法和精益闭环如出一辙：先定大目标，然后把目标分解成一个个关键事项，结合时间轴（相当于优先级）列出完整计划，再把计划贴在家里明显的位置提醒自己。就这样，仅仅经过一个暑假，她就脱胎换骨，成绩由原来的中下游变成了前几名。大家都对她的变化感到十分震惊。

她是这样解释的："**成功不仅需要清晰的目标，还要把目标化成一个个可量化、可实现的阶段性'待办事项'。**"这个从量化目标到形成待办事项再逐步完成的过程和做实验异曲同工。不仅知道要做什么，还要知道怎么做，时刻关注自己的表现，时刻看到自己的进步（对比），自然就不再迷茫。

另外，通过可视化的方式把时间安排和待办事项结合到一起，让自己既有清晰的目标和具体的事项安排，又能掌控明确的时间节奏。

最后，把这些内容写在卧室的白板上，抬头就能看到；或者设成手机屏保，每次用手机都能看到。这是源自心理学上的"曝光效应"。也就是多看目标，多提醒自己目标的存在，越看就越想实现，不断刺激我们的情绪和斗志。

这个思路让我感触很深，最初我带的团队只是一个非常普通的支持团队，工作质量一般，效率也不高。自从使用精益闭环的思路后，我们不停地实验、积累，创造了一个又一个奇迹，让领导刮目相看，与此同时我们也没有增加很多额外的工作量。好的方法，真的可以让普通人快速逆袭。

7.2　高效实验的4个步骤

想做好一个实验，需要注意以下几点，**分别是分解实验变量、多维度排列优先级、可视化时间安排、量化结果并复盘**。听起来似乎很复杂，但是如果用刚才那个普通女生学习的例子来阐述，就很容易理解了。

首先是分解实验变量，比如想要让成绩上浮10名，就要拆分成：数学提升××、语文提升××、英语提升××……接下来是多维度排列优先级，由于目前数学差距较大，因此优先学习数学。英语单词量不够，计划扩充3000个单词以上。语文则要增加阅读量……计划每天早上6点起床，先学习2个小时的数学，休息10分钟后开始背英语单词30分钟，然后……安排好时间后画一张表，每天完成一项就在后面打对钩。一个假期过后根据开学后的摸底测验，评估这个假期的学习成果。

看，是不是很简单？如果你能理解这个例子，那么你就已经具备了实验思路。接下来我们再看工作中需要了解的基础实验知识。

7.2.1 分解实验变量

关于分解实验变量在前面已经提到过不少了，常见的有**单变量测试和多变量测试**。

单变量测试很好理解，比如说我们这次单独测试按钮颜色，其他的都不改变。那么按钮颜色就是单独的测试变量。即便你要测无数种颜色，也是仅属于"颜色"这个单独变量下的测试。

多变量测试就是同时测试多个变量，像6.2.4节中的案例就是多变量测试。同时测"人""时间""方式"这3个变量，对比的是不同的变量组合，看哪种变量组合最后的效果最优。

如果还是觉得不好理解，我再举一个优化按钮样式的例子，如图7-1所示。如何优化按钮的样式呢？通过分解，可以考虑优化按钮颜色、位置或者形状。如果优化其中一种，就是单变量测试；如果同时优化2种或3种，就是多变量测试，如图7-2所示。

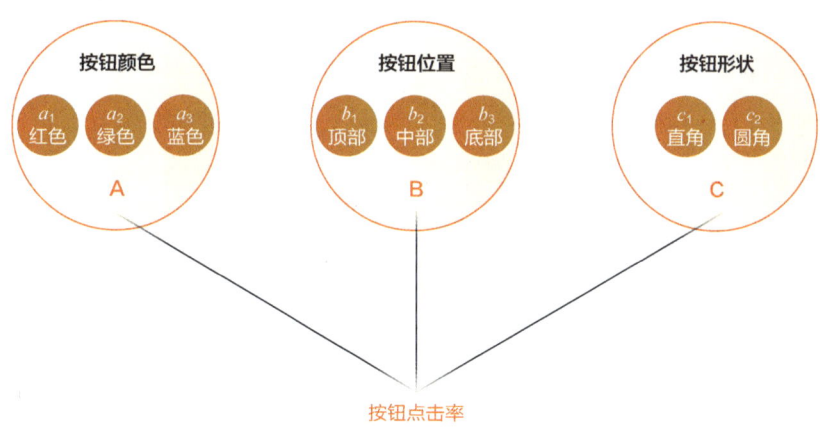

图7-1 优化按钮变量分解

确定了基本变量后，在每个变量下还可以再细分测试变量。比如按钮颜色，可以分解出 a_1 红色、a_2 绿色、a_3 蓝色……按钮位置，可以分解出 b_1 顶部、b_2 中部、b_3 底部……按钮形状，可以分解出 c_1 直角、c_2 圆角……

假如我们同时选择按钮颜色和按钮位置这两个变量做测试，就需要进行所有的细分变量组合，其中有 a_1b_1、a_1b_2、a_1b_3、a_2b_1、a_2b_2、a_2b_3、a_3b_1、a_3b_2、a_3b_3 共 9 种组合。

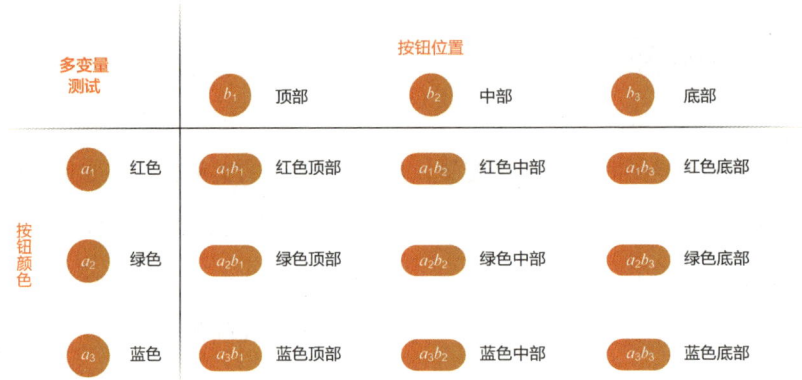

图 7-2 多变量测试中的变量组合

多变量测试可以提升效率，快速遍历所有的可能性，而且避免了单一变量组合后效果不佳的风险。比如说单独测试变量的时候，发现红色按钮效果最好，中部位置最好；但是如果真的把红色按钮放在中部，可能效果不如顶部位置的绿色按钮。就好像人的五官，最美的五官拼凑到一起，未必就是最好看的那张脸。

可是，如果同时测试太多变量也会出现问题。一是大大增加了测试的复杂程度，二是无法区分单独变量对结果的影响程度。即便结果明显，也不知道是什么因素导致的。

那么我们在实际工作中应该如何应对呢？首先是尽量避免用过于机械的方式优化细节。比如刚才这个优化按钮的例子仅仅是一个示例，如果真的要优化界面，我是不建议用这种方式来测试的。很多公司或个人过于推崇实验文化，越来越不愿意动脑筋去思考。实际上，实验只能从已知的组合中挑出最好的，却不能帮助我们探索未知。所以，我们还是尽量要用洞察＋验证的方式来做增长。

此外，还要分清楚什么时候用单变量测试，什么时候用多变量测试。如果变量之间呈现强关联，就需要多变量测试。比如唤醒沉睡用户的案例，对什么样的人在什么样的时间用什么样的方式去唤醒，很明显这些大变量之间有极强的关联性，是无法独立测试的。另外就是看产品处于什么发展阶段，越接近成熟期越推荐单变量测试，因为这个时候产品已经趋于平稳，单一因素对最终指标的影响越来越明显，所以我们需要精细化地考量单一因素对最终结果的影响。

记得我在 6.2 中讲过的优化营销落地页面的例子吗？后来我们一直在优化，提出了更多的假设并进行分解。我想这也是很多人关心的问题：如何能源源不断地提出假设和分解？我们是怎么做的呢？

首先，我们进行了一轮头脑风暴，模拟用户看到这个页面的场景（前提是我们之前已经做了深入的用户调研），思考用户希望看到什么、用户想到了什么、用户希望听到什么、用户可能会说些什么……然后提炼出用户痛点和用户诉求，如图 7-3 所示。

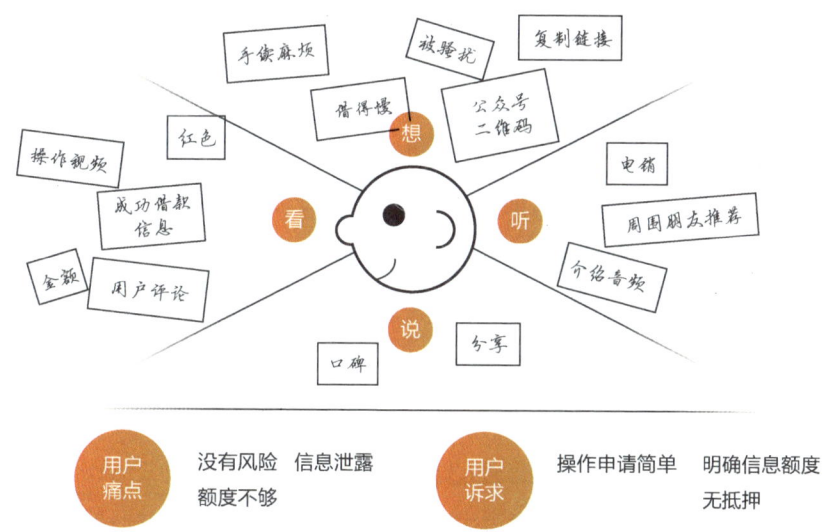

图7-3 同理心地图结合头脑风暴

接下来我们把用户诉求提炼成几个典型的分类，这些分类就是三级假设；再把其他内容分别摆放进对应的分类里，这些内容就是每个假设下面分解出来的具体事项，如图 7-4 所示。

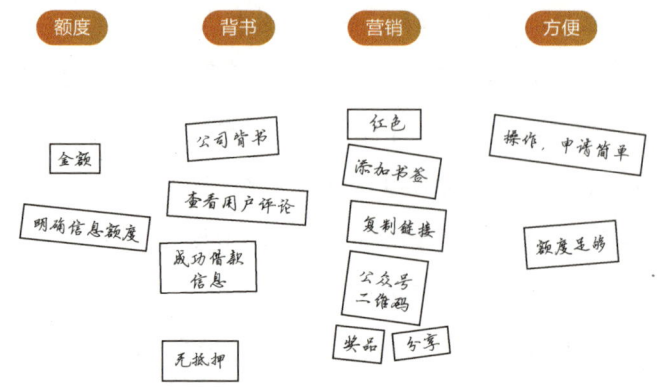

图7-4 卡片分类法结合精益闭环思路

传统的产品设计思路一般会按照实现难度排列优先级,但在这里,我们需要经历多维度的筛选机制。

7.2.2 多维度排列优先级

首先是看**指标**,即这些内容是否可以提升指标;如果认为可以则保留在测试计划中;如果认为不可以(比如根据过往实验经验)则删除。其次是看**提升指标的可能性**,可能性大的排在前面,可能性小的排在后面。再次是秉持"从大到小"的思路,先做较大的优化,再做细节优化。最后是看**实现难度**。对H5页面来说,这项几乎可以忽略不计。**按照这几个维度筛选并排列优先级,并标出序号**,比如a_1、a_2、a_3……b_1、b_2、b_3……

当然对专业人士来说,也许并不需要这么麻烦,他可以很快地根据前期洞察想到提升指标的假设。但如果是一群普通人打增长持久战,就需要这种**成体系的方法**了。

由于这个页面已经测试过一段时间了,越到后期可优化的空间越小,到目前这个阶段更适合单变量测试的方式,这样有助于帮助我们进一步了解什么因素更容易提升指标。比如a_1代表"查看用户评论",就可以做个A/B测试,A版本可查看用户评论,B版本保持不变。这样我们就可以明确"查看用户评论"的功能是否能够提升转化率。

谨慎起见，一般我们不会五五分做 A/B 测试，而是切出一个较小的渠道或较小的量级来进行测试，如果实验效果不错再切出更多的流量测试。比如，可以先保持 90% 的流量不变，剩下 10% 的流量里各切 5% 进行 A/B 测试。当然也得看总量，一般来说 A/B 测试要保证每个测试的样本量上千。如果想要更严谨的话，可以进行置信区间的计算，这方面内容我会在后面具体介绍。

7.2.3 可视化时间安排

明确了待测试的事项，并排列好优先级，接下来就可以制订具体的时间计划了。最好把这个安排"可视化"，方便团队成员更直观地执行实验计划，对一切安排和进度了然于心。可以参考图 7-5，制订一个详尽的实验计划表。里面包含了具体时间、实验目的、实验假设、实验设计、实验结果和实验结论。

时间	4月12日	4月17日	5月22日	9月25日	10月10日	12月17日	1月8日
实验目的	消除用户对信息安全的担忧	提升用户成功借款的信心	提升用户成功借款的信心	通过公司背书打消用户借不到款的担忧	通过公司背书打消用户借不到款的担忧	让用户感到借款方便快捷	提升用户成功借款的信心
实验假设	增加文案"宜人贷保护您的信息安全"，提升转化率	优化头图展现形式	优化页面风格	增加用户成功借款信息模块	增加用户评论模块	优化借款模式展现形式	丰富头图内容，增加模特成功借款内容
实验设计	实验组：增加提醒文案 对照组：不增加提醒文案	实验组1：红色球状动态效果 实验组2：蓝色球状动态效果	在公积金关键词落地页面测试；实验组：新页面风格 对照组：原方案	实验组：增加滚动条提示用户成功借款信息 对照组：原方案	实验组：增加用户评论模块 对照组：原方案	实验组：图文展示借款模式 对照组：原方案	实验组1：男模特成功借款 实验组2：女模特成功借款 对照组：原方案
实验结果	实验组注册率下降	实验组和对照组无明显变化，实验组1和实验组2也无明显区别	实验组注册率下降	实验组注册率提升10.5%	实验组和对照组无明显变化	实验组注册率下降	实验组注册率下降，实验组1下降率高于实验组2
实验结论	用户没有我们预想的那么重视信息安全，强提醒反倒引起用户注意	原方案的指针方式更容易被用户接受	用户对流行风格的接受度差	他人成功借款案例提升了用户信心	用户对他人评价不敏感	图多让用户感到这是一则广告	模特让用户感受广告效果，男模特代入感比女模特强

图 7-5 可视化的实验安排

如果把这张表贴在白板上或是大家都能看到的最显眼的位置就更好了。这样可以提醒大家按计划完成工作，并及时了解实验进度及结果。

7.2.4 量化结果并复盘

对于每一次实验的结果，我们都需要把它记录下来并进行分析。不过，既然是实验，还是要追求严谨性和科学性的。否则，表面上看到的实验结果，未必能够反映真实的情况。

举个例子，当你抛一次硬币的时候，它可能是正面朝上；你抛 2 次或者 3 次，可能它还是正面朝上。但是你能说正面朝上的概率是 100% 吗？肯定不能。当你抛到一定次数时，你会发现正面朝上的概率基本稳定在 50% 左右。所以，做实验必须保持一定的样本量，否则结果不具有代表性。

另外，做实验需要考虑周期。比如一个大型的首页改版，一般要看一个月以上的数据，因为一开始用户会感觉不习惯，经过一段时间才能适应。所以不能只看几天数据就盲目得出结果。即使一个小型的实验，也需要看一段时间的数据，待数据基本保持稳定了再下结论。

下面来考考大家，如图 7-6 所示，有这样一组测试数据：A 版本 UV1000，注册数 30，注册转化率 3%；B 版本 UV1020，注册数 41，注册转化率 4.01%。先不考虑时间的问题，你能就此判断 B 版本比 A 版本效果更好吗？

	独立访客数（UV）	注册数	注册转化率
A版本	1000	30	3%
B版本	1020	41	4.01%

图7-6 一组测试数据对比

答案是无法判断，因为我们不知道样本量是否足够。为了更精确地判断最后的结果，我们需要简单了解置信区间的概念。

7.3 科学统计实验结果

置信区间是一个统计学名词，它以区间形式对产生这个样本的总体的参数分布中的某一个未知参数值给出估计。相对于点估计（用一个样本统计量来估计参数值）而言，置信区间还包含了估计的精确度信息。这个概念可能有些难懂，不过用在A/B测试里，你可以简单地理解成：置信区间是用来表示实验的误差范围的。

要知道，早期科学实验中科学家们是不承认实验有误差的。因为他们认为所有的测量都必须是精确的，只要出现了误差，就一定是实验出现了错误。不过现在我们都知道了，误差是不可避免的，即使实验条件再严格，也无法完全避免随机干扰的影响。因此，做科学实验时往往需要实验能够复现，而且要测量多次，再用取平均值之类的手段才能得出最终的结果。

为了排除偶然因素，进行多次测试是有效的办法。就像前面说的，只要你抛硬币的次数足够多，正面朝上的概率总是能接近50%的，但不会绝对等于50%。所以，在科学实验中，结果总会存在一定的误差范围。

举一个通俗一点的例子吧，假设我们测量出一个天才儿童小明的智商是140，测量误差是±10。也就是说，小明智商的区间是[140-10，140+10]。给出这样一个智商范围，你能知道他的确切智商吗？很明显，你无法确切地知道。虽然小明的真实智商值只有一个，但这个数值可以是这个范围内的任意数字。这里的误差范围或者说误差区间，在统计概率中就叫作置信区间。

7.3.1 置信区间评估A/B测试结果

做过抽样调查的人都知道，样本量不足时，实验结果可能会产生很大的误差。于是，很多人会产生这样的疑问：在抽样调查中，样本能在多大程度上代表总体，

有没有公式？

其实这个问题本质上就是想知道数据统计的误差范围，也就是置信区间。为了了解置信区间的计算方法，我在网上查阅了很多内容，这里面包含了点估计和区间估计、中心极限定理与大数定理、标准差与标准误差、置信区间公式等。如果你没有专业的数理统计知识，理解起来还是比较费劲的。不过好消息是，对大部分人来说，他们并不需要知道其背后复杂的数学原理，只需有人快速告诉他们这个实验结果靠谱不靠谱就够了。

判断实验结果是不是靠谱，需要看置信水平，如图7-7所示。简单来说，如果置信水平为95%，就意味着当我们抽样100次的时候，可以得到100个区间，而这其中大约95个置信区间是符合我们设定的条件的（95%是统计学中常用的置信水平，如果置信水平过低容易得出错误结论）。

回到刚才那个例子，你只需要知道常用的置信水平是95%（也可以定为99%）。也就是说，如果我们能证明B版本比A版本好的概率在95%以上，就可以认为B版本更好。

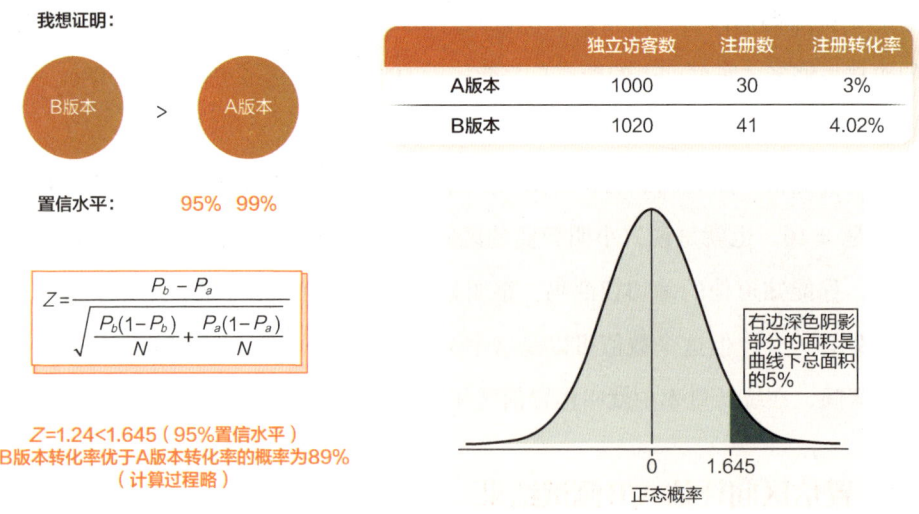

图7-7　置信区间计算

经过公式计算，我们发现B版本转化率优于A版本转化率的概率为89%。如果置信水平定为 95% 的话，就不能证明 B 版本效果更好。

我们再来看另一个例子：A 版本 UV2000，注册数 60，注册转化率 3%；B 版本 UV2020，注册数 82，注册转化率 4.05%，如图 7-8 所示。

	独立访客数	注册数	注册转化率
A版本	2000	60	3%
B版本	2020	82	4.05%

Z=1.81>1.645（95%置信水平）
B版本转化率优于A版本转化率的概率在95%以上

图 7-8　另一组测试数据对比

通过公示计算得出：B 版本转化率优于 A 版本转化率的概率在 95% 以上。因此在 95% 置信水平的限制下，我们可以得出"B 版本比 A 版本效果更好"的结论。

具体的计算方式其实并不难，只需把关键数值代入公式里就可以了，但这依然有些麻烦。于是我们团队研发了一个免费的"置信区间计算"小程序，新手不需要学习专业的统计学知识，不需要套公式，就能快速评估实验结果。大家只要在微信小程序里，搜索"置信区间"，就可以找到了，如图 7-9 所示。

图 7-9　独家小程序快速评估 A/B 测试结果

在小程序里，只要把 A、B 方案的转化率和测试次数分别输入进去，就可以立刻得到结果了。是不是很方便呢？

7.3.2 探讨数据背后的原因与结论

即便有了明确的实验结果，也不要盲目地做论断，还要分析数据背后的原因，知其然更知其所以然，这个实验才有意义。

比如图 7-10 所示的这个实验，A 版本是原始版本，B 和 C 是测试版本。A/B 测试的结果是 A 版本的数据好于 B 版本的数据，B 版本的数据好于 C 版本的数据。

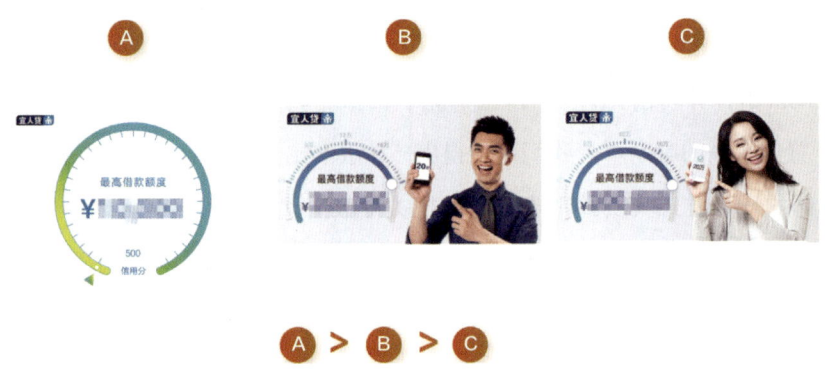

图 7-10　独家小程序快速评估 A/B 测试结果

那么我们就需要分析了，为什么原始版本最好。根据以前的调研结果，我们判断用户喜欢简单易懂的图形，不喜欢太多视觉元素干扰他们。另外，加了人物形象后页面有点营销的味道，而用户想要的是稳定、可靠和值得信赖的感觉。

但是为什么男性形象比女性形象效果更好呢？这让我们感觉很意外，毕竟我们大部分用户是男性，而男性不是应该喜欢看美女吗？经过反复讨论，我们认为这和一个心理学现象"代入感"有关。用户更喜欢看到和自己类似的，或者自己想成为的人。比如 B 版本，会让人感觉到，自己也能像那位男士一样成功借到钱。但是看到 C 版本就不会有这种感觉，会觉得这和自己没有关系。

所以从这个实验中，我们不仅可以知道哪个版本效果更好，还可以得出两条重要的结论：

- 用户更喜欢简洁的视觉元素，画面应该尽量凸显专业感和信赖感；
- 用户喜欢和他相关的形象，这样容易产生场景代入感。

这个结论不仅可以应用到相关的场景中，还可以指导我们在此基础上准备下一次的实验，而不会像没头苍蝇一样误打误撞了。

在本篇的最后，我们来为"以用户为中心增长"这部分做个小总结吧：首先找到当前阶段的"北极星指标"；然后通过差异性洞察找到增长爆破点，也就是一级方向，围绕北极星指标和一级方向，通过用户增长地图全局规划增长策略，得出若干二级机会；再通过指标、假设、分解和实验4个步骤，实现二级机会。

本篇的内容非常多，希望你可以在工作中尝试使用这些方法，遇到有问题的地方就多查阅对应的内容，希望你能从中获得一些启发。

第三篇

让增长生生不息

第 8 章　增长链批量复制增长成果

通过前面的内容，我们已经了解到了增长的通用思维模式，也能够结合自己的工作，通过具体的方法和步骤落地增长。但是增长也是分层级的，最低级的增长是可以拿出几个提升数据的案例；中级的增长重在持续，通过积少成多取得超出预期的成果；而高级的增长就像滚雪球一样，通过机制让一切自行运作，源源不断。你现在处在哪个层级呢？

8.1　爆发式增长的秘密

学习了本书中的方法，相信大家会很容易达到第一个层级，那么如何进入下一个层级呢？

了解理财的人都知道，如果你每月固定存下一笔钱去做基金定投，那么坚持若干年，将产生可观的复利。增长也是如此，如果你养成了做科学实验的习惯，每次增长一点点，坚持一段时间，就会积累出巨大的成果。

比如宜人贷的营销落地页面，经过 40 天的实验，最终累计提升转化率 70%。又比如《增长黑客实战》提到过的微软案例，微软的 Bing 搜索引擎曾通过 A/B 测试反复调试页面配色方案，最后的胜出方案与旧版色差极小，通过肉眼几乎无法分辨，却提升了 1000 万美元的年化营收。再比如 2015 年雅虎发布 Yahoo Mail 期间，团队花费整整 10 周时间进行了 122 次测试，通过将 3%、5% 和 8% 的优化成果不断累加，最终将下载转化率提升了 13 倍，成功挤入 App Store 免费排行榜第五名。优化增长的复利效应由此可见一斑。

也许你会说："增长不能只靠这种细节方面的优化，这太局限了。"那我再举一个例子。在京东金融工作的时候，领导请来了业内知名的增长专家为我们做了一场分享，他给我们看了图8-1所示的数据。

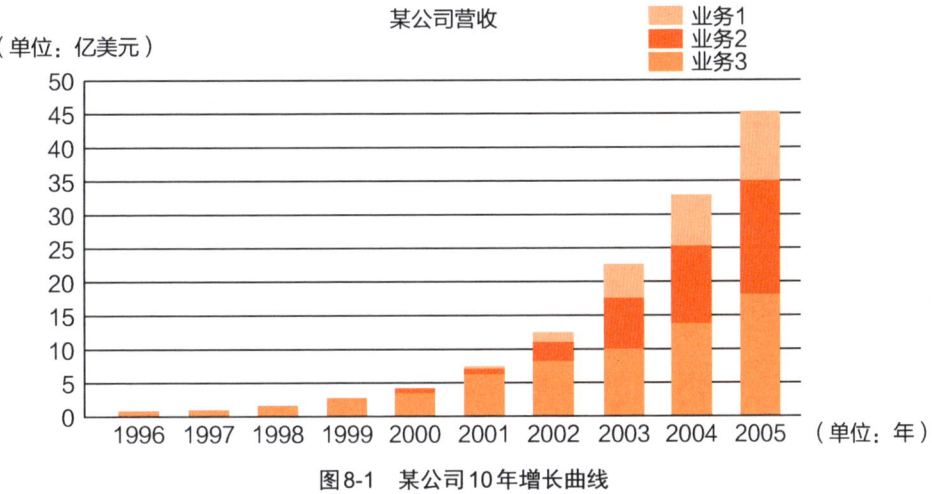

图8-1　某公司10年增长曲线

图中不同颜色代表不同的业务，展示了某知名公司10年的业绩增长柱状图。如果不考虑颜色的话，很容易发现该公司在10年内出现了爆发式的增长，曲线一路向上飙升。而增长拐点则出现在2000年到2001年左右。

以前看到类似这种增长曲线的时候，我总在想，一定是公司做出了什么惊人的决策，导致业绩突然出现了大幅增长。但是看到这幅图才明白，单独看每一项业务，其实都是线性增长的，但是叠加到一起后呈现指数级增长的状态。也就是说，指数级增长的背后是线性增长的叠加。这就是积累的意义，它不仅仅是"一招鲜"，而是既有"招"，又能持之以恒地延续成果。如果光放大招，却不注意踏踏实实地积累，最终只能落得个"狗熊掰棒子"的结果。

那么如何积少成多地实现增长呢？我认为这里又分为3个层级，**分别是：价值导向的创新迭代、成功经验的二次复制以及实验结果的批量复用。**

8.1.1 价值导向的创新迭代

还记得我在 1.2 中提到的微信和头条的模式吗？微信非常注重思考和创新，围绕"一个生活方式的工具"这个定位，微信从单人聊天拓展到群聊，在群聊的基础上又有了朋友圈，后来又有了公众号和小程序。每一个新功能的诞生，都会引起大家的关注，带来一波又一波话题，如图 8-2 所示。

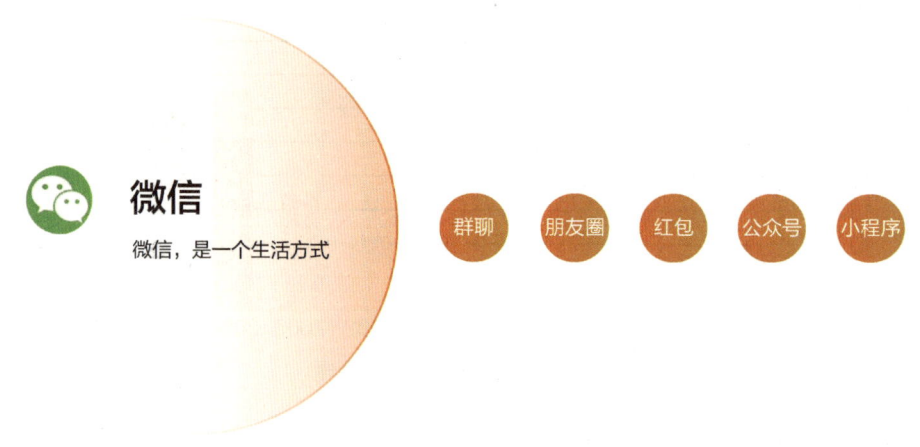

图 8-2　微信围绕定位不断扩充功能

它的每一个功能都不是空穴来风或盲目跟随，而是来自对生活、对用户的思考，围绕定位有序地展开。这些创新虽然表面上看起来彼此间毫无关系，但实际上每一次创新积累的经验和成果都为下一次创新奠定了基础。

增长的迭代可以很大，也可以很小，可以是在原有基础上不断创新，也可以是细节上的不断改良，通过长时间的积累形成巨大的增量。

8.1.2 成功经验的二次复制

与微信不同，头条非常重视技术和算法。一旦验证某个模式可以取得成功，就会不断复制该模式到其他产品上，从而取得更大的成功，如图 8-3 所示。比如通过算法推荐，每个用户都能看到不同的内容，形成了真正的"千人千面"，这种模式让今日头条在众多新闻类产品中脱颖而出，成为一匹黑马。头条所在的公司"字节跳动"

尝到了这种模式的甜头，把它拓展到当下非常火爆的短视频领域，做出了火山小视频、TOPBUZZ 和抖音等产品。尤其是抖音，已经成为当下最受欢迎的短视频产品之一。

图8-3　有效增长模式的复用

虽然这种模式并无太多惊喜和创意，但它能快速复制、快速占领市场，这也是一种非常聪明的增长方式。相当于拥有一个配方，然后通过批量生产获取更大的经济效益。

所以微信和头条，一个像手工自制的老字号，一个像批量生产的工厂，两种不同的思维模式最终都能带来惊人的增长。因为它们都做到了积少成多，而不是把增长变成了一锤子买卖。

8.1.3　实验结果的批量复用

当然，对大多数人来说，这两种方式都离我们比较远。在实际工作中，我们可能既无法做到像腾讯这样的功能创新，也没有办法像字节跳动那样从 0 到 1 做若干可复制的产品。那么接下来我就重点介绍第三种积少成多的方法：批量复用实验结果。

原理很简单，就是我们每做一次实验，都会积累相应的结论。如果实验成功，我们就会知道怎样做可以带来数据提升；如果实验失败，我们就会总结经验教训，明白做什么样的事情不能带来数据提升。那么经过一段时间的积累，我们很可能从这些实验结论中找到增长规律。

还是拿之前宜人贷营销落地页面的实验举例，我们通过一段时间的连续实验，选出最有代表性的 3 个方案。第一个是原始方案，第二个是提升转化率 30% 的方案，第三个是最终提升转化率 70% 的方案，如图 8-4 所示。

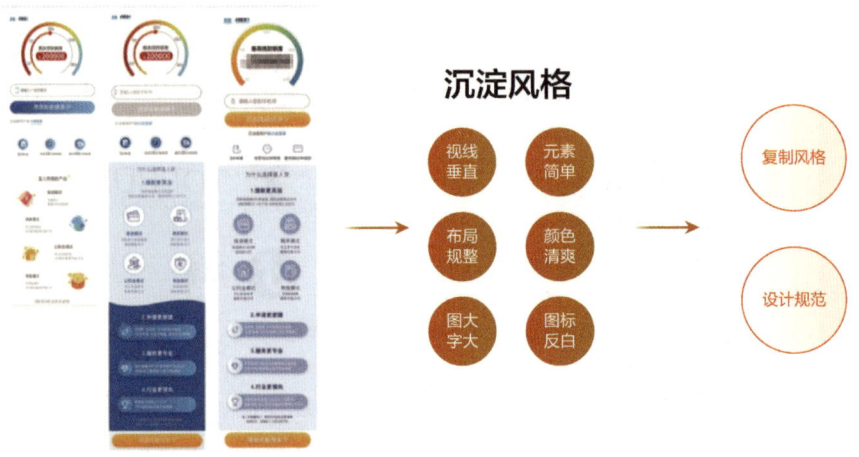

图 8-4　增长实验过程中的发现

通过这 3 个方案的演变，我们可以发现其中的规律：如果把方案比作一个人，原始方案给人的感觉像一个害羞的小家碧玉，虽然精致却有点拒人于千里之外的感觉。经过改良后，整个方案给人的感觉像一个浓眉大眼、阳光硬朗的邻家兄弟，虽然没有那么精致，却显得朴实、憨厚且接地气。虽然图本身变化不大，但是气质有了天壤之别。具体体现在以下几个方面，比如：视线垂直、元素简单、布局规整、颜色清爽、图大字大和图标反白等。如果你是一个急于借钱的男性，你愿意向一个精致、害羞的小姑娘借钱，还是愿意向一个朴实的兄弟借呢？答案显而易见。

如果不通过实验的对比，我们很难发现这样的规律。专业能力只是基础，配合正确的方法才能做到快速增长。

接下来，我们把这些增长规律沉淀下来，融入新的设计规范里，让团队里的所有人都去遵守规范，并复用到其他场景中。

比如我们用同样的风格修改某条业务线的 H5 介绍页面，转化率立刻提升了 20%以上，如图 8-5 所示。之所以要先在 App 里的某个 H5 页面上尝试，是因为 H5 页面可以立刻看到效果，如果效果不佳还可以立刻替换回原先的版本，降低失败风险。

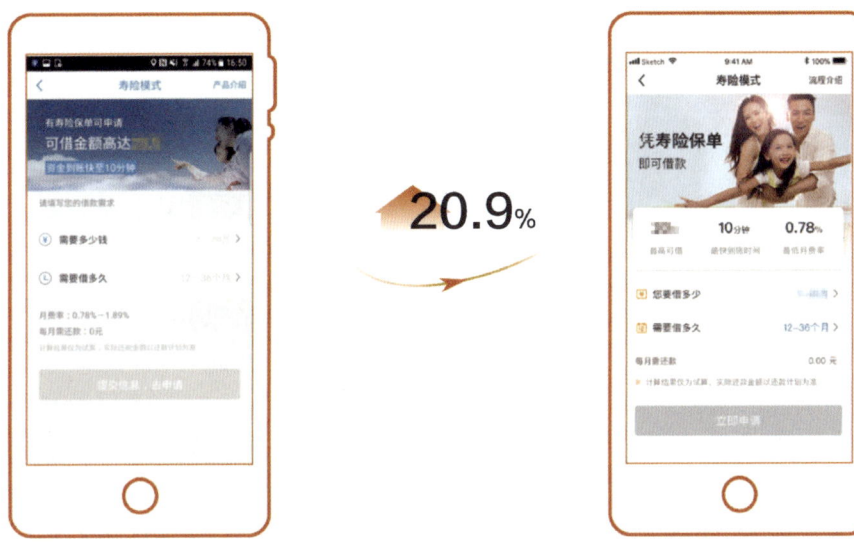

图8-5 将增长结论复用到相似场景中

由于我们有多条业务线,所以后来我们索性把所有业务线的 H5 详情页都从原先的"小家碧玉"风格换成了"阳光男孩"风格。并且我们也同时优化了 PC 端的营销落地页面。结果不出所料,效果非常好,所有改进后的页面,其转化率都有了 20% 以上的大幅提升。尤其是 PC 端的营销落地页面,居然一次就提升了 145%。而在此之前,团队的设计人员优化了不少于 10 个方案,数据均没有明显提升。

8.2 四级延续:批量复制增长

通过前面的内容,你是否感觉到:**无论你用什么方式积少成多,增长都有一条内在的链路在运作**,绝不是无序的、灵光乍现的、撞大运的结果。我把这条链路叫作"增长链",如图 8-6 所示。有了增长链,你的一点点增长成果都可能会像滚雪球一样,最终带来巨大的变化。

现在我们来复盘宜人贷营销落地页面的增长链,希望可以抛砖引玉,帮助你结合工作或者生活,找到自己想找的那条增长链。

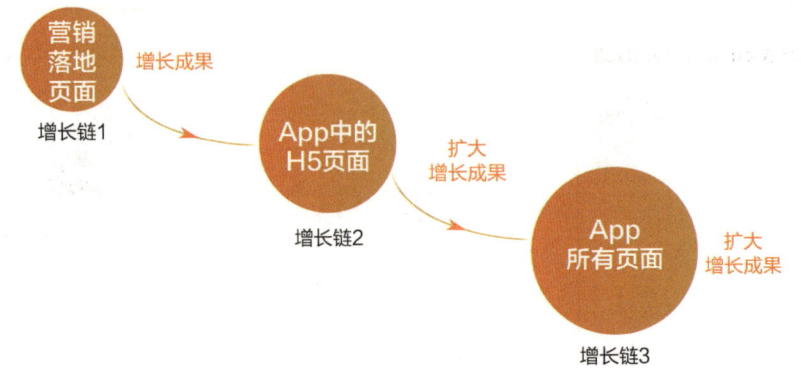

图 8-6 增长的内在链路

节点 1（发现机会）：我们从用户增长地图上看到 H5 营销落地页面的优化对提升北极星指标来说非常重要，对公司的价值也很大，并且 H5 页面优化起来成本很低，可以立刻看到效果。于是我们决定重点优化它。

节点 2（持续实验）：持续优化了 40 天以后，累计转化率提升 70%，在这个过程中我们做了很多次实验，每一次实验都可以得到对应的结论。并且通过几个关键方案（数据有大幅度提升的方案），观察到了方案演变的规律，得出了重要的结论。

节点 3（成果迁移实验）：接下来，我们把这个规律复用到 App 中的 H5 产品详情页上，结果 3 条业务线的产品详情页转化率都提升了 20% 以上。

节点 4（成果批量复用）：之后，我们计划把所有 App 里的页面都替换成新的风格。但是很显然，这么做难度很大。因为如果要这样做，我们会面临一个新的问题：这么大的工作量，一个设计师肯定完不成，但是如果多个设计师一起做，风格是难以保持统一的。于是我想到了组件库的概念，这样可以用更智能的方式来替代人力，既节约了成本又提升了设计质量。关于组件库，我会在后面重点介绍。

这就是一条典型的增长链，通过持续的迭代和复用，最终带来批量增长。

当然，每个公司的情况不一样，大家的职能也不一样，这条增长链也许并不适合你，也可能和你的工作没有交集，但这并不重要，重要的是学会这个思路后灵活应用。就好像我分享给大家腰带的作用，并拿出自己的腰带做示意。我的这条腰带对你来说或长或短，样式也未必合意，但你绝不会在意，因为你从我这里了解到了腰带的用途，也会寻找适合自己的腰带，这才是最重要的。

8.3 增长组件库案例

现在，我们来看一个完整的有关增长链的案例：增长组件库。由于我个人视野和经历有限，这个例子只是增长中的沧海一粟，希望你可以根据自己的项目情况，结合自身的技术，发掘出更多的智能增长方式。

8.3.1 什么是增长组件库

当我们已经验证了实验结果，并希望把总结出的设计规律复用到所有页面上的时候，我发现想法很美好，但落地很困难。因为每条业务线都有自己的设计师，每个设计师都有自己的风格，很难完全遵循某种特定的规律。

我尝试着给每位设计师都展示并耐心讲解"阳光男孩"风格，以为他们都能够意会，但是最后大家做出的页面五花八门。每个人对视觉的感觉和理解的细微差异使得最终的呈现结果迥然不同，所以我只好打消了这个念头。

后来我突然想到了在阿里工作时接触到的设计组件库（Design Pattern Library，DPL），虽然它和增长无关，但是它可以做到统一设计样式。组件库是一套详细的设计样式控件库，它把交互规范、视觉规范和前端代码融合到了一起。我们看到的每一个标准样式，其背后都对应着现成的代码。那么在实现的时候，只要找到样式对应的代码就可以直接使用了，非常方便。

和传统设计方式相比，它的好处是可以保证体验的一致性，降低人力成本，提升效率。我们不需要再逐一设计、制作每个页面，而是抽象、提炼出常见的控件，定义它们的使用标准和规范，根据需要随时"拼装"出不同的页面，就好像"乐高积木"或"伦敦碗"（如图 8-7 所示）一样。

图8-7 "伦敦碗"

不过,很多事情理论上是一回事,实践起来就是另一回事了。虽然组件库使用起来方便快捷,还能保证统一性,但推动起来并不容易。首先要整理、抽象出所有必要的组件,更新视觉样式后,再联合前端整理代码,最后利用大改版的机会替换掉原来的样式。在前期,这可是一项大工程,如果没有大领导争取资源并强行推动,这是很难做到的。毕竟对公司来说,最重要的是业绩,组件库和改版更像是"面子工程",这很难带来什么实际的效益。而且,业务线多且集中的地方才有助推组件库的必要,在小公司里很少看到这种方式,这也是它的局限之处。

针对上述这些问题,我决定把增长规律和传统的 DPL 结合起来,升级成全新的增长组件库(Growth Pattern Library,GPL),如图 8-8 所示。

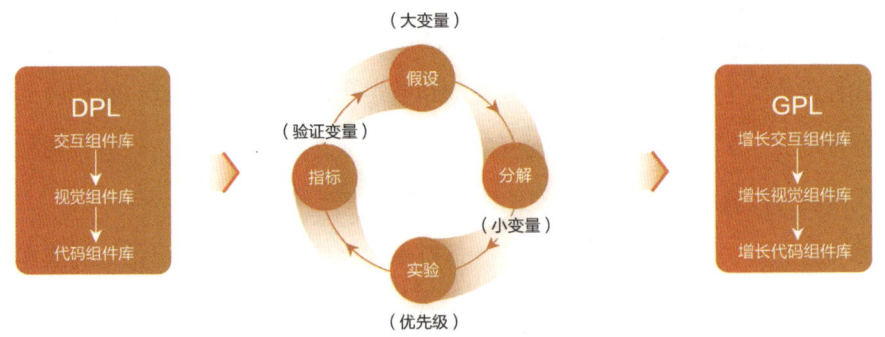

图8-8 从DPL升级到GPL

原理其实很简单,就是把我们之前通过精益闭环思路积累的实验结果运用到组件库上,这样不仅可以像传统组件库那样提升工作效率、统一样式,还能带来批量增长。

但是，这毕竟是一个创新的想法，是之前从来没有人尝试过的，如果不能验证它的效果就不会得到大家的支持。可是，得不到大家的支持就无法去验证效果。在这种情况下，应该怎么办呢？

8.3.2 精益思维逐步推动落地

增长本质上是一件"四两拨千斤"的事情，所以我们要用聪明的方式去实现，而不是循规蹈矩地执行，那样永远达不到理想的效果。如果想让大家使用增长组件库，我们既要强调它的好处，引发大家的兴趣，又要在实践过程中尽可能降低成本，帮大家建立信心，这样才能用最低成本获取最大价值。可以说，增长思维在工作中无处不在。

为了强调好处，我们利用项目制和OKR，定出了GPL的项目目标，如图8-9所示。这部分内容前面讲解过，这里就不再赘述了。

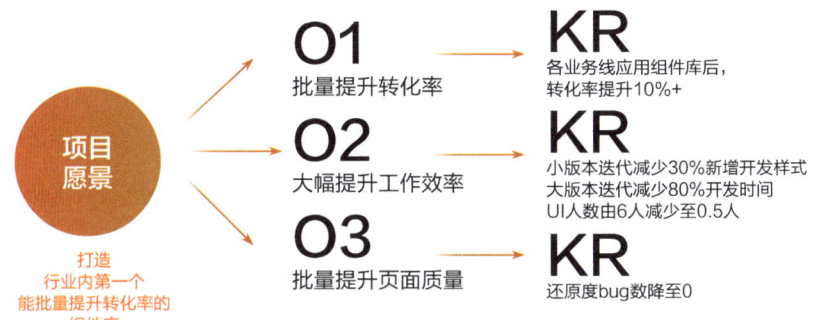

图8-9 GPL的项目目标

这个目标不仅对业务方很有利，还能够减少未来前端同事的工作量。于是我们先和前端的负责人谈，得到了他的大力支持，决定尽可能投入资源协助我们。然后我们再和各条业务线的负责人谈，看他们是否愿意采用新的组件库样式。

我们告诉对方，新的样式并不是空穴来风，也不仅仅是为了美观。我们先在营销落地页上反复测试得到增长规律，再把这些规律复用到App中的若干H5页面上看效果，目前已经带来了显著的转化率提升。如果复用到App上的所有页面中，一定会带来更好的转化效果。

"兜售"方案的过程并不算太顺利,因为各条业务线都有大量的需求在排队等待满足,资源比较紧张。不过还好,最终有一条业务量较小的新业务线愿意尝试采用新的样式。

我们打算先以这条业务线为基础,提炼一套适用的组件库。这样,我们就不需要完成所有的组件规范,暂时只考虑这一条业务线就可以了。当然,也要适度考虑延展性,避免未来出现和其他业务线不兼容的情况。

该业务线上线组件库后,数据效果惊人,所有页面的转化率都有了明显的提升。拿着这个成果,我们又去找了其他业务线的负责人,得到了他们的认可,最终得以在不同业务线上去推动,如图 8-10 所示。

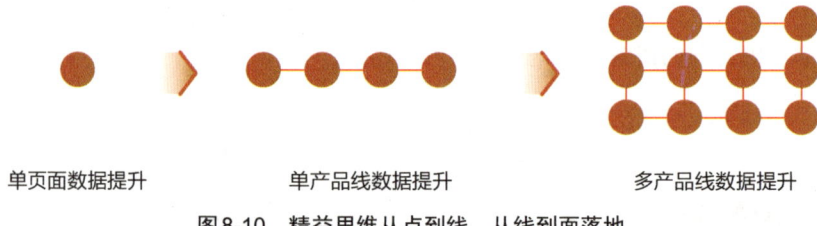

图 8-10　精益思维从点到线、从线到面落地

这就是我们的推动策略,摒弃大而全、耗资源且风险高的传统组件库升级方式,改用这种小步快跑、逐步推行、随时验证的灵活方式,既提高了落地的速度,又降低了失败的风险。而且在这个过程中,我们没有依靠任何强制性的措施,毕竟大家都关注收益,只要能共同推进业绩提升,没有人会拒绝能带来增长和提升效率的好点子。

在工作中,总会有人抱怨自己的想法无人配合或得不到支持,这时不妨静下心来想一下:是不是你的目标仅仅局限于自身的角度,而没有考虑到集体的远大目标;是不是你的目标对他人的帮助有限。如果是围绕大家的共同目标和利益去做事,就不难得到他人的支持。

如图 8-11 所示,组件库全部上线后,不仅页面整体风格高度一致,各业务线转化率也都提升了 10% 以上。之后再做改版,只要替换库里的样式就可以了,不需要再重新开发,这样减少了研发人员 80% 的工作量。日常的版本迭代也减少了 30% 的工作量。设计质量以及统一性得到了彻底的改观,还原度问题数降至 0。原来需要 5~6 个设计师维持版本迭代,现在只需要 0.5 个工作人员维护组件库,其他人可以去做更有创意的事情。

图 8-11　GPL 上线后的部分页面效果

虽然本质上 GPL 依然是组件库,但它和传统的 DPL 有本质的不同。首先是目标不同:GPL 以增长为导向,强调用最低成本带来最大价值。而 DPL 仅仅是提升工作效率、统一样式。其次是实现方式不同:GPL 强调先在一个点进行实验,效果好再逐渐推动到线,最终覆盖到面,用精益的思维逐步尝试,才能以低成本保证最终的批量增长。而传统 DPL 是一步到位,成本高、风险大。最后是结果不同:GPL 可以用更低成本带来批量增长;DPL 要一步到位,成本高、风险高,并且无法带来数据的批量增长。

就这样,通过对增长思维的灵活应用,我们最终达成了目标,创建了行业内第一个可以批量提升转化率的组件库。

8.3.3 高维打低维的增长底色

增长组件库的例子只是抛砖引玉，目的是为了让大家明白如何用更聪明、更省力的方式解决日常增长乃至管理上的问题。还记得我曾经提到的吗？**事情不会在出现问题的那个层面得到解决，只有上升到更高的层面才会得到解决。** 这就是我们常说的"高维打低维"。

我刚接手宜人贷借款 App 时，产品的设计质量有很大问题，不同的产品线风格不统一，设计还原度也较差。为此我专门招了一个设计管理者解决这个问题，效果却并不理想。这个管理者非常尽职尽责，每天都盯着大家的产出，不断地指导、改进，整理设计规范，弄得所有人都非常累，但设计质量并没有明显提升，界面体验和还原度问题依然非常严重。他多次约我时间让我看看大家整理的设计规范，我却一直不管不问，因为我认为没有得到验证的成果是没有任何意义的。我一直专注在营销落地页面的测试上，不断总结规律，时机合适了再不断延展复用到其他场景。

这波操作让很多资深的设计人员理解不了，他们不明白我在干什么，以为我不务正业。等到各种增长结果如雨后春笋般涌出，他们依然一脸茫然，不知道数据表现为什么突然提升了。

所以，增长思维不同于常规思维，它可能不按常理出牌，需要你能够另辟蹊径，甚至有时候反其道而行之。很多人又专业又辛苦，却未必能带来价值和产出。这段时间我做增长的经验就是，**如果没有想清楚，还不如什么都不做**。做的事情越多，效果可能越南辕北辙。虽然这看上去很让人匪夷所思，但这段时间的经历让我明白：踏踏实实地工作非常重要，前提是方向正确，千万不要在没有明确目标、没有经过思考的时候就一通折腾，那样只能离正确的目的地越来越远。

第 9 章　以用户为中心增长

本书的内容终于接近尾声了，在最后一章，我想对整本书的内容进行收尾和总结。

就在写书的这段时间里，整个行业又发生了很大的转变。2018 年我刚刚提出这些理念时，感觉还很"超前"，但现在增长已经变成再普通不过的事情了。不断有公司围绕新的形势调整组织结构、建立增长团队、合并冗余的职能……行业确实变化太快了。

越来越多的公司开始强调业务（增长）导向，职能融合的趋势越来越明显，复合型人才开始受到青睐，只有一技之长的人则倍感艰辛。行业的快速调整让很多人措手不及，与其说近几年大环境不好，不如说很多人没有提前做好准备，没有跟上时代快速发展变化的步伐。

9.1　增长是一种怎样的思维

不仅仅是互联网，各行各业都在快速增长，也都有着类似的规律。

比如动画业，如图 9-1 所示，虽然传统的 2D 动画给我们留下了非常美好的童年回忆，但是现在它已经慢慢淡出了人们的视野。早年迪士尼公司曾经给了 2D 动画师很长的时间学习 3D 动画技术，但是依然有很多人不愿意接受改变，最后不得不离开。

2D 动画和 3D 动画在实现上是完全不同的：2D 动画需要逐帧制作，但 3D 动画是先建模然后再用计算机辅助调整动作，模型可以被反复使用，效率很高，也便于展现人物及场景细节。

图9-1 2D动画与3D动画

但无论是2D动画还是3D动画,都需要深刻理解动画规律。所以2D动画师只要稍加学习3D技术,依然会是人才市场上抢手的人才。

只可惜,成也萧何,败也萧何。很多人习惯了一种做事方式后,就很难再接受另一种做事方式。而且迪士尼的动画师如果去其他小一些的动画公司,也能再靠2D技术维持很多年。他们明知道新的趋势就在眼前,却还是只想着拖延,不去面对,最终被时代抛弃。可见**在职场中,空杯心态真的很重要。**

说完动画业,再说一个建筑方面的例子,如图9-2所示。你一定听说过大名鼎鼎的"伦敦碗",也就是2012年伦敦奥运会的主场馆。和其他奥运会场馆不同,"伦敦碗"采用了一种全新的可拆卸的方式,这样极大地降低了成本,在奥运会结束后拆除下来的部分还可以用于其他地方,不会造成浪费。

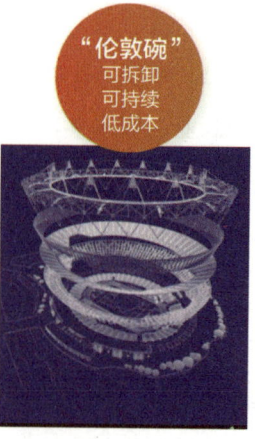

图9-2 一体成型的传统体育馆与可拆卸的"伦敦碗"

做出这样的决定是非常不容易的，奥运会是一个国家国力的展现，各个国家都为奥运场馆的建设投入了大量时间和金钱。但是奥运会结束后，这些场馆可能就没什么用了，毕竟不是一直都有这么多的观众看比赛。

面对这样的情况，"伦敦碗"的设计者做出了重大突破，运用增长思维，从实际需求出发，用最低成本实现了最大价值。

在这个过程中，设计者贯彻了这样几个重要的增长要点，分别是：**以价值为导向、系统性考虑、拆解式执行、组件化复用**。

界面设计也是类似的，如图9-3所示，传统设计追求工匠精神，精益求精、不惜成本；增长思维注重实验，追求低成本、快节奏。

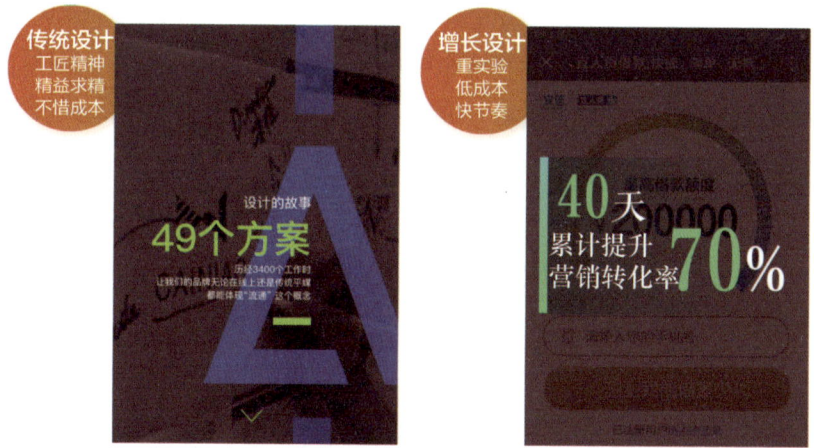

图9-3　从追求极致的工匠精神到注重结果的增长思维

这让我想到了日本人做寿司，他们可以几十年做一件同样的事情，务必做到完美。这种排除外界干扰、不忘初心地把每一件小事都做到极致的精神真的非常让人感动。

那么问题来了，**我们到底应该充满情怀地把一件事情做到极致，做成艺术品，还是应该点到为止，快节奏地试错，拿数据结果说话呢？**

其实，两者都没有错，关键还是那个词：价值！**如何看待价值，决定了你做事的方式。**

如果你是一个企业家，那么在大多数情况下，你要考虑如何赚钱，要追求规模及利润；如果你是一个独立艺术家或一个工匠，那么你当然可以追求理想和情怀。

这也是令很多职能工作者，比如设计师和研发工程师纠结的问题：我到底是该把界面做得新潮、精致，或者成为一个技术大神，还是应该<mark>从公司追求利益的角度出发，通过我的专业能力考虑如何帮公司更上一层楼？</mark>

从现在不景气的大环境看，很明显我们更应该选择后者。毕竟我们不是一个单独的个体，我们属于某一家公司，公司发展得好，个体才能变得更好。况且目前也别无选择，环境不好，公司的招聘也越来越理性化，不能给公司带来实际价值的员工，哪怕专业能力再强，也很难被录用。

当然对增长来说，专业能力依然是基础。你不可能指望一个毫无工作经验的人立刻就能上手做增长。在国外，一般要工作 10 年以上才有这个资格。也许你现在在增长上零基础，这不影响你做增长，但如果你在工作经验上零基础，是很难直接驱动增长的。

9.2 无处不在的增长思维

对用户增长设计的思维及方法，贯穿了本书内容的始终。我一直在想，我应该用什么方式带读者复习总结一遍。刚好前段时间我又看了一遍经典动画电影《千与千寻》，我想不如就用这个电影的情节为你串一遍具体方法吧，希望能帮助你更好地理解书中的内容。

在电影里，每一个来到油屋的人都会忘记自己是谁，要么好吃懒做等着被屠宰，要么努力干活在这里生存下去。该如何脱离这个看似无解的困境呢？

第一，要像主人公千寻那样有一个清晰的目标（北极星指标），比如"在这里好好生存下去，找机会救爸爸妈妈回家"。这样的信念，支撑着千寻突破重重阻碍，历尽艰难坚持了下去。

第二，要做到足够差异化（通过差异性洞察得到一级方向），这个差异化需要上升到对人性的洞察。油屋里面所有的人都有一个共同的特征：迷失自我。比如千寻父母随意吃别人的东西；白龙为了学法术忘记自己的身份；无脸男变得贪婪邪恶；油屋的人唯利是图，为了金子可以不顾一切……只有千寻是最与众不同的，她从始至终保持纯真，不要钱也不要别的，心中只有她的目标。她的这种特质也吸引了很多好心人的帮助，最终得以挽救父母。所以这里的一级方向就是"保持纯真"。

第三，有一幅清晰的导航地图（通过用户增长地图得到二级机会）。在白龙的指引下，千寻决定遵从油屋的规则，恳求汤婆婆给自己一份工作，她要通过这种方式留下来。虽然在这个过程中一定会经历各种考验，但是千寻暗下决心，无论遇到什么困难都要努力克服，未来好找机会营救自己的父母。

第四，以终为始打造闭环（通过精益闭环落地三级增长）。在导航地图的引导下，千寻完成了一个个具体的闭环，比如"恳求锅炉爷爷收留""找汤婆婆签约""给河神洗澡""拯救白龙""拯救无脸男""拯救父母"……她是如何完成这些闭环的呢？其中最重要的假设是"爱和勇气"。

第五，复盘及延展应用（通过增长链延续增长成果）。每一次成功的闭环都帮助千寻积攒更多的爱和勇气，千寻变得越来越强大，最终完成了终极目标"救爸爸妈妈回家"。在这个过程中，千寻完成了对父母的救赎，也完成了自我的蜕变。

增长思维不仅仅指导我们做事，更能帮助我们在突破常规的过程中创新，甚至引领变革。但这些都不是最重要的，最重要的是，它为我们指引了人生的方向。你可以试试看，当你在人生的每一件小事上都融入增长思维，你的人生将发生怎样的改变。

顺着这样的思路，我把增长思维和自己感兴趣多年的人生哲学相结合，出版了《生命蓝图》，该书可以帮助你反思过往人生，挖掘天赋并快速落地，改变人生剧本，从此不再迷茫。之后，我又把增长思维和个人品牌打造相结合，完成了这本新书。可能有人会好奇我怎么能在这么短的时间内写完好几本书，其实这并不神秘，只是把驱动产品增长的方法用在个人身上，把人当作产品去打造，挖掘"人"的差异性优势，再通过一系列增长方法让个人不断增值。大道相通，增长思维可以运用在各个层面并开花结果。

在本书的最后，我们照例做个小总结吧。

爆发式增长背后的秘密是积少成多，其中又分为3个层级，分别是价值导向的创新迭代、成功经验的二次复制、实验结果的批量复用。

增长不是灵光乍现，成功的增长背后必定有内在的链路/逻辑在运作，我们需要明确它。

增长思维的本质是"高维打低维"。其要点是"以价值为导向，系统性地思考、拆解式地执行、组件化地复用"。

是精益求精还是拿数据说话，取决于你如何看待价值。

增长思维最重要的作用是可以改变我们的人生方向。

学习增长的过程是快乐的，它让我明白人生的意义就在于不断挑战自己的极限，提高认知维度，最后笑傲红尘。很舍不得和你说再见，衷心希望你能把增长思维内化到生活的方方面面，感受它带给你的神奇变化。